Ihre Arbeitshilfen zum Download:

- Checklisten
- Fragebogen
- Kennzahlen
- Leitfäden
- Vorlagen

Den Link sowie Ihren Zugangscode finden Sie am Buchende.

Crashkurs
Social.Local.Mobile-Marketing

Felix Beilharz

Crashkurs
Social.Local.Mobile-Marketing

1. Auflage

Haufe Gruppe
Freiburg · München · Stuttgart

Bibliografische Information der Deutschen Nationalbibliothek
Die Deutsche Nationalbibliothek verzeichnet diese Publikation in der Deutschen Nationalbibliografie; detaillierte bibliografische Daten sind im Internet über http://dnb.dnb.de abrufbar.

Print: ISBN 978-3-648-09535-5 Bestell-Nr. 10427-0001
ePub: ISBN 978-3-648-09536-2 Bestell-Nr. 10427-0100
ePDF: ISBN 978-3-648-09537-9 Bestell-Nr. 10427-0150

Felix Beilharz
Crashkurs
Social.Local.Mobile-Marketing
1. Auflage 2017

© 2017 Haufe-Lexware GmbH & Co. KG, Freiburg
www.haufe.de
info@haufe.de
Produktmanagement: Nadine Öfele

Lektorat: Lektoratsbüro Peter Böke, Berlin
Satz: kühn & weyh Software GmbH, Satz und Medien, Freiburg
Umschlag: RED GmbH, Krailling
Druck: BELTZ Bad Langensalza GmbH, Bad Langensalza

Inhaltsverzeichnis

1	**Einführung**	11
1.1	Entwicklung der digitalen Welt in den letzten Jahren	12
1.2	Rahmenbedingungen für das Online-Marketing	14
1.3	Relevante Konzepte des Online-Marketings	17
	1.3.1 Push- und Pull-Marketing	17
	1.3.2 Content-Marketing	18
	1.3.3 Inbound-Marketing	23
	1.3.4 Virales Marketing	23
1.4	Ein Rat für die Praxis	25
2	**Social-Media-Marketing**	29
2.1	Definition und Abgrenzung	29
2.2	Häufige Bestandteile und Merkmale von Social Media	30
2.3	Arten von Social-Media-Kanälen	35
	2.3.1 Newsfeed-Plattformen	35
	2.3.2 Archiv-Plattformen	36
	2.3.3 Messenger-Dienste	36
2.4	Überblick über die wichtigsten Social-Media-Kanäle	37
	2.4.1 Facebook	38
	2.4.2 Twitter	39
	2.4.3 YouTube	41
	2.4.4 Instagram	42
	2.4.5 XING	43
	2.4.6 LinkedIn	44
	2.4.7 Pinterest	44
	2.4.8 Snapchat	45
	2.4.9 Facebook Messenger	46
	2.4.10 WhatsApp	48
	2.4.11 Blogs	48
	2.4.12 Podcasts	49
	2.4.13 Sonstige	50
	2.4.14 Die Dominanz von Facebook	51

2.5	Social-Media-Strategie in 8 Schritten	52
2.5.1	Analyse	54
2.5.2	Ziele	54
2.5.3	Zielgruppen	55
2.5.4	Kanäle	57
2.5.5	Inhalte	60
2.5.6	Implementierung	68
2.5.7	Erfolgsmessung	72
2.5.8	Monitoring	76
2.6	Die Praxis: Tipps für die wichtigsten Social-Media-Kanäle	78
2.6.1	Blogs für kleine Unternehmen	79
2.6.2	Facebook für kleine Unternehmen	90
2.6.3	Twitter für kleine Unternehmen	103
2.6.4	YouTube für kleine Unternehmen	110
2.6.5	Instagram für kleine Unternehmen	122
2.6.6	XING und LinkedIn für kleine Unternehmen	131
2.6.7	Snapchat für kleine Unternehmen	136
2.6.8	Messenger-Marketing für kleine Unternehmen	141
2.6.9	Podcasts für kleine Unternehmen	141
2.7	Checkliste: Die ersten Schritte im Social-Media-Marketing	144
2.8	Interview mit Chris Dippold	146
3	**Local – Lokales Online-Marketing**	151
3.1	Definition und Abgrenzung	151
3.2	Bedeutung des Local-Marketings	153
3.3	Lokale Suchmaschinenwerbung	155
3.3.1	Vorteile und Prinzipien der Suchwortanzeigen	156
3.3.2	Google AdWords – Die ersten Schritte	160
3.3.3	Eine lokale Kampagne anlegen	160
3.3.4	Anzeigengruppen in der Kampagne anlegen	165
3.3.5	Anzeige erstellen	168
3.3.6	Was kostet ein Klick?	170
3.3.7	Ergebnisse bei Google AdWords messen	171
3.4	Lokale Suchmaschinenoptimierung	173
3.4.1	Wichtige SEO-Prinzipien	175
3.4.2	Ist-Situation prüfen	178

3.4.3 Keyword-Recherche 181

3.4.4 SEO für die lokalen organischen Rankings 184

3.4.5 SEO für die speziellen lokalen Rankings 192

3.5 Lokale (Bewertungs-)Plattformen 205

3.5.1 Yelp 206

3.5.2 Weitere Bewertungsplattformen 211

3.6 Lokales Social-Media-Marketing 212

3.6.1 Facebook für lokale Unternehmen 213

3.6.2 Foursquare/Swarm 218

3.7 Interview mit Carsten Hinrichs 220

4 Mobile – Mobiles Online-Marketing 225

4.1 Entwicklung, Definition und Abgrenzung 225

4.1.1 Mobiler Traffic 225

4.1.2 App-Downloads 226

4.1.3 Mobile Endgeräte und Betriebssysteme 227

4.1.4 Mobile-Marketing – Definition 228

4.2 Mobile/responsive Websites 229

4.2.1 Mobile Websites vs. responsives Layout 229

4.2.2 Optimierung für mobile Websites 232

4.3 Mobile-Conversion-Optimierung und Landingpages 234

4.3.1 Conversion-Optimierung 235

4.3.2 Mobile Landingpages 236

4.3.3 10 Tipps für mobile Conversion-Optimierung (von Nils Kattau) 238

4.4 Mobile SEO 243

4.4.1 Testing-Tool für mobile Seiten 244

4.4.2 Spezielle SEO-Maßnahmen für mobile Seiten 245

4.4.3 Accelerated Mobile Pages (AMP) 250

4.5 Mobile-Marketing mit WhatsApp und Messenger 253

4.6 Mobile-Marketing mit Apps 258

4.6.1 App oder mobile Website? 258

4.6.2 Erfolgsprinzipien für Apps 261

4.6.3 Strategien für die App-Vermarktung 264

4.7   Standortbezogenes Mobile-Marketing 279

        4.7.1   Geofencing und ähnliche Methoden 280

        4.7.2   Beacons 281

        4.7.3   Beispiele von Location-Based-Marketingkampagnen 283

4.8   Interview mit Ingo Kamps 284

Ein kurzes Fazit 291

Stichwortverzeichnis 293

Der Autor 299

1 Einführung

SoLoMo – wenn ich in meinen Seminaren dieses Konzept vorstelle, schauen mich in der Regel große Augen an. Die Wenigsten kennen die Bedeutung dieses Akronyms. Es ist erstaunlich, wie wenig bekannt der Begriff ist, angesichts der Bedeutung der dahinterstehenden Konzepte. Dieses Buch soll Abhilfe schaffen.

SoLoMo ist keine japanische Küche, kein biblischer König mit unermesslichen Reichtümern und auch keine neue Snowboard-Marke. SoLoMo besteht aus den Begriffen **»Social«**, **»Local«** und **»Mobile«** und ist damit die Zusammenführung dreier der wichtigsten Megatrends der letzten Jahre. Das Besondere ist, dass diese drei Nutzungsweisen zu einem einzigen Trend verschmolzen sind.

Jemand, der in eine fremde Stadt reist, dort sein Handy hervorholt und seine Facebook-Freunde fragt, ob jemand ein gutes Restaurant in der Stadt empfehlen könne, ist bereits mitten drin im SoLoMo-Thema.

Jemand, der sein Handy zückt und die Bewertungen einer Autowerkstatt bei Yelp durchliest, praktiziert SoLoMo, ohne es zu wissen.

Und auch jemand, der via Facebook im Fitnessstudio seine Freunde wissen lässt, dass er gerade die Neujahrsvorsätze umsetzt, gehört zum SoLoMo-Clan.

Aber auch für sich genommen bieten die drei Bereiche jede Menge Potenzial. In diesem Buch tun wir beides: Wir gehen vertieft auf jeden der drei Bereiche Social-Media-Marketing (Kapitel 2), Local-Online-Marketing (Kapitel 3) und Mobile-Marketing (Kapitel 4) ein und analysieren auch das Zusammenspiel, wo immer es möglich ist.

Dabei richten wir uns vor allem an kleinere und mittlere Unternehmen (KMU), vom Ein-Mann-Betrieb bis zum kleinen mittelständischen Betrieb, der sein Marketing endlich vernünftig digitalisieren will. Alle Maßnahmen sind ohne allzu großes Budget und ohne Marketingteam von der Größe eines eigenen kleinen Unternehmens umsetzbar. Was nicht heißt, dass nicht auch Beispiele größerer Unternehmen untersucht werden, wenn man davon etwas Wichtiges lernen kann. Aber wir werden immer von der Prämisse ausgehen, dass keine Millionenbudgets und keine nahezu unbegrenzte Manpower zur Verfügung stehen. Auch ist dies kein Buch für High-End-Profis, die ohnehin schon jede Branchenkonferenz besuchen. Dieses Buch ist für »die anderen 90%«: Unternehmen, die die ersten Schritte tun wollen oder nach weiteren Ansätzen suchen und neue Potenziale im digitalen, lokalen und sozialen Marketing erschließen wollen. Diese Unternehmen finden hier eine Menge Tipps, Anleitungen und Anregungen.

Natürlich handelt es sich hier um einen Crashkurs, wie der Titel bereits verrät. Auf jedes der behandelten Themen könnte man tiefer eingehen und für die meisten Themen existieren auch Bücher, die sich ausschließlich um einzelne Teilaspekte drehen. Hier steht vor allem der »Hands-on«-Ansatz im Vordergrund. Kompaktes, praxisrelevantes Wissen, das Sie sofort umsetzen können. Die Online-Arbeitshilfen zum Buch auf www.haufe.de/mybook.de helfen Ihnen dabei. Geben Sie dort einfach den Buchcode ein, der auf der letzten Seite im Buch abgedruckt ist.

1.1 Entwicklung der digitalen Welt in den letzten Jahren

Zu Beginn lohnt sich eine kurze Betrachtung der **Entwicklungen**, die das Internet uns mittlerweile setzt. Das Netz ist schon lange keine Option mehr, sondern unverzichtbarer Bestandteil verschiedenster Unternehmensbereiche. Auch wenn wir uns hier vorwiegend mit dem Marketing beschäftigen, spielt das Internet eine immer wichtiger werdende Rolle auch für die Beschaffung, die Personalpolitik, Produktionsprozesse oder interne Kommunikation. Die Digitalisierung ist allgegenwärtig. Schlagworte wie Internet of Things (IoT), Industrie 4.0 oder Big Data werden zunehmend auch für kleine Unternehmen relevant. Wer auch in Zukunft noch mithalten will, muss sich zwingend mit diesen Themen auseinandersetzen.

Ganz so weit, wie es manchmal den Anschein hat, sind die kleineren Unternehmen in Deutschland jedoch noch nicht. 2015 hatten nur 48% der Handwerksbetriebe eine eigene Website. Bei nur 15% war diese Website auch mobil optimiert. Und gerade einmal 3% verfügten über eine eigene App (http://marketing.gelbeseiten.de/Digitalisierung,/Digitale-Transformation/Ergebnisse-aktueller-Umfragen-zum-Tag-des-Handwerks-Mehr-Praesenz-im-Internet-lohnt-sich). Und auch bei den KMU insgesamt sieht es eher düster aus. Gemäß einer Studie der Hochschule Offenburg verzichten über 80% der kleinen und mittleren Unternehmen auf Social-Media-Maßnahmen. Suchmaschinenoptimierung und Web-Analyse fristen ebenfalls ein Schattendasein. Die eigene Einschätzung der Unternehmen sieht dagegen ganz anders aus. Die meisten halten sich für gut aufgestellt. (http://opus.hs-offenburg.de/files/1268/Online-Marketing+-+Nutzung+bei+KMU+-druck.pdf).

Die Nutzer haben das Internet jedenfalls schon lange fest in ihr Herz geschlossen. Zwar werden wir wohl nie 100% **Online-Nutzung** haben, aber immerhin verwenden mittlerweile 83,8% der Deutschen das Internet (ARD-ZDF-Onlinestudie 2016, www.ard-zdf-onlinestudie.de). Dabei befinden sich alle Gruppen deutlich über dem Durchschnitt, bis auf eine: die Gruppe der Über-60-Jährigen hinkt mit 56,6% hinterher, wächst aber schnell. 65% der Deutschen nutzen das Internet nicht nur gelegentlich, sondern sogar täglich.

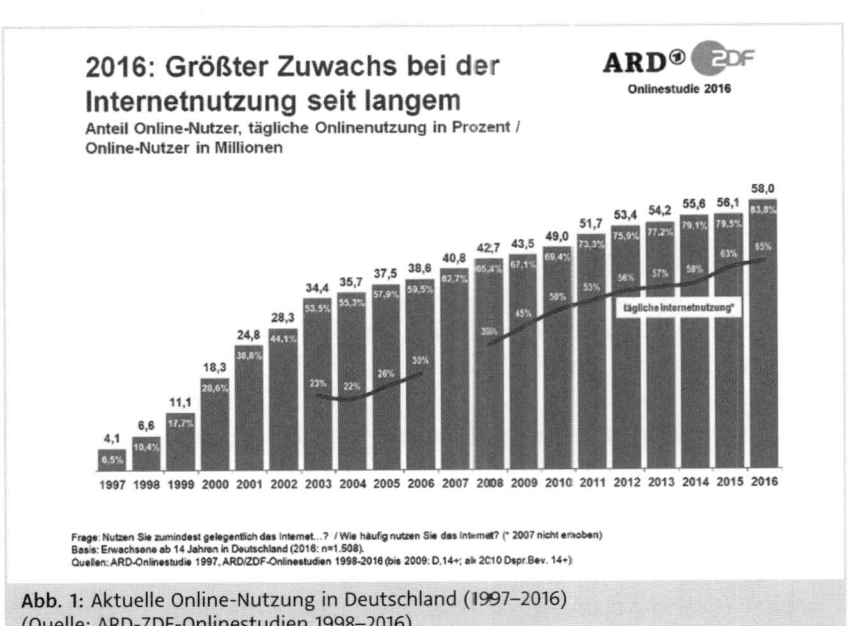

Abb. 1: Aktuelle Online-Nutzung in Deutschland (1997–2016)
(Quelle: ARD-ZDF-Onlinestudien 1998–2016)

Weitere Zahlen lasse ich in diesem Buch an den relevanten Stellen einfließen. Niemand will am Beginn eines Buches mit langen Zahlenkolonnen erschlagen werden.

1.2 Rahmenbedingungen für das Online-Marketing

Zu großen Teilen wir das Internet durch amerikanische **Gatekeeper** kontrolliert. Diese zu verstehen und zu nutzen ist unabdingbar, um online erfolgreich zu agieren. Für Unternehmen sind das vor allem die Unternehmen Google, Amazon, Facebook und Apple (abgekürzt auch GAFA), die zusammengenommen den einen großen Teil der Internetaktivitäten in der westlichen Welt bündeln.

- **Google** ist für Unternehmen der wichtigste Traffic-Lieferant geworden. Gleichzeitig herrscht Google über das größte Anzeigensystem der Welt, das sowohl für lokale Kleinunternehmen wie auch für globale Konzerne extrem wertvoll sein kann. Mit Google Maps und YouTube gehören zwei weitere wichtige Kanäle zum Google-Konzern. Für Online-Shops ist Google Shopping mittlerweile zum unverzichtbaren Werbekanal geworden.
- Wer mit einer klaren Kaufabsicht nach Produkten sucht, geht immer häufiger nicht mehr den Umweg über Google, sondern startet seine Suche direkt bei **Amazon**. Über die Amazon-Plattform können auch lokale Einzelhändler und kleine Shopbetreiber ihre Produkte einstellen und einem großen Publikum zugänglich machen. Viele Schuhhändler zum Beispiel verkaufen über Plattformen wie schuhe24.de oder schuhe.de am Tag eine Handvoll Produkte, über Amazon gleichzeitig aber mehrere Dutzend. Wer heute im E-Commerce tätig ist, kommt um Amazon kaum mehr herum. Die Marktmacht des Konzerns ist gewaltig.
- Social-Media-Marketing lässt sich, zumindest in Deutschland, mit einem Wort zusammenfassen: **Facebook**. Facebook ist das einzige Social Network in Deutschland mit einer flächendeckenden Nutzung in allen Bevölkerungsschichten. Und auch einige der am schnellsten wachsenden Netzwerke wie Instagram oder WhatsApp gehören zum Konzern. Die Reichweite dieser Kanäle liegen weit über dem Wettbewerb, was sie nicht nur zu idealen Werkzeugen für die Kundenkommunikation, sondern auch zu perfekten Plattformen für Werbeanzeigen macht.

- **Apple** spielt im Marketing vor allem durch den iTunes-AppStore eine wesentliche Rolle. Wer Podcasts produziert und im Marketing einsetzt, ist auf ein gutes Ranking bei iTunes angewiesen. Wer eine App bekannt machen will, sollte sich auch intensiv mit dem System beschäftigen.

Die vier GAFA-Kanäle beherrschen den Markt zu großen Teilen. Sie treiben neue Technologien voran, schaffen Markteintrittsbarrieren, kontrollieren Preise und begründen Trends. Grund genug, sich im Marketing mit ihnen auseinanderzusetzen.

Eine wichtige Rahmenbedingung ist der zunehmende **Wettbewerb** in allen Bereichen. Zwar sind, wie oben festgestellt, noch längst nicht alle kleinen und mittleren Unternehmen online, aber die Zahl wächst stetig. Und in den Google-Suchergebnissen konkurrieren Sie erst einmal mit allen anderen Websites, nicht nur mit Ihren direkten Wettbewerbern. Das heißt, Ihr Konkurrent ist bei Google nicht nur der Marktbegleiter, sondern auch der Blog zum gleichen Thema, das Branchenverzeichnis, die Hobby-Nischenseite oder das Fachforum. Jeder, der potenziell auf die gleichen Suchbegriffe abstellt wie Sie, muss als Konkurrent angesehen werden.

Ähnliches gilt auch im Bereich der sozialen Medien. Je mehr Wettbewerber die Kanäle für sich entdecken und ihr Marketing dort professionalisieren, desto schwieriger wird es, zum Endkunden durchzudringen. In der Kommunikationsforschung nennt man das »Rauschen« – der ständige »Lärm« aus Botschaften aus allen Richtungen, dem jeder Mensch heutzutage ausgesetzt ist. Durch dieses Rauschen durchzudringen und überhaupt noch wahrgenommen zu werden, ist heute Grundvoraussetzung und Herausforderung zugleich. Aufmerksamkeit ist zum knappen Gut, zur begehrten Ware geworden.

Rechtliche Rahmenbedingungen
Auch **rechtliche Rahmenbedingungen** spielen eine Rolle. Gerade die deutsche Rechtsprechung geht gerne Sonderwege oder legt Vorschriften sehr konservativ und geradezu fortschrittsfeindlich aus. Deutschland war beispielsweise eines der letzten Länder der Welt, in dem Google das Livestreaming via Google+ Hangouts on air eingeführt hat. Warum? Weil man in Deutschland zum regelmäßigen Senden an eine potenziell größere Ziel-

gruppe und unter redaktioneller Aufmachung eine Rundfunksendelizenz benötigt. Auch während ich dieses Buch schreibe, werden reihenweise You-Tuber von den Sendeanstalten aus diesem Grund angeschrieben. Das muss man sich einmal vorstellen: Ein 18-jähriger YouTuber, der jede Woche seine Lieblingsspiele online spielt und sein »Gezocke« live ins Netz stellt, muss dafür eine Rundfunksendelizenz erwerben (die bis zu 10.000 Euro kosten kann und mit relativ hohem bürokratischen Aufwand verbunden ist). Und das ist nur ein Beispiel von vielen.

Facebook-Plugins für die Website (wie z. B. der bekannte Like-Button, sofern Original-Scripte von Facebook verwendet werden) dürfte gegen deutsches Datenschutzrecht verstoßen. Das wird gerade beim Europäischen Gerichtshof geprüft. Überhaupt war bis 2016 nicht endgültig geklärt, ob Unternehmen in Deutschland überhaupt eine Facebook-Fanpage betreiben dürfen oder ob sie damit bereits gegen den Datenschutz verstoßen (aktueller Stand: sie dürfen). Aber zusätzlich auch nur, weil Facebook extra für Deutschland ein Impressumsfeld für Fanpages eingefügt hat.

Auch der Einsatz von Google Analytics war in Deutschland erst nach Jahren der Rechtsunsicherheit und einigen deutschland-spezifischen Anpassungen durch Google erlaubt.

Die Beschriftung »Jetzt kaufen« bei Buttons in Online-Shops war eine Zeit lang unzulässig, da die Bezeichnung »kaufen« einem Richter nicht eindeutig genug auf die damit einhergehende Zahlungsverpflichtung hinwies. Und wenn es nach dem OLG München gegangen wäre, wäre beim Bestellen eines Newsletters die erste E-Mail, die zum Zwecke der Bestätigung versendet wird, nachdem sich jemand in einen Newsletter eingetragen hat, bereits unzulässiger Spam, da für den Versand keine Einwilligung vorliege (die ja mit dieser E-Mail und dem darin befindlichen Bestätigungslink überhaupt erst eingeholt werden soll). Ja, man kann in Deutschland als Online-Marketer schon manchmal verzweifeln.

Das soll Sie nicht beunruhigen, Sie aber durchaus warnen: Halten Sie sich über aktuelle Entwicklungen im Online-Recht auf dem Laufenden. Sonst drohen im schlimmsten Fall teure Abmahnungen. Zum Glück ist es nicht so schwer, sich über die wichtigsten Änderungen zu informieren. Es reicht schon, den bekannten Anwälten im Social Web zu folgen oder deren Newsletter zu abonnieren. Zu den bekanntesten Namen gehören:

- RA Christian Solmecke: www.wbs-law.de (mit sehr gutem YouTube-Kanal und Blog)
- RA Niklas Plutte: www.ra-plutte.de (mit Blog und Podcast)
- RA Dr. Thomas Schwenke: www.rechtsanwalt-schwenke.de (aktiv mit Blog, Podcast und mit kurzen Rechts-Tipps auf Snapchat)
- Kanzlei für IT-Recht: www.it-rechts-kanzlei.de (mit sehr umfangreichem Blog und diversen Vorlagen für Rechtstexte)
- RA Dr. Carsten Ulbricht: www.rechtzweinull.de (ebenfalls als Blogger aktiv)
- RA Dr. Martin Schirmbacher: www.online-marketing-recht.de (Blogger und Autor eines umfangreichen Fachbuchs).

Für individuelle Rechtsfragen sollten Sie auf jeden Fall einen auf das spezielle Rechtsgebiet fokussierten Anwalt zurate ziehen. Das ist (nicht nur, aber vor allem in Deutschland) gut investiertes Geld.

1.3 Relevante Konzepte des Online-Marketings

Um die in diesem Buch beschriebenen Strategien, Techniken und Taktiken zu verstehen, müssen wir zuvor ein paar wichtige Grundkonzepte klären, die allem zugrunde liegen.

1.3.1 Push- und Pull-Marketing

In den letzten Jahrzehnten hat eine immer stärkere Umwandlung im Marketing stattgefunden. Früher war Marketing vor allem »Push« – Werbebotschaften wurden an den Verbraucher adressiert, ob dieser wollte oder nicht. Postwurfsendungen, Plakate, TV- und Radiowerbung, aber auch Bannerwerbung im Internet gehören eindeutig zur Kategorie **Push-Marketing**. Es handelt sich um Werbung, die in der Regel weder erwünscht ist noch erfreut aufgenommen, sondern meist eher als störend empfunden wird.

Diese Form der Werbung hat so sehr zugenommen, dass der Verbraucher bildlich gesprochen »mentale Filter« im Kopf eingerichtet hat. Erinnern Sie sich noch daran, welche Plakatwerbung Sie zuletzt gesehen haben? Welche Werbebanner haben Sie heute beim Streifzug durch das Internet so gesehen? Welche Werbespots liefen gestern im Fernsehen? Das meiste, mit dem wir so im Alltag an Werbung konfrontiert werden, geht völlig an uns vorbei. Im Internet spricht man von »Bannerblindheit« – Elemente, die wie Werbung aussehen, werden gar nicht mehr angeschaut.

Pull-Marketing geht einen anderen Weg. Dabei handelt es sich um Werbeformen, die der Kunde aktiv abruft, die er selbst haben will. Einen Katalog, den der Kunde zum Beispiel im Laden freiwillig mitnimmt oder sich nach Hause bestellt, zählt zu dieser Kategorie. Ein Event, zu dem der Kunde sich freiwillig Tickets organisiert. Einen Newsletter, zu dem der Kunde sich anmeldet. Eine Facebook-Fanpage, bei der der Kunde auf den »Gefällt mir«-Button klickt. Ein YouTube-Channel, der abonniert wird. Ein Yelp-Eintrag, den sich der Kunde durchliest. Einen Eintrag in der Google-Suche, den der Kunde aktiv aufruft usw.

Pull heißt, die Werbung wird so gestaltet, dass der Kunde sie aktiv anfragt, sie geradezu haben will. Die Werbung zieht also den Kunden an, statt den Kunden mit der Werbung zu beschießen.

In der Praxis kommen übrigens oft beide Formen zum Einsatz. Auch hier im Buch bewegen wir uns zwar eher auf der Pull-Seite, diese wird oft ergänzt um Push-Ansätze. Eine Facebook-Fanpage ist Pull, Facebook-Anzeigen dagegen eher Push. Ein Listing bei Yelp ist Pull, bezahlte Ads dagegen gehen schon in Richtung Push (wenn auch nicht komplett, da der Kunde zumindest ja das Listing aktiv durch seine Suche angefragt hat und nun passende Anzeigen sieht). Eine Mischung ist sinnvoll und nützlich.

1.3.2 Content-Marketing

Ein besonders plastisches Beispiel für Pull-Marketing ist Content-Marketing, einer der größten Marketingtrends der letzten Jahre. Es vergeht keine Konferenz, es kommt keine Marketingzeitschrift heraus, es wird kaum ein Blogbeitrag über Online-Marketing geschrieben, ohne dass das Wort »Content-Marketing« fällt. Dabei ist Content-Marketing eigentlich gar nicht so neu.

Beispiel: Das erste Content-Marketing   **!**

Wenn ich in Vorträgen frage, wen die Teilnehmer für den Erfinder des Content-Marketings halten, kommen meist Antworten wie »Red Bull«, »Microsoft« oder »Apple«. Und natürlich nutzen diese Unternehmen Content-Marketing auf unterschiedliche Art und Weise. Der Ursprung des modernen Content-Marketings liegt aber woanders.

Als das Automobil relativ neu war, war Autofahren vor allem eine Beschäftigung für die Wohlhabenden. Autos waren teuer, Benzin war teuer, Reifen waren teuer. Damit ein Reifenhersteller aber Geld verdient, müssen die Menschen mehr Auto fahren. Denn mehr Kilometer heißt abgenutzte Reifen heißt mehr Umsatz.

Also überlegte sich Michelin, wie man den Absatz ihrer Reifen steigern könnte. Man müsste die Menschen, die sich das Autofahren leisten können, dazu bringen, mehr Auto zu fahren. Und idealerweise das Autofahren insgesamt bekannter und beliebter machen. Doch wie?

Aus dieser Frage entstand die erste Content-Marketing-Kampagne: Man erstellte ein Handbuch mit schönen Reisestrecken inklusive Kartenmaterial, Entfernungsangaben, aber auch Angaben zu Hotels, Reparaturwerkstätten usw. Das Ganze wurde ergänzt um ausführliche Anleitungen zum Reifenwechsel. Also eine Art Ratgeber und Straßenkarte in einem.

Diesem »Guide Michelin« wurden einige Jahre später auch Restaurantbewertungen hinzugefügt. Natürlich nur Restaurants, zu denen sich eine Autofahrt wirklich lohnt. Diese Restaurants wurden mit Sternen ausgezeichnet. Zunächst nur mit einem Stern, später gab es dann drei Kategorien:

- ein Stern: »Küche verdient besondere Beachtung«
- zwei Sterne: »verdient einen Umweg«
- drei Sterne: »ist eine Reise wert«

Vielleicht denken Sie an diese Anekdote, wenn Sie mal (wieder) in einem Sterne-Restaurant essen. Alles fing mit einer Content-Marketing-Kampagne zur Absatzsteigerung von Autoreifen an.

Das Ziel des Content-Marketings ist es, das mentale Ausblenden von Werbung im Kopf der Kunden sowie das ständig sinkende Vertrauen in Werbung zu umgehen. Das kann gelingen, wenn statt auf plumpe Werbebotschaften auf wertvolle Inhalte gesetzt wird. Inhalte, die den Leser begeistern, ein Bedürfnis erfüllen, ein Problem lösen oder einfach nur gesteigerten Unterhaltungswert besitzen. Die Werbebotschaft ist höchstes am Rande zu erkennen. Die Werbewirkung wird durch die bloße Absenderschaft erzeugt – das Unternehmen wird plötzlich nicht mehr als nervende Werbeschleuder, sondern als hilfreicher Experte oder unterhaltsame Medienquelle gesehen. Amerikanische Marketer sagen dazu »annoying pest or welcome guest?« – nervige Plage oder willkommener Gast?

Content-Marketing kann dabei viele Formen annehmen:

- Fun-Events mit hohem Unterhaltungswert (Red Bull ist bekannt für herausragende Events, die letztendlich nur den Markenwert der Energybrause steigern sollen)
- Ratgeber-Content (viele Unternehmen schaffen mittlerweile ganze Ratgeberportale auf ihren Websites)
- Lustige Videos (bekannte Viral Clips wie die von Edeka oder Netto)
- Gewinnspiele oder Verlosungen
- Whitepaper und Case Studies (vor allem im B2B-Sektor beliebt)
- usw.

Bei all diesen Formen ist wichtig: Es handelt sich nicht um pure Werbung. In einem Ratgeberbereich auf der Website geht es um Probleme, Hilfestellungen, Erklärungen, Beispiele usw. Wer ständig wieder auf das Produkt verweist, »entwertet« den Content, nimmt ihm die Unverdächtigkeit und die Wirkung.

Gutes Content-Marketing hat zahlreiche **vorteilhafte Effekte:**

- Content wird bewusst und proaktiv konsumiert, statt wie Werbung nur »geduldet«.
- Content kann von Suchmaschinen indexiert werden und so die Reichweite nachhaltig erhöhen (ein Blog auf Ihrer Website kann zum Beispiel eine Goldgrube für bessere Suchmaschinenrankings werden).
- Guter Content wird gerne auch im Social Web oder per E-Mail geteilt. Bei schnöder Werbung ist das fast nie der Fall.
- Mit Content lassen sich Adressen und Leads generieren (z. B. Whitepaper zum Download gegen Adresseingabe).
- Content ist nachhaltiger. Während eine Werbeanzeige nur so lange zu sehen ist, wie Sie sie bezahlen, bleibt Content langfristig bestehen.

- Content auf Ihrer Website führt oft auch zu Verlinkungen von anderen Seiten, was wiederum zu mehr Traffic und besserem Google-Ranking führt. In SEO-Fachkreisen gilt Content-Marketing als beste Methode für mehr Backlinks.
- Content zieht mehr Menschen auf Ihre Website, die sich dann auch Ihr Produktportfolio oder weitere Informationen über Ihr Unternehmen ansehen können. Sie wiederum können diesen Besuchern Cookies mitgeben, um sie später im Retargeting (z. B. über Google AdWords wie in Kapitel 3.3.2 beschrieben) speziell mit passender Werbung erneut anzusprechen.

Viele der Inhalte dieses Buches beziehen sich direkt oder indirekt auf Content-Marketing. Es lohnt sich, einen starken Fokus auf diese Marketingform zu legen.

Beispiel: Content-Marketing bei OnPage.org   **!**

Ich ziehe das (ehemalige) Start-up OnPage.org gern als Beispiel für Content-Marketing heran, weil das Team dort sehr viel richtig macht und man sehr viel daraus lernen kann.

OnPage.org ist eine SEO-Software für Unternehmen, Online-Shops und Agenturen, mit der der Webauftritt für Suchmaschinen optimiert werden kann. Zielgruppe sind also im Prinzip alle Unternehmen, die ihre Website oder ihren Shop nach vorne bringen wollen, sowie SEO-Agenturen, die das im Kundenauftrag übernehmen.

Entsprechend wurde auch der Content erstellt. Zum einen betreibt OnPage.org einen Blog (OnPage.org Magazin), der in der Website integriert ist. Dort schreiben sowohl Mitarbeiter Fachartikel, es werden aber auch regelmäßig Beiträge von externen Experten eingeholt. Da diese externen Autoren ihrerseits bereits meist über eine ansehnliche Reichweite verfügen und ihren Beitrag natürlich auch im Social Web teilen, entsteht immer eine gewisse virale Reichweite. Zusätzlich werden die Facebook-Posts für die Blogbeiträge auch mit Anzeigenwerbung auf Facebook unterstützt.

Zusätzlich zum Experten-Blog betreibt OnPage.org ein Wiki, also eine Art Lexikon mit Begriffen aus der Online-Marketing-Welt. Wenn Sie einige der Fachbegriffe aus diesem Buch googeln, werden Sie mit hoher Wahrscheinlichkeit auf Wiki-Beiträge des Unternehmens stoßen. Für mehrere hundert Begriffe aus der Branche sind teilweise sehr ausführliche Lexikoneinträge vorhanden, was die Website zu einer wertvollen Informationsquelle für Wissenshungrige macht. Das bedeutet auch, dass Fachleute aus der Branche immer wieder auf OnPage.org stoßen, wenn sie sich über Themen informieren oder einzelne Begriffe nachschlagen. So entdecken sie das Tool vielleicht überhaupt erst oder bauen eine immer stärkere Bindung zur Marke auf.

Natürlich werden die Content-Kanäle auch vertrieblich genutzt. Besucher des Blogs und des Wikis erhalten automatisch einen Cookie gesetzt, mit dem dann später Retargeting-Werbung ausgelöst wird. Zwar ist das eine Form des Push-Marketings (Werbeanzeigen), die Vorselektion ist aber durch das Kriterium »Website-Besuch stattgefunden« so zielgenau, dass die Werbung trotzdem nicht als störend oder unpassend wahrgenommen wird.

Zusätzlich können Besucher des Blogs oder Wikis an verschiedenen Stellen einen kostenlosen Test-Account der Software anlegen oder ihre E-Mail für einen Newsletter hinterlassen. Auf diese Weise generiert OnPage.org Leads, die dann per Marketing Automation nachgefasst werden.

Über diese beiden Kanäle Blog und Wiki hinaus kommen natürlich noch weitere Formen des Content-Marketings zum Einsatz. Das Unternehmen bietet Webinare an, die Inhaber halten Vorträge und veranstalten eigene Konferenzen, Influencer der Branche werden mit Pullovern oder T-Shirts ausgestattet, es findet Event-Sponsoring mit Energydrinks oder Glühwein statt und vieles mehr. Es ist fast unmöglich, sich im SEO-Sektor zu bewegen, ohne mit OnPage.org in Berührung zu kommen. Der Push-Anteil im Marketingmix ist jedoch relativ gering, der überwiegende Teil der Maßnahmen sind dem Pull-Marketing zuzuordnen.

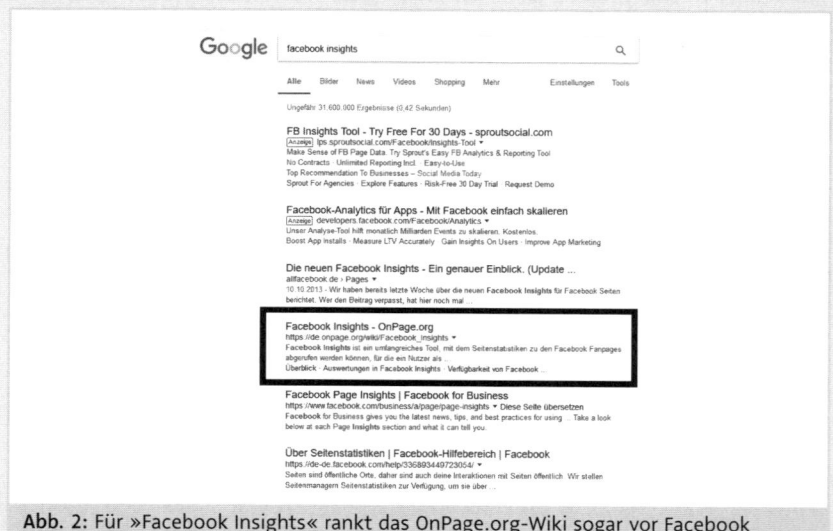

Abb. 2: Für »Facebook Insights« rankt das OnPage.org-Wiki sogar vor Facebook (Quelle: Google.de)

1.3.3 Inbound-Marketing

Das nächste große Konzept in diesem Zusammenhang ist das Inbound-Marketing. Dieser Begriff ist eng verwandt mit dem oben genannten Pull-Marketing. Es geht also darum, möglichst viele Anfragen und Interessenten zu produzieren, die dann »bearbeitet« werden. Das passiert unter anderem mit Content-Marketing, aber auch mit Permission-Marketing. Dabei wiederum handelt es sich um Werbeformen, die die Erlaubnis des Gegenübers einholen (u.a. E-Mail-Marketing, verschiedene Formen des Mobile Marketings, Social-Media-Marketing).

Das klassische Vorgehen des Inbound-Marketings ist: Unternehmen stellen Inhalte bereit und geben diese gegen Eingabe der E-Mail-Adresse und/oder weiterer Kontaktdaten heraus. Die so generierten Leads werden dann mit automatischen oder manuell verschickten Folge-E-Mails nachbearbeitet, bis genügend Vertrauen und Interesse seitens des Kunden aufgebaut ist und eine konkrete Kaufabsicht entsteht. Gerade bei komplexeren Produkten und Dienstleistungen, bei denen nicht ein spontanes Interesse und ein sofortiger Kauf entstehen, sind solche Inbound-Maßnahmen entscheidend. Leadgenerierung und Leadnurturing (das Aufbauen der Beziehung zu diesem Lead mittels CRM-Maßnahmen und Marketing Automation) sind wesentliche Konzepte im Inbound-Marketing.

1.3.4 Virales Marketing

Schließlich spielt auch das virale Marketing in diesem Zusammenhang eine Rolle. Die Schnittmengen zum Social Media und Content-Marketing sind groß. Das Ziel besteht darin, einen Inhalt zu erschaffen, der sich von Nutzer zu Nutzer weiterverbreitet, also ähnlich wie ein Computer- oder Grippe-Virus, nur eben im positiven Sinne. Bei viralen Inhalten kann eine exponentielle Verbreitung entstehen, bei der ein Betrachter zum Beispiel das Video mit Hunderten von Freunden teilt, die es wiederum an Hunderte von Freunden weiterleiten usw. Am Ende steht eine enorme Reichweite zu sehr geringen Kosten.

Heute findet virales Marketing fast immer via Social Media statt, meist über Twitter, Facebook und YouTube. Früher gab es solche Effekte auch über E-Mails, die dann im Freundes- oder Kollegenkreis weitergeleitet wurden.

Die großen Erfolgsbeispiele für virale Kampagnen kennt mittlerweile fast jeder, zum Beispiel:

- Das »Heimkommen«-Video von Edeka zu Weihnachten 2015
- »Supergeil«, ebenfalls von Edeka
- Die »Horst Schlämmer«-Kampagne mit Hape Kerkeling von VW
- »Umparken im Kopf« von Opel

Virales Marketing in dieser Art wird meist von großen, bekannten Markenartiklern eingesetzt, die am stärksten von einer flächendeckenden Reichweite profitieren.

Das Prinzip lässt sich aber in jeder Branche umsetzen. Sie müssen nicht auf die Millionen-Reichweiten hoffen. Es reicht ja, wenn sich der Inhalt in Ihrer Zielgruppe bzw. in der Branche verbreitet. Wenn ihn dann einige Hundert oder ein paar Tausend Menschen gesehen haben, und zwar die richtigen Menschen, die auch etwas damit anfangen und potenziell überhaupt Kunden werden können, kann das schon ein Erfolg sein.

Um virale Effekte zu erzeugen, ist allerdings etwas Erfahrung nötig. Sie müssen den richtigen Ton treffen, den richtigen Inhalt erstellen, mit den richtigen Emotionen arbeiten, die richtigen Multiplikatoren einbeziehen, den richtigen Zeitpunkt auswählen und natürlich auch etwas Glück haben. Und Sie dürfen nicht enttäuscht sein, wenn ein Inhalt nicht viral wird – Viralität lässt sich weder sicher planen noch irgendwie garantieren. Selbst viele große Agenturen und Unternehmen scheitern regelmäßig beim Versuch, einem Inhalt virale Verbreitung zu verschaffen.

1.4   Ein Rat für die Praxis

Jedes Unternehmen arbeitet natürlich in seiner spezifischen Branche, hat eine besondere Situation und spricht besondere Zielgruppen an. Das führt aber leider schnell zu dem Fazit »Bei uns ist das aber alles ganz anders«, sobald man auf ein Beispiel hingewiesen wird oder einen Tipp erhält.

Ich habe das in den letzten Jahren in unzähligen Beratungsprojekten, Seminaren und Diskussionen erlebt. Der zu enge Blick durch die eigene Branchenbrille reduziert das Sichtfeld, verschließt den Kopf und verhindert es, gute Ideen für das eigene Unternehmen zu erkennen.

Wann immer Sie also ein Erfolgsbeispiel aus einer anderen Branche oder einem anderen Land sehen, zum Beispiel bezüglich einer gut laufenden Social-Media-Kampagne oder einer interessanten Content-Idee, fragen Sie sich: »Warum hat das so gut funktioniert?« und »Was könnte man davon übernehmen, um es in unserer Branche einzusetzen?«

Beispiel: Echtzeit-Grafiken   **!**

Mein Lieblingsbeispiel für dieses Prinzip sind Echtzeit-Infografiken. Eines der erfolgreichsten Exemplare stammt von der E-Commerce-Plattform Kaufda. de (http://www.kaufda.de/info/konsum-in-echtzeit/). Das Thema Handel und Konsum ist voll von Zahlen und Statistiken, die, interessant aufbereitet, viel Potenzial für Reichweite und Traffic-Generierung bieten können. Und genau das hat Kaufda gemacht. Aus zahlreichen Statistiken wurde eine Infografik gebastelt, die in »Echtzeit« mitzählt, was gerade in Deutschland konsumiert wird. Natürlich handelt es sich nicht um eine echte Zählung, sondern nur eine Visualisierung von Statistiken, aber der Effekt ist fantastisch. Jeder Betrachter ist erst einmal erstaunt angesichts der enormen Dynamik. Mitzuverfolgen, wie schnell die Umsätze von McDonalds wachsen, wie viele Rollen Toilettenpapier DM jetzt gerade verkauft oder wie viel wir Deutschen jetzt gerade für Babynahrung oder Tierfutter ausgegeben, ist einfach fesselnd. Über 37.000 Mal wurde die Grafik bei Facebook geteilt und geliked und auch sonst wurde sie Tausende Male weiterempfohlen und verlinkt, sogar im Fernsehen gezeigt. Ein klarer Erfolg.

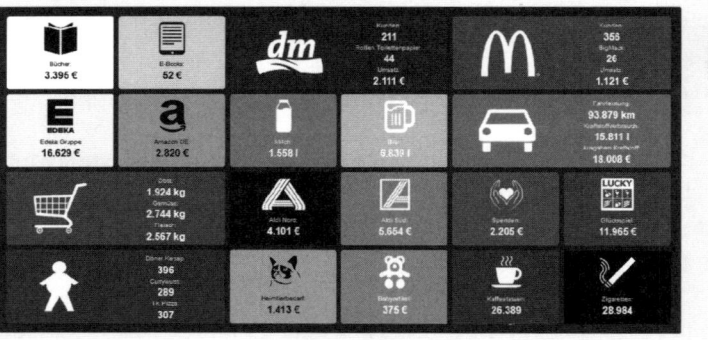

Abb. 3: Echtzeit-Grafik bei kaufda.de
(Quelle: http://www.kaufda.de/info/konsum-in-echtzeit/)

Das Inte ressante dabei ist aber, dass die Idee gar nicht von Kaufda stammt. Bereits seit 2009 setzt der US-Blogger Gary Hayes mit seinem »Social Media Count« das gleiche Prinzip ein, nur eben für Zahlen aus dem Internet (wie z.B. eine »Echtzeitzählung« der Google-Suchen, Tweets, App-Downloads oder Werbeumsätze der großen Social Networks, http://www.personalizemedia.com/garys-social-media-count/). Die Idee ist also schon lange da, Kaufda hat sie nur für die eigene Branche umgesetzt und damit großen Erfolg gefeiert.

Und auch da war nicht Schluss. Mittlerweile wurde das Prinzip »Echtzeit-Infografik« in diversen Branchen umgesetzt. Hier nur einige Beispiele:

- Arbeitsalltag in Echtzeit – so »arbeitet« Deutschland: https://www.auxmoney.com/kredit/infografiken/arbeitsalltag-echtzeit.html
- So verreist Deutschland in Echtzeit: http://www.5vorflug.de/blog/5vorflug-reisewelt/urlaubsechtzeitinfografik/
- Weihnachten in Echtzeit: https://www.was-soll-ich-schenken.net/weihnachten-live/
- Grippe und Erkältung in Echtzeit – so »kränkelt« Deutschland: https://www.erkaeltet.info/grippe-erkaeltung-in-echtzeit/
- Gesundheitswesen und Pharmaindustrie in Echtzeit: https://www.healthexpress.eu/de/gesundheitswesen-pharmaindustrie-zahlen.html
- So viel verdienen die DAX-Konzerne in Echtzeit: https://www.infogrfx.com/infographic/viel-verdienen-die-dax-30-echtzeit#references
- Twitter und Instagram in Echtzeit: http://felixbeilharz.de/instagram-twitter-echtzeit/

Die Idee ist immer die gleiche, die Umsetzung in den unterschiedlichsten Branchen aber individuell. Genau das ist die Vorgehensweise, die ich Ihnen empfehle. Schauen Sie sich Erfolgsbeispiele aus unterschiedlichen, auch weit von Ihrer eigenen entfernt liegenden Branchen an und extrahieren Sie daraus die Erfolgsprinzipien, die auch bei Ihnen umsetzbar sind.

Übrigens: Einige der oben genannten Infografiken sind mit einem kostenlosen Tool gebastelt, das Sie auch zur Umsetzung verwenden können. Sie finden das Tool unter http://infogrfx.com.

Den Erfolg dieser Denkweise könnte ich Ihnen an unzähligen Beispielen demonstrieren. Viele der erfolgreichen Content-Marketing-Aktionen und Online-Kampagnen gab es so ähnlich schon einmal in anderen Branchen oder anderen Ländern und wurden nur auf die eigene Branche übertragen. Wer keine hochkreative (und dabei meist sehr teure) Agentur in der Hinterhand hat, fährt mit diesem Vorgehen meist gut.

So arbeiten Sie mit diesem Buch
Sie haben jetzt die Rahmenbedingungen, mit denen Sie heute arbeiten und leben müssen, sowie einige Grundkonzepte und Prinzipien des sozialen, lokalen und mobilen Marketings kennengelernt. Damit sind Sie nun gut gerüstet für die weiteren Kapitel.

Das Buch ist in drei Teile aufgeteilt. Gemäß dem Titel behandelt ein Teil den Bereich »Social« (Kapitel 2), der zweite Teil den Bereich »Local« (Kapitel 3) und der dritte den Bereich »Mobile« (Kapitel 4). Überschneidungen lassen sich, wie oben bereits festgestellt, nicht vermeiden.

Sie sollten das Buch einmal komplett durchlesen, um die Inhalte in ihrem Zusammenhang zu verstehen und einordnen zu können. Machen Sie sich am besten direkt beim Lesen Notizen und Vermerke, wo Sie später vertieft einsteigen möchten.

Nach dem ersten Lesen vertiefen Sie dann die Punkte, die für Sie besonders relevant und wichtig sind. Versuchen Sie, jedes Beispiel auf Ihre konkrete Situation zu übertragen. Wenn Sie am Ende nur fünf oder zehn Punkte aus dem Buch umsetzen, hat sich der Kaufpreis schon vielfach gelohnt. Mehr wäre natürlich besser.

Da ein Buch naturgemäß irgendwann veraltet, ist es sinnvoll, Online-Medien zu nutzen, die sich schneller aktualisieren lassen. Neben den Online-Arbeitshilfen zum Buch, die Ihnen der Verlag auf www.haufe.de/mybook.de zur Verfügung stellt, möchte ich Ihnen besonders meine eigenen Online-Kanäle ans Herz legen, auf denen ich regelmäßig kostenlose Inhalte zu genau diesen Themen veröffentliche:

- Blog: https://felixbeilharz.de/bog
- Facebook: https://facebook.com/felixbeilharz.de
- YouTube: https://youtube.com/felixbeilharzde
- Twitter: https://twitter.com/beilharz
- Podcast: https://felixbeilharz.de/itunes

Wenn Ihnen das Buch geholfen hat, freuen der Verlag und ich uns natürlich über eine positive Rezension auf Amazon.

Zu guter Letzt: Aus Gründen der Lesbarkeit wird in diesem Buch auf eine gendergerechte Sprache verzichtet. Ich habe auch beim siebten Buch noch keinen Weg gefunden, dabei allen Ansprüchen gerecht zu werden. Auf jeden Fall sind bei allen Bezeichnungen immer alle Geschlechter angesprochen, auch wenn nur die männliche oder weibliche Form verwendet wird.

2 Social-Media-Marketing

Kaum ein Thema ändert sich so rasend schnell wie das Social-Media-Marketing. Es vergeht keine Woche, ja kaum ein Tag, an dem nicht eine neue Funktion in einem der großen Social Networks vorgestellt wird, eine neue Gerichtsentscheidung Marketer vor Herausforderungen stellt, neue Tools auf den Markt kommen oder sonstige Schlagzeilen die Landschaft verändern. Für kleine und mittlere Unternehmen bedeutet das schon eine Herausforderung, auf dem Laufenden zu bleiben und keine Entwicklung zu verschlafen.

Die gute Nachricht ist aber: Kaum ein anderes Marketinginstrument (oder Set an Instrumenten) bietet so viele Chancen für die »Kleinen« wie die sozialen Medien. Hier können inhabergeführte Unternehmen, Einzelkämpfer oder kleine Betriebe ihre Vorteile voll ausspielen: flache Hierarchien, kurze Entscheidungswege, Flexibilität, die Möglichkeit zu schnellen Reaktionen. Zwar haben die Großen immer den Vorteil des tieferen Geldbeutels und der bekannteren Marken, aber in vielen Fällen scheitern sie einfach an den Strukturen und Dienstwegen. Bis eine Antwort auf einen Facebook-Post formuliert, durch das Corporate Wording überprüft, von der Rechtsabteilung freigegeben und letztendlich gepostet ist, hat ein kleines Unternehmen schon längst geantwortet, den Kunden im Chat betreut und ein neues Angebot rausgeschickt. Das ist etwas überspitzt dargestellt, aber es verdeutlicht gut die Chancen, die soziale Medien bieten. Auch ohne großes Budget und ohne immense Kosten kann, mit etwas Know-how und Kanalverständnis, viel erreicht werden.

2.1 Definition und Abgrenzung

Den Begriff der »Social Media« zu definieren, ist gar nicht so einfach, da die Grenzen fließend sind. Grundsätzlich gehören alle Kanäle zu den sozialen Medien, die auf nutzergenerierten Inhalten basieren. In erster Linie fallen darunter die großen und bekannten Social Networks (Facebook, LinkedIn) und Content-Plattformen (YouTube, Pinterest), aber auch viele Apps (Instagram, WhatsApp, Messenger), Foren und ähnliche Dienste. Im Prinzip können alle Kanäle, die nicht nur zum Konsum von Inhalten, sondern zum Erstellen und Teilen dergleichen dienen, als »Social Media« definiert werden.

Die Grenzen sind dort fließend, wo nutzergenerierte Inhalte nur ein Teil des Angebots sind. Bei Amazon zum Beispiel machen Nutzerbewertungen und Fragen/Antworten einen großen Teil der Inhalte aus – der Zweck von Amazon ist aber ein anderer, nämlich die E-Commerce-Plattform. Amazon wird daher nicht als Social-Media-Plattform angesehen.

Blogs dagegen gehören zu den Social-Media-Plattformen, selbst wenn es sich um einen Corporate Blog (Firmenblog) handelt, der Kommentare deaktiviert hat und somit keinen Austausch zulässt.

Ich warne aber ohnehin davor, sich von irgendwelchen mehr oder weniger willkürlichen Definitionen einschränken zu lassen. Wir gehen im Folgenden auf die bekanntesten und wichtigsten Social-Media-Plattformen ein. Wenn Sie bei Ihrer Recherche aber Plattformen finden, die hier nicht behandelt werden, aber dennoch für Sie relevant und interessant sind – nur zu! Auch wenn sie nicht hundertprozentig unter die Definition von Social Media fallen, wichtig ist das Ergebnis und nicht die Definition.

2.2 Häufige Bestandteile und Merkmale von Social Media

Einige Elemente tauchen auf den meisten Social-Media-Plattformen auf und sollten Ihnen daher vertraut sein.

Die meisten Kanäle erlauben das Anlegen von **Nutzerprofilen**. Diese Profile bzw. Accounts bilden die Basis des persönlichen Engagements im jeweiligen Dienst. Mit ihrem Profil/Account loggen sich die Nutzer ein, um Inhalte zu konsumieren oder zu erstellen oder sich mit Freunden zu vernetzen. Manche Kanäle haben für die Profile eine Klarnamenpflicht (z. B. Facebook, XING, LinkedIn, Google+), bei anderen sind Pseudonyme erlaubt (z. B. Twitter, YouTube). Bei allen relevanten Social-Media-Kanälen sind Profile entweder komplett kostenlos oder es existiert zumindest eine kostenlose Basisversion, die gegen Bezahlung zu einem Premium-Profil ausgebaut werden kann (insb. bei XING und LinkedIn). Teilweise ist das Vorhandensein eines Nutzerprofils Voraussetzung, um überhaupt auf den Kanal zugreifen zu können (z. B. Instagram, Snapchat). Andere Kanäle sind dagegen ganz oder teilweise auch für Außenstehende einsehbar, hier ist ein Profil nur notwendig, um aktiv mitmachen zu können.

Die Profile können mehr oder weniger stark **personalisiert** werden. Alle Kanäle erlauben das Hochladen eines Profilbildes und oft auch eines Titelbildes für das eigene Profil. Darüber hinaus können meist zum Beispiel eine Kurzbeschreibung (»Bio«), ein Link, weitere Fotos oder Videos sowie verschiedene Profilangaben eingetragen werden. Die Personalisierung des Profils dient vor allem dem persönlichen Ausdruck der Nutzer und soll die Nutzerbindung an den Kanal stärken.

Abb. 1: Facebook-Profil des Autoren (Quelle: https://www.facebook.com/felix.beilharz)

Mit diesem Nutzerprofil können nun **Inhalte** erstellt werden. Fast alle Kanäle setzen mittlerweile auf audiovisuelle Medien, während manche Kanäle auch reine Textpostings erlauben. Die erstellten Inhalte haben häufig einen kanalspezifischen Namen – »Posting« bei Facebook, »Tweet« bei Twitter, »Pin« bei Pinterest. »Posting« dient jedoch auch als Oberbegriff und kann auf alle Kanäle angewendet werden. Insgesamt erstellt immer nur ein relativ geringer Teil der Nutzer überhaupt eigene Inhalte, wohingegen die Mehrheit entweder nur passiv konsumiert oder mit fremden Inhalten interagiert. Dieses Prinzip hat sich als »Ein-Prozent-Regel« durchgesetzt, demzufolge nur 1% der Nutzer im Social Web aktiv Inhalte erstellt, wohingegen 9% überhaupt etwas beitragen und 90% nur passiv konsumieren. Diese Verteilung gilt heute so nicht mehr, das Prinzip (wenige aktiv, viele passiv) ist aber nach wie vor gültig.

Typisch für Social Media sind auch eine oder mehrere Formen der **Vernetzung** untereinander. Das kann in Form einer gegenseitigen Bestätigung erfolgen (z. B. »Freunde« bei Facebook oder »Kontakte« bei XING) – hier müssen beide Nutzer dem Kontakt aktiv zustimmen, aber auch durch einseitiges Abonnieren (z. B. bei Instagram, Twitter, YouTube oder auch bei Facebook). Durch Bestätigung eines Kontakts kann ein anderes Level an Privatsphäre freigegeben werden, so dass Inhalte zum Beispiel nur an direkte Kontakte sichtbar gepostet werden können. Sowohl gegenseitiges Bestätigen als auch Abonnieren führt dazu, dass man über neue Inhalte des anderen informiert wird.

Ein wesentlicher Aspekt der sozialen Medien ist das **Bewerten und Teilen (Sharen)** von Inhalten. Hierfür weisen die Kanäle unterschiedliche Funktionen auf. Facebook verfügt neben dem legendären Like-Button auch über weitere mögliche Reaktionen auf Inhalte sowie um einen speziellen Share-Button. Auch bei Instagram, Twitter oder Pinterest gibt es Like-Buttons, bei den Letzteren auch eine Share-Funktion (Retweet bzw. Repin). Bei YouTube wird per Daumen rauf oder runter gevotet. Instagram nimmt durch den fehlenden Share-Ansatz eine Sonderstellung ein, hier ist das Teilen von fremden Inhalten allenfalls durch eine Dritt-App (z. B. »RePost for Instagram« möglich).

In aller Regel verfügen die Kanäle auch über **Kommentarfunktionen**, mit denen Inhalte öffentlich diskutiert werden können. Teilweise werden die Antworten direkt unter dem ursprünglichen Beitrag verfasst (z. B. bei Facebook, Instagram), teilweise muss dazu ein eigener Beitrag abgesendet werden, der dann dem ursprünglichen Beitrag zugeordnet wird (z. B. Twitter).

In vielen Kanälen gibt es neben dem öffentlich sichtbaren Newsfeed (siehe Newsfeed-Kanäle) noch weitere Möglichkeiten, sich auszutauschen. So verfügen zum Beispiel Facebook, XING, LinkedIn oder Google+ über **Gruppen**, die entweder geschlossen oder öffentlich sichtbar sein können. Hier kann ein themen- oder mitgliederspezifischer Austausch stattfinden, der mit einem normalen Internetforum vergleichbar ist. Sensible Themen werden jedoch oft immer noch in klassischen Internetforen diskutiert, da hier mehr Anonymität als bei Facebook herrscht.

Zentrales Element vieler Social-Media-Kanäle ist der **Newsfeed**, also der Bereich, in dem die Neuigkeiten aus allen abonnierten Personen oder Accounts angezeigt werden. Hier reguliert meist ein **Algorithmus**, welche Inhalte dort zu sehen sind, da die reine Masse an Neuigkeiten jeden Nutzer sonst überfordern würde. Für das Marketing ist es entscheidend, den Algorithmus zu verstehen und Inhalte entsprechend so zu erstellen, dass sie vom Algorithmus als relevant eingestuft werden.

In manchen Social Media spielen **Hashtags** eine große Rolle. Dabei handelt es sich um Worte, denen eine Raute vorangestellt wurde. Der Begriff Hashtag ist zusammengesetzt aus dem englischen »Tag« für Schlagwort und »Hash«, was der englische Begriff für das Rautenzeichen ist. In Netzwerken, die Hashtags zulassen, wird beim Voranstellen einer Raute aus einem normalen Wort ein anklickbarer Link, der zu einer Liste mit allen Beiträgen führt, die dieses Wort ebenfalls enthalten. Durch Hashtags können also weitere Beiträge zu einem Thema gefunden und Gespräche besser nachvollzogen werden. Hashtags waren ursprünglich eine Funktion von Twitter, funktionieren heute aber auch in anderen Netzwerken wie Facebook, Instagram oder YouTube. Die größte Rolle spielen Hashtags bei Twitter und Instagram, dort sind sie elementarer Bestandteil der meisten Posts.

Wichtig: Hashtags im Marketing   **!**

Hashtags können auf verschiedene Weise im Marketing eingesetzt werden. Drei Formen sind besonders wichtig:

- Hashtags, die allgemeinen oder oft verwendeten Begriffen entsprechen, helfen, mehr Reichweite für die eigenen Posts zu erhalten. Das können entweder generische Begriffe sein – wie #fussball, #fcbbvb (wird z.B. bei Derbies FC Bayern gegen Borussia Dortmund benutzt) oder #sommer – oder

---

auch kanalspezifische Hashtags – wie #instafood (für Essensbilder) oder #catsofinstagram (für Katzenbilder) auf Instagram. Das Ziel ist es, in den jeweiligen Listen mit allen Posts zu diesem Hashtag mit aufzutauchen und so von möglichst vielen Menschen gesehen zu werden.

- Unternehmen können aber auch eigene Hashtags erfinden. Das bietet sich vor allem an, wenn dadurch das Branding unterstützt werden oder eine bessere Nachvollziehbarkeit aller Gespräche zu dem Thema möglich gemacht werden soll. Gerade bei Events sollte ein uniquer Hashtag eingesetzt werden, damit Teilnehmer und Veranstalter die Posts zum Event gut nachvollziehen können. Beispiele dafür sind #derwilleindir (McFit), #uostyle (Urban Outfitters) oder #business17 (hashtag.business Konferenz).

- Und schließlich können Hashtags auch einfach als Stilmittel verwendet werden. Sie haben dann keinen tieferen Sinn als einfach »social« auszusehen oder einem Post einen besonderen Ausdruck zu verleihen. Hashtags haben sich im Social Web zur eigenen Ausdrucksform entwickelt, oft drückt ein Hashtag soviel aus wie ein ganzer Satz. Nutzer verwenden dabei zum Beispiel Hashtags wie #läuft, #lassmichinruhe oder #wtf, was natürlich auch einfach so in den Post geschrieben werden könnte, aber so eben einen speziellen Nachdruck erhält. Mit zunehmender eigener Social-Media-Nutzung gewinnt man schnell ein Gefühl dafür, wann und welche Hashtags möglich und angebracht sind.

Abb. 2: Tweet mit mehreren Hashtags
(Quelle: https://twitter.com/5g_lab/status/843767006876917760)

2.3 Arten von Social-Media-Kanälen

Aus den diversen Social-Media-Kanälen lassen sich verschiedene Klassifizierungen bilden. Für uns ist vor allem ein Unterschied wichtig: die Unterscheidung zwischen Newsfeed- und Archiv-Kanälen.

Grob lassen sich die Social-Media-Kanäle in zwei Kategorien einteilen: Newsfeed-Plattformen und Archiv-Plattformen. Messenger bilden eine dritte Kategorie.

2.3.1 Newsfeed-Plattformen

Bei **Newsfeed-Plattformen** steht, wie der Name schon verrät, der Newsfeed, also der ständige Strom neuer Meldungen im Vordergrund. Facebook ist das beste Beispiel für diese Art von Kanal. Facebook-Fanpages werden nur sehr selten besucht, fast die komplette Zeit verbrngen d e Nutzer in ihrem Newsfeed. Inhalte, die dort auftauchen, haben d e Chance, konsumiert zu werden. Das bedeutet aber auch, dass ältere Inhalte kaum noch eine Rolle spielen und von gelegentlichen Ausreißern abgesehen (wenn jemand z.B. durch Zufall auf einen alten Inhalt stößt, generiert er somit erneut eine virale Reichweite) nach kurzer Zeit wieder in der Versenkung verschwinden.

Newsfeed-Plattform erfordern von Unternehmen einen stetigen Strom an aktuellen Inhalten. Nur ein Profil anzulegen »damit man auffindbar ist«, reicht dort nicht aus. Wer es nicht in den Newsfeed schafft, geht unter. Das bedeutet, dass Sie dort regelmäßig Inhalte erstellten sollten. Je nach Plattform kann es sogar sinnvoll sein, mehrmals am Tag zu posten (z.B. bei Twitter), um eine größtmögliche Aufmerksamkeit zu erzielen.

Zu den Newsfeed-Plattformen gehören:

- Facebook
- Instagram
- Twitter und andere Microblogging-Plattformen
- Snapchat
- XING (eingeschränkt) und LinkedIn
- Google+

2.3.2 Archiv-Plattformen

Bei den **Archiv-Plattformen** gibt es entweder keinen Newsfeed oder er spielt eine weitaus weniger wichtige Rolle. Stattdessen steht oft die Suchfunktion im Mittelpunkt, über die Inhalte gesucht, gefunden und konsumiert werden. Hieraus resultieren dann häufiger Abonnements, die später durchaus in einer Art Newsfeed münden können. Ebenso wird in Archiv-Plattformen mehr gestöbert und »einfach mal so durchgeschaut« als in Newsfeed-Plattformen. Die Abgrenzung zwischen den beiden Grundkategorien ist jedoch oft nicht ganz trennscharf, viele Plattformen weisen Elemente von beiden auf.

Zu den Archiv-Plattformen gehören:
- YouTube und andere Video-Plattformen
- Pinterest
- Slideshare
- Fotoplattformen wie FlickR
- Bewertungsplattformen wie Jameda oder Yelp
- Blogs (mit Einschränkung)

Bei Archiv-Plattformen müssen nicht zwingend ständig neue Inhalte hochgeladen werden, da über die Suchfunktion auch alte Inhalte immer wieder neu entdeckt werden können. Jedoch erhöhen auch zum Beispiel bei YouTube oder Vimeo ein hoher Aktivitätsgrad und regelmäßig neue Inhalte die Abonnenten- und Aufrufzahlen. Ein YouTube-Kanal mit 20 Videos, die »der Vollständigkeit halber« hochgeladen wurden, ist jedoch um einiges sinnvoller und produktiver als eine Facebook-Seite, die keine neuen Inhalte produziert.

2.3.3 Messenger-Dienste

Reine **Messenger-Dienste** wie der Facebook Messenger oder WhatsApp nehmen eine Sonderstellung ein und dienen eher der Eins-zu-eins-Kommunikation oder dem Austausch in Kleingruppen. Die Bedeutung dieser Messenger steigt seit einigen Jahren stetig an, mittlerweile haben die großen Messenger wie der Facebook Messenger, WhatsApp und WeChat die meisten »traditionellen« Social-Media-Plattformen hinsichtlich der Nutzerzahlen bereits überholt.

Für das Marketing stellen Messenger-Dienste eine gewisse Herausforderung dar, da dort so gut wie alles von außen nicht einsehbar im privaten Umfeld stattfindet. Monitoring und Analysen sind daher nicht möglich. Gerade diese Privatsphäre schätzen die Nutzer ja. Für Unternehmen eignen sich diese Plattformen vor allem als Dialog-Medium (z.B. im Service oder bei der Kundenbindung) sowie als Push-Kanal für individuelle Botschaften. Die E-Mail wird in beiden Anwendungsgebieten immer mehr durch Messenger ersetzt, die SMS haben Messenger schon lange erfolgreich verdrängt.

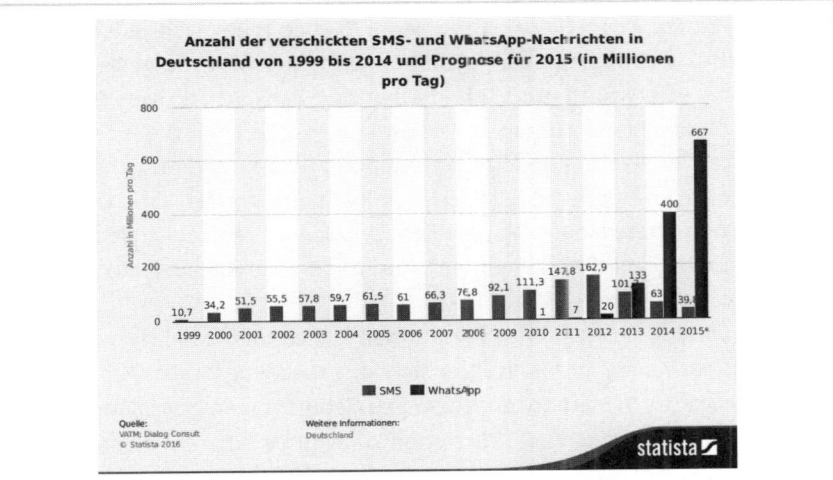

Abb. 3: SMS und WhatsApp im Vergleich (Quelle: https://de.statista.com/statistik/daten/studie/3624/umfrage/entwicklung-der-anzahl-gesendeter-sms--mms-nachrichten-seit-1999/)

2.4 Überblick über die wichtigsten Social-Media-Kanäle

Auf den vorangegangenen Seiten sind bereits einige der gängigen Social-Media-Kanäle angeklungen. Insgesamt gibt es sicher Hunderte von Plattformen und Apps im Social Web. Wenn man Foren mitzählt, geht die Zahl in die Tausende. Mit einigen der bekannteren Kanälen sollten Sie sich allerdings vertraut machen, da hier die größten Möglichkeiten für Ihr Marketing liegen.

Nicht alle Plattformen sind in gleichem Maße für kleine und mittlere Unternehmen interessant. Zu jedem Kanal finden Sie daher eine kurze Einschätzung der Relevanz und der dort aktiven Zielgruppen, sofern sich das eingrenzen lässt.

2.4.1 Facebook

Facebook ist mit Abstand das größte Social Network der Welt. Über 1,8 Mrd. Menschen nutzen den Dienst aktiv, jeder Zweite loggt sich jeden Tag ein (Stand: Februar 2017). Zum Vergleich: Vor 100 Jahren war die gesamte Weltbevölkerung in etwa so groß wie die heutige Zahl der aktiven Facebook-Nutzer. In Deutschland nutzen 28 Millionen Menschen den Dienst aktiv. Das zeigt auch schon, welche Bedeutung Facebook für das Marketing hat: Es gibt kaum noch Zielgruppen, die bei Facebook nicht anzutreffen sind. Gerade für mittelalte und ältere Menschen spielt Facebook eine zentrale Rolle im Leben, während junge Menschen immer mehr auf andere Kanäle ausweichen.

Facebook vereint viele wichtige Funktionen in sich. Als Social Network ist es ein vielfältiger Kanal, in dem Nutzer sich austauschen, Erfahrungen und Erlebnisse teilen, nach Meinungen fragen, zu Geburtstagen gratulieren usw. In den Gruppen finden aktive Diskussionen zu allen denkbaren Themen statt.

Die Nutzung findet überwiegend mobil (App oder mobile Website) statt. Der Anteil der reinen Desktop-Nutzer hat in den letzten Jahren stetig abgenommen, was dem allgemeinen Mobile-Trend entspricht.

Bei Facebook gibt es grundsätzlich zwei Arten von Auftritten: Profile und Seiten.

- **Profile** sind für die private Nutzung »echter« Menschen gemacht, also für ganz normale Nutzer. Mit Profilen kann man Freundschaften eingehen, Beiträge schreiben oder liken oder sich in Gruppen austauschen.
- Eine **Seite** sollte dagegen jemand anlegen, dem es nicht um die private Nutzung geht: Unternehmen, öffentliche Einrichtungen, Personen des öffentlichen Lebens. Auch für Produkte, Orte und viele andere Dinge existieren eigene Seitentypen. Facebook erlaubt keine kommerzielle Nutzung der Profile, dafür sind gerade die Seiten gedacht.

Tipp: Grey Accounts

Früher war es möglich, Facebook-Seiten ohne dahinterstehendes Privatprofil anzulegen, sich also direkt als Seite einzuloggen. Diese Option wurde abgeschafft. Für größere Unternehmen eignet sich der Facebook Business Manager, um die Seiten zu verwalten, kleinere Unternehmen brauchen dieses Tool in der Regel nicht. Ein privates Profil ist aber auf jeden Fall nötig, um als Admin der Fanpage zu fungieren.

Im Gegensatz zu privaten Profilen haben Seiten keine Freunde, sondern **Fans**. Diese Bezeichnung ist nicht mehr korrekt (früher trug der Like-Button die Bezeichnung »Fan werden«, daher die Begriffe Fans und Fanseiten), hat sich aber bis heute gehalten. Für diese Fan- bzw. Unternehmensseiten gibt es eine ganze Reihe von marketingrelevanten Funktionen: Apps, Plugins für Websites, Statistiken, Anzeigenwerbung und vieles mehr.

Für Ihr Unternehmen sollten Sie daher unbedingt von Anfang an eine Seite anlegen, kein Profil.

Achtung: Mehrere Admins, aber Vorsicht

Sie sollten für Ihre Fanpage unbedingt mehr als einen Admin haben. Sollte nämlich Ihr Profil aus irgendeinem Grund gesperrt werden (z.B. weil Sie einen Fantasienamen verwendet haben oder Facebook Ihren Account als gehackt im Verdacht hat), können Sie sonst die Fanpage nicht mehr administrieren. Aber Vorsicht: Der zweite Admin hat die gleichen Rechte wie Sie, kann Sie also auch aus der Fanpage entfernen. Nehmen Sie also entweder ein unauffälliges Zweitprofil (was jedoch nicht den Facebook-Nutzungsbedingungen entspricht) oder jemanden, dem Sie absolut vertrauen und fügen Sie ihn/sie als Admin hinzu.

2.4.2 Twitter

Twitter gehört zu den Kanälen, die weltweit eine hohe Bedeutung aufweisen, in Deutschland aber nie so wirklich »abgehoben« haben. Twitter spricht von 12 Millionen Nutzern (Stand: 2016), ein relativ großer Anteil dürfte jedoch aus inaktiven Accounts oder Bots bestehen. In bestimmten Zielgruppen (vor allem Medien, Technik, Gaming usw.) spielt Twitter jedoch eine große Rolle, sowohl als Informationsmedium als auch als Verbreitungskanal für Nachrichten und Content.

Bei Twitter gibt es keinen Unterschied zwischen privaten Profilen und Firmenauftritten. Jeder bekommt die gleiche Art von Account, die Funktionen unterscheiden sich nicht.

Abb. 4: Twitter-Profil des Autors (Quelle: https://twitter.com/beilharz)

Twitter ist mehr noch als Facebook ein sehr schnelllebiges Medium, Beiträge gehen relativ schnell unter. Eine höhere Postingfrequenz ist daher wichtig.

Twitter besteht ausschließlich aus dem **Newsfeed**, Gruppen wie zum Beispiel bei Facebook gibt es nicht. Nutzer loggen sich ein, um zu erfahren, was die von ihnen abonnierten Accounts zuletzt gepostet haben oder was andere Nutzer zu bestimmten Themen gerade erzählen.

Die Bedeutung von Twitter wird vor allem bei tagesaktuellen Themen deutlich: Wenn in der Welt irgendetwas passiert oder irgendetwas in den Medien kommt, wird bei Twitter ausgiebig darüber berichtet und diskutiert. Twitter ist damit auch der wichtigste »Second Screen«-Kanal, der parallel zum Fernsehen als Dialogmedium genutzt wird. Viele TV-Sendungen machen sich diesen Effekt zunutze, indem sie entsprechende Hashtags einblenden oder aktiv zum Mittwittern aufrufen.

Mehr noch als Facebook ist Twitter ein mobiler Kanal, die überwältigende Mehrheit der Inhalte wird mobil erstellt und konsumiert.

2.4.3 YouTube

YouTube spielt vor allem in zwei Sichtweisen eine enorme Rolle: als **zweit-größte Suchmaschine** der Welt (nach Google) und als **führende Video-Plattform**, die nach und nach das TV ablöst bzw. es bei vielen jungen Menschen schon lange abgelöst hat.

Im Gegensatz zu vielen anderen Plattformen, die verschiedene Content-Typen integrieren, sind bei YouTube ausschließlich Videos (als Video-Datei oder Livestream) möglich. Jeder Nutzer, der einen Account angelegt hat, kann selbst Videos veröffentlichen oder andere Videos kommentieren und bewerten. Teilweise ergeben sich lebhafte Diskussionen unter einzelnen Videos, die allerdings nicht immer auf höchstem intellektuellen Niveau stattfinden.

YouTube hat sich als größte Video-Datenbank im Internet etabliert. Auch immer mehr TV-Sender bzw. Sendungen laden einzelne Clips oder ganze Episoden im Nachhinein bei YouTube hoch. So ist von verwackelten Handyvideos bis hin zu hochprofessionellen TV-Formaten alles auf YouTube auffindbar, was sich in einem Video darstellen lässt.

Für Unternehmen stellt YouTube eine gute Möglichkeit dar, mit Videomaterial auffindbar zu sein. Das Erstellen YouTube-konformer Inhalte erfordert jedoch etwas Übung. Nicht, weil YouTube besondere Ansprüche an die Videos stellt, sondern weil bei YouTube ganz eigene Gesetze herrschen und Videos, die langweilen oder zu wenig Nutzwert transportieren (was immer eine sehr subjektive Bewertung ist), einfach nicht funktionieren.

> **Tipp: Werbung auf YouTube** !
> YouTube ist, wie die meisten Social-Media-Kanäle, kostenlos. Sie können Ihre Videos aber via Google AdWords bewerben. Damit haben Sie die Möglichkeit einer günstigen und gut steuerbaren Video-Werbung an der Hand.

In letzter Zeit hat YouTube auch neue Funktionen etabliert. So ist mittlerweile auch Livestreaming auf YouTube möglich, nachdem die über Google+ und YouTube kombiniert laufenden »Hangouts on air« als eine Art Webinar-Format schon längere Zeit nutzbar sind.

2.4.4 Instagram

Während YouTube zu Google gehört, zählt **Instagram** zum Facebook-Konzern. Facebook wurde für den eine Milliarde teuren Kauf 2012 noch sehr verspottet, hatte im Nachhinein aber absolut recht. Instagram hat sich rasant zu einer der Top-Plattformen im Social Web entwickelt und spricht vor allem die jüngeren Zielgruppen an, mit denen sich Facebook etwas schwertut. 2017 nutzen über eine halbe Milliarde Menschen Instagram aktiv, übrigens ausschließlich mobil (es existiert zwar eine abgespeckte Web-Oberfläche, die aber praktisch keine Rolle spielt und sich auch nicht zum Hochladen von Inhalten eignet).

Instagram zog zu Beginn vor allem jüngere Nutzer an. Auch heute noch ist Instagram bei Jugendlichen populär, die Nutzerschaft ist mittlerweile jedoch deutlich breiter aufgestellt. Von den 14 Millionen aktiven deutschen Nutzern sind mehr als 50 % über 30, jeder Fünfte sogar über 40.

Instagram setzt komplett auf Bilder und kurze Videos, prägt also das Zeitalter der audiovisuellen Kompakt-Kommunikation entscheidend mit. Menschen nutzen Instagram, um Freunde oder die Öffentlichkeit am eigenen Leben teilhaben zu lassen und selbst Freunden, Influencern oder Marken zu folgen.

Überhaupt spielen **Influencer** bei Instagram eine große Rolle, wahrscheinlich noch ausgeprägter als bei YouTube. Es hat sich nach und nach eine richtige Subkultur an Personen gebildet, die nur durch ihre Instagram-Aktivitäten Popularität erlangt und teilweise mehrere Millionen Follower haben. Viele davon schließen mit Unternehmen lukrative Werbeverträge und leben von ihrem Influencer-Dasein sehr gut.

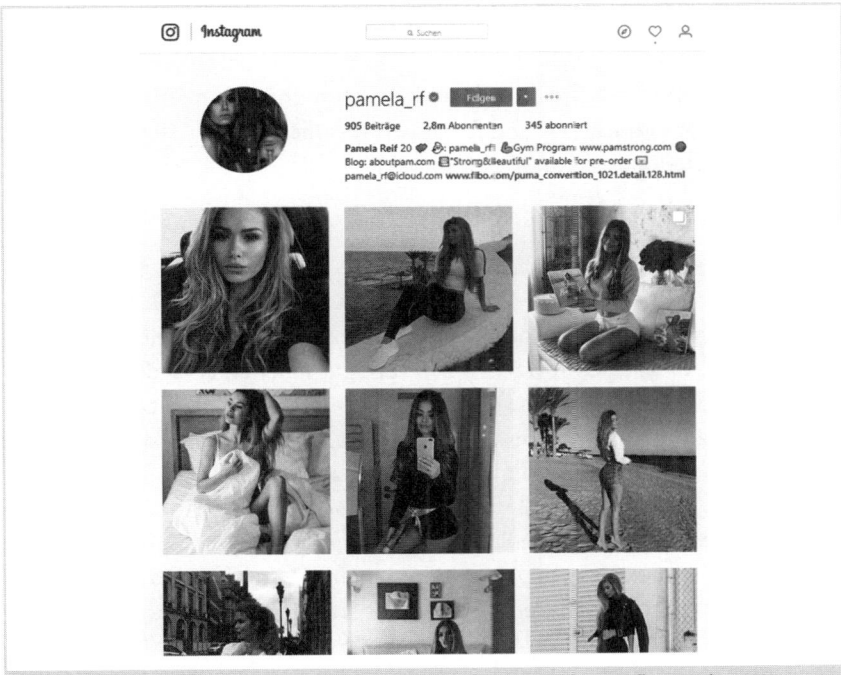

Abb. 5: Instagram-Profil von Pamela Reif, einer der bekanntesten Influencerinnen Deutschlands (Quelle: https://www.instagram.com/pamela_rf/)

2.4.5 XING

XING ist das letzte verbliebene große deutsche Social Network (alle anderen Versuche wie die VZ-Netzwerke, wer-kennt-wen, Lokalisten usw. haben mittlerweile aufgegeben oder spielen keine Rolle mehr). Das gelang wohl, weil sich XING auf ein bestimmtes Kernthema, den Business-Fokus, konzentriert hat. XING sieht sich als berufliches bzw. Karriere-Netzwerk, private Themen spielen weniger eine Rolle.

XING weist knapp 11 Millionen Mitglieder im DACH-Raum auf. Über die Aktivität auf der Plattform gibt es leider keine verlässlichen Aussagen, es ist aber davon auszugehen, dass ein großer Teil das Netzwerk nur gelegentlich aufsucht, zum Beispiel um einen neuen Kontakt zu knüpfen oder mehr über einen potenziellen Arbeitgeber zu erfahren.

Ebenfalls zu XING gehört die Arbeitgeberplattform **Kununu**, deren Firmenprofile mit den Premium-Firmenseiten von XING verschmolzen sind. Arbeitnehmer können hier ihre Arbeitgeber bewerten und kommentieren, die Unternehmen können ihre Jobangebote veröffentlichen oder sich generell als attraktiver Arbeitgeber präsentieren.

2.4.6 LinkedIn

LinkedIn ist XINGs größter Konkurrent und im direkten Vergleich überwältigend: fast 500 Millionen Nutzer in 200 Ländern machen LinkedIn zum größten Berufsnetzwerk der Welt. Die Funktionen ähneln denen bei XING (Profile, Newsfeed, Gruppen, Unternehmensseiten usw.), wobei der Newsfeed prominenter platziert ist und mehr Möglichkeiten bietet.

Ähnlich wie XING macht LinkedIn im Marketing vor allem im B2B-Kontext und für das Arbeitgebermarketing Sinn. Aber auch für Kundenbindung, Vertrieb und vor allem Vertriebsvorbereitung eignet sich das Netzwerk.

> **!** **Tipp: XING und LinkedIn nutzen**
>
> Die Frage, ob ein Unternehmen eher auf XING oder auf LinkedIn vertreten sein sollte, kommt sehr häufig vor. Prinzipiell lässt sich sagen: Noch ist XING in Deutschland stärker. Wenn Deutschland der Zielmarkt ist, führt also an XING kein Weg vorbei, bei einer eher internationalen Ausrichtung ist LinkedIn Pflicht. In der Regel macht eine Präsenz auf beiden Plattformen Sinn, da so die maximale Abdeckung erzielt werden kann.

2.4.7 Pinterest

Pinterest gehört mit seinem Gründungsjahr 2010 schon zu den älteren Social-Media-Kanälen und übt die Funktion einer **virtuellen Pinnwand** aus. Nutzer können Bilder, Grafiken und Videos in eigenen Pinnwänden organisieren, diese öffentlich zugänglich machen sowie die Pinnwände anderer Nutzer abonnieren. Reine Textpostings sind nicht möglich, im Mittelpunkt stehen immer die visuellen Inhalte. Unternehmen nutzen Pinterest zum Beispiel zum

Veröffentlichen von (hochwertig inszenierten) Produktfotos, Anwendungsbeispielen und Werbefotos, aber auch für Infografiken und kurze Videos.

Das Besondere an Pinterest ist, dass die geposteten Inhalte direkt mit einer Website verlinkt werden können. So führt ein Klick auf den Pin zur verlinkten Website. In manchen Branchen (z.B. Mode, Hochzeit, Reisen, Lifestyle) hat sich Pinterest zu einer wichtigen Traffic-Quelle entwickelt.

Dabei ist allerdings zu beachten, welche Rolle Pinterest für die ca. 150 Millionen Nutzer spielt. Sie verwenden den Dienst primär, um inspirierende Inhalte zu sehen, sich Ideen für eigene Kreationen zu holen oder um auf Neuigkeiten zu stoßen. Bilder und Videos müssen daher einem hohen ästhetischen Anspruch genügen und besonders inszeniert sein, um bei Pinterest erfolgreich zu werden.

2.4.8 Snapchat

Unter den großen Social Networks ist **Snapchat** das »Nesthäkchen«. 2011 gegründet entwickelte sich die App schnell zu einer der meistgenutzten der Welt. Allerdings weit überwiegend unter jungen Nutzern. Die App weist so viele Besonderheiten auf, dass die meisten älteren Nutzer (über 25 Jahren), teilweise scherzhaft, zugeben müssen, sie nicht wirklich zu verstehen.

Snapchat dient ausschließlich dazu, Bilder und maximal zehnsekündige Videos entweder unter Freunden zu verschicken oder öffentlich zu teilen. Alle Inhalte lassen sich maximal zehn Sekunden betrachten, auch die Bilder.

Zu den Besonderheiten von Snapchat zählen: Es gibt keine Profile, die irgendwie befüllt oder gestaltet werden können. Es gibt keine Timeline, in der bisherige Inhalte betrachtet werden können. Sämtliche Inhalte verschwinden nach 24 Stunden wieder. Es gibt weder eine Like- oder Share- noch eine Kommentarfunktion. Inhalte können betrachtet oder übersprungen werden, weiter nichts. Die einzige Möglichkeit, auf einen Inhalt zu reagieren, ist, einen Screenshot anzufertigen. Darüber wird der Inhaltsersteller allerdings benachrichtigt.

Abb. 6: Snap des Bloggers Kai Thrun (Quelle: @kaithrun)

Mit diesen Besonderheiten entspricht Snapchat gleich mehreren Trends: Inhalte können unkompliziert und schnell erstellt und geteilt werden, ohne dass sie später im Netz auffindbar sind. Das kommt gerade jungen Nutzern entgegen, die sich so ungehemmter zeigen können. Die Inhalte sind audiovisuell und lassen sich mit verschiedenen Filtern, Stempeln oder Schriften kreativ gestalten. Durch das völlige Fehlen öffentlich einsehbarer Kennzahlen (selbst die Aufrufzahlen der Inhalte sind nur für den Ersteller sichtbar) fehlt der Druck, mit möglichst großen Zahlen glänzen zu müssen.

Allerdings bekommt Snapchat mittlerweile starke Konkurrenz. Instagram führte 2016 mit den Instagram Stories eine vergleichbare Funktion ein, bei der Inhalte für maximal einen Tag und in ähnlicher Machart wie bei Snapchat erstellt werden können. Der Facebook Messenger wurde ebenfalls mit diversen Filterfunktionen sowie mit einer Ein-Tages-Funktion ausgestattet. Sogar WhatsApp bekam mit dem neuen Status eine Snapchat-ähnliche Postingmöglichkeit.

Die Zukunftsaussichten von Snapchat sind daher ungewiss. Zahlreiche Experten sehen die Überlebenschancen des Netzwerks als eher gering an und setzen durch die bereits größere Reichweite und stärkeren Finanzmittel auf Instagram als Gewinner des Wettstreits.

2.4.9 Facebook Messenger

Der **Messenger** gehört ebenfalls zum Facebook-Konzern und entstand aus der Facebook-Nachrichtenfunktion, die in eine eigene App ausgegliedert wurde. Diese App wird nun von über einer Milliarde Menschen weltweit genutzt.

Der Messenger ist dabei explizit nicht nur für die private Kommunikation gedacht, sondern auch als Unternehmenskanal. Jede Facebook-Unternehmensseite hat ebenfalls einen Messenger-Account integriert. So können Unternehmen Facebook als Dialogkanal im Kundenservice nutzen, ohne dass alles öffentlich auf der Fanpage gepostet werden soll. Seitens Facebook gibt es gar die Version, dass der Messenger eines Tages alle anderen Medien wie E-Mail, Telefon oder Kurznachricht ablösen soll. Statt einer Telefonnummer hätten Nutzer dann die Messenger-Adresse und einen QR-Code-ähnlichen **Messenger-Code**, der mit dem Handy abgescannt und zum Chatten genutzt werden soll. Um diese Vision voranzutreiben, hat Facebook den Messenger auch für Nutzer ohne Facebook-Account geöffnet.

Der Messenger für Unternehmen verfügt auch bereits über einige CRM-Funktionen. So können zu jedem Nutzer, mit dem eine Unterhaltung stattfindet, Schlagworte und Notizen eingegeben werden, zum Beispiel um besonders kritische Kunden oder begeisterte Fans intern als solche zu markieren.

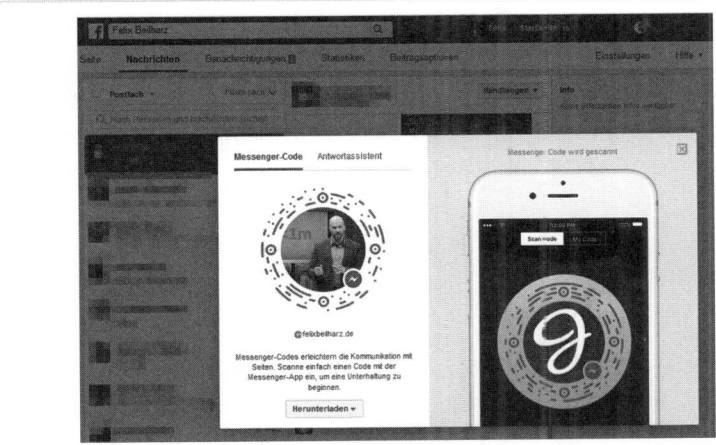

Abb. 7: Einblick in den Facebook Messenger einer Fanpage, im Vordergrund ist der Messenger-Code geöffnet (Quelle: Facebook)

2.4.10 WhatsApp

Was Messaging-Dienste angeht, fährt Facebook zweigleisig. Neben dem Facebook Messenger verfügt der Konzern auch über **WhatsApp**, eine Chat-App, die ebenfalls von über einer Milliarde Menschen genutzt wird. Welche Strategie Facebook damit verfolgt bzw. welcher Kanal für welchen konkreten Einsatzzweck vorgesehen ist, ist nicht klar zu erkennen.

Fakt ist aber, dass sich WhatsApp flächendeckend als Kommunikationsmedium etabliert und die klassische SMS nahezu ausgerottet hat (siehe Abb. 3 in diesem Kapitel). Im Gegensatz zu vielen anderen Kanälen funktioniert WhatsApp auch generationenübergreifend. Wer sich im Bekanntenkreis umhört, wird feststellen, dass Großeltern und Enkel mittlerweile oft nur noch über WhatsApp Kontakt halten. Für viele ältere Menschen ist die App eine tolle Möglichkeit, am Leben der Familie teilzuhaben, wenn die Entfernung der Wohnorte das im realen Leben nicht immer zulässt.

WhatsApp bietet verschiedene Möglichkeiten der Kommunikation: im Mittelpunkt stehen der Chat unter »vier Augen« sowie die Gruppenchats. Verschickt werden können Textnachrichten, Bilder oder Sprachnachrichten sowie Dateianhänge. Mittlerweile können auch Telefonanrufe sowie Videoanrufe über WhatsApp kostenfrei getätigt werden.

2.4.11 Blogs

Blogs nehmen eine Sonderstellung im Social Web ein. Sie gehören weder zu den Social Networks noch zu den Messaging-Diensten, und um wirkliche Content-Sharing-Dienste handelt es sich auch nicht. Stattdessen sind sie eher wie Websites zu sehen, aber mit mehr sozialen Funktionen.

Der große Blogging-Hype ist seit einigen Jahren vorbei. Der Trend ging und geht stark in Richtung leicht zu erstellender Content-Häppchen mit möglichst geringen Hürden – einen Blogbeitrag zu schreiben ist vielen Nutzern schlicht zu aufwendig. Gleichzeitig wurden Blogger als Influencer zu großen Teilen von YouTubern und Instagramern abgelöst, die jetzt die größte Aufmerksamkeit auf sich ziehen. Das heißt nicht, dass Blogger keine Rolle mehr spielen, nur die Hochzeiten des Bloggens scheinen erstmal vorbei zu sein.

> **Wichtig: Blogger Relations**
>
> Für Unternehmen spielen die Beziehungen zu Bloggern (Blogger Relations) auch heute noch eine wichtige Rolle. Die meisten Blogger sind auch im Social Web gut vernetzt und verfügen oft über eine hohe Reichweite und starken Einfluss in ihrer Branche. Betrachten Sie Blogger daher wie Journalisten und behandeln Sie sie professionell und respektvoll.

Für das Marketing eignen sich Blogs dagegen nach wie vor hervorragend. Sie machen etwas unabhängiger von den Drittplattformen, bieten mehr Gestaltungsspielraum, mehr Kontrolle und mehr Nachhaltigkeit. Sie können hervorragende Unterstützung bei der Suchmaschinenoptimierung liefern und eine gute Ausgangsbasis für das Social-Media-Engagement der Unternehmen darstellen. Wichtig ist im Marketing jedoch, einen selbstgehosteten Blog zu nutzen und keinen Account bei den Blogplattformen anzulegen. Diese Option eignet sich eher für Hobby-Blogs und sollte im professionellen Umfeld keine Rolle spielen.

2.4.12 Podcasts

Wenn ein Social-Media-Bereich jemals eine Renaissance erlebt hat, dann wohl die **Podcasts**. Und zwar nicht nur eine, sondern schon mehrere. Während Podcasts noch vor ein bis zwei Jahren wieder einmal totgesagt wurden, gelten sie bereits in den USA schon wieder als Megahype und kommen auch hierzulande zunehmend mehr in Mode.

Vom Hype einmal abgesehen, bieten Podcasts einen interessanten Zugang zu Kunden. Als einziges Medium müssen sie sich nicht voll auf den Content konzentrieren (wie z.B. beim Lesen und Anschauen von Videos), sondern können die Audio-Datei nebenbei hören. Daher werden Podcasts auch von vielbeschäftigten Managern oder Führungskräften genutzt, die sie im Auto, beim Sport oder auf dem Weg zur Arbeit konsumieren.

Momentan ist die größte Gruppe der Podcast-Nutzer jedoch noch unter den jüngeren Menschen zu finden. Die ARD-ZDF-Onlinestudie 2016 fand heraus, dass 13 % der Onliner zumindest gelegentlich Audio-Podcasts konsumieren, was eine Verdreifachung seit 2012 darstellt. 10 % der 14- bis 29-Jährigen nutzen Podcasts wöchentlich (http://www.ard-zdf-onlinestudie.de/index.php?id=547).

Abb. 8: Deutsche Podcast-Charts bei iTunes März 2017
(Quelle: http://www.itunescharts.net/ger/charts/podcasts/current/)

2.4.13 Sonstige

Wie angesprochen existiert eine Vielzahl weiterer Social-Media-Dienste. In China spielen die im Rest der Welt etablierten Dienste wie Facebook oder WhatsApp zum Beispiel keine Rolle, da sie durch staatliche Zensurmaßnahmen nicht aufrufbar sind. Dafür haben sich ähnlich große Dienste wie **QQ** etabliert, die wiederum im Rest der Welt keine Rolle spielen. Ähnliches gilt für Russland, wo **VKontakte** als Facebook-Ersatz dient. Und gerade im Messengerbereich existiert eine Vielzahl an Diensten, die teilweise ebenfalls eine beachtliche Nutzerzahl aufweisen können. **WeChat**, **Line** oder **Viber** sind nur drei Beispiele. Aus Deutschland kommt die Alternative **Threema**, die vor allem mit höherem Datenschutz und stärkerer Verschlüsselung punktet.

Aber auch abseits der großen und beliebten Plattformen spielen Social Media eine Rolle. **Bewertungsplattformen** etwa gibt es für Ärzte, Rechtsanwälte oder Restaurants. In Foren wird zu fast jedem Thema diskutiert. Kleinere **Nischen-Networks** sprechen ganz spezifische Zielgruppen an. Die Auswahl ist nahezu endlos.

Es geht nicht darum, auf allen Plattformen mitzuspielen. Das ist weder sinnvoll noch möglich. Gerade wenn Ressourcen einen Engpass darstellen (und das tun sie gerade bei kleineren Unternehmen immer), ist es wichtig, die richtigen Kanäle auszuwählen. Wie das geht, lesen Sie auf den nächsten Seiten.

2.4.14 Die Dominanz von Facebook

Nachdem Sie nun einen kleinen Überblick über die aktuell wichtigsten Social-Media-Kanäle erhalten haben, wird Ihnen vielleicht aufgefallen sein, dass das Wort Facebook relativ oft gefallen ist. Das ist kein Zufall: Facebook vereint die reichweitenstärksten Social-Media-Kanäle unter einem Dach. Facebook, Instagram, Messenger, WhatsApp, daneben gibt es einfach nicht mehr viel, zumindest nicht im Massenmarkt.

Facebook ist selten der Initiator neuer Ideen, aber immer der, der die neuen Ideen aufgreift und massenfähig macht. Facebook hat als erster Kanal Livestreaming in die Masse gebracht, 360-Grad-Bilder und -Videos für alle ermöglicht und als erste große Plattform den Einsatz von Messengerbots ermöglicht. Auch die für jeden selbst einbuchbaren Facebook Ads mit den extrem granularen Targeting-Methoden waren und sind unerreicht.

Die Dominanz der Facebook-Plattformen ist gleichzeitig beeindruckend wie beängstigend. Sowohl was Nutzerzahlen als auch was Finanzkraft angeht, kann niemand Facebook das Wasser reichen. Das gilt nicht nur im Social Web, sondern auch im Online-Werbemarkt. Ca. 80% der gesamten Online-Werbeausgaben gehen an Facebook und Google. Und das Wachstum der Online-Werbung fließt gar zu ca. 99% an die beiden Anbieter. Daneben gibt es nicht mehr viel. Und Google spielt im Social Web (außer mit YouTube) kaum eine Rolle, hier hat Facebook die absolute Macht.

Das zeigt sich auch im App-Markt. Das Wachstum aller Facebook-Dienste ist ungebremst und auf extrem hohen Niveau, während andere Plattformen wie Twitter oder Pinterest kaum noch Wachstum aufweisen können. Es müsste schon sehr viel passieren, damit Facebook in den kommenden Jahren ernste Probleme bekommt ...

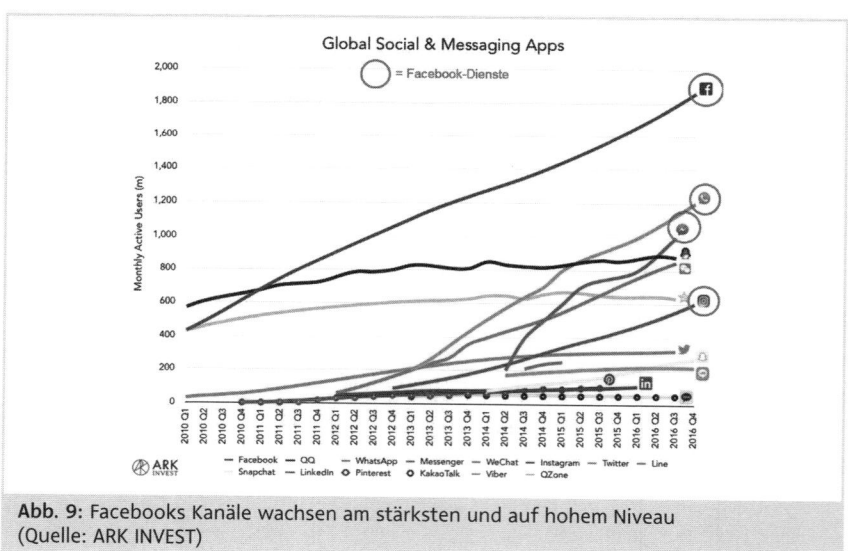

Abb. 9: Facebooks Kanäle wachsen am stärksten und auf hohem Niveau (Quelle: ARK INVEST)

2.5 Social-Media-Strategie in 8 Schritten

Nach diesem Ausflug in die verschiedenen Social-Media-Kanäle denken Sie sich vielleicht, dass Sie niemals die Ressourcen haben, um all diese Kanäle zu nutzen. Oder Sie fragen sich, was Sie denn bei Facebook eigentlich den ganzen Tag posten sollen. Oder Sie machen sich Gedanken darüber, wer diese Aufgaben bei Ihnen im Unternehmen wahrnehmen soll.

All diese Fragen müssen wir noch einen Augenblick zurückstellen. Wie in jedem Bereich des Marketings (oder Unternehmertums insgesamt) ist es auch hier sinnvoll, strategisch und zielgerichtet vorzugehen. Nicht nur beantworten sich dann die genannten Fragen von selbst, es sinken auch die Risiken und es steigen die Erfolgschancen. Sie setzen Ihr Budget planmäßiger und effektiver ein, erreichen die richtigen Zielgruppen und können den Erfolg Ihrer Maßnahmen besser messen.

Anstatt jetzt aber mit einer umfangreichen und wissenschaftlichen Strategie-Definition »um die Ecke zu kommen«, stelle ich Ihnen ein einfaches, achtstufiges Modell vor, das ich in vielen Beratungsprojekten eingesetzt habe. So oder so ähnlich gehen viele Unternehmer vor, um eine Social-Media-Strategie zu erarbeiten. Das Modell lässt sich natürlich beliebig anpassen und ausbauen. Die acht Schritte sind bei Weitem nicht die einzigen sinnvollen, aber es sind essenzielle, die Sie nicht auslassen sollten.

Erarbeiten Sie anhand dieses Modells Ihre eigene Social-Media-Strategie und passen Sie das Modell dort an Ihre Situation an, wo es sinnvoll und nötig ist.

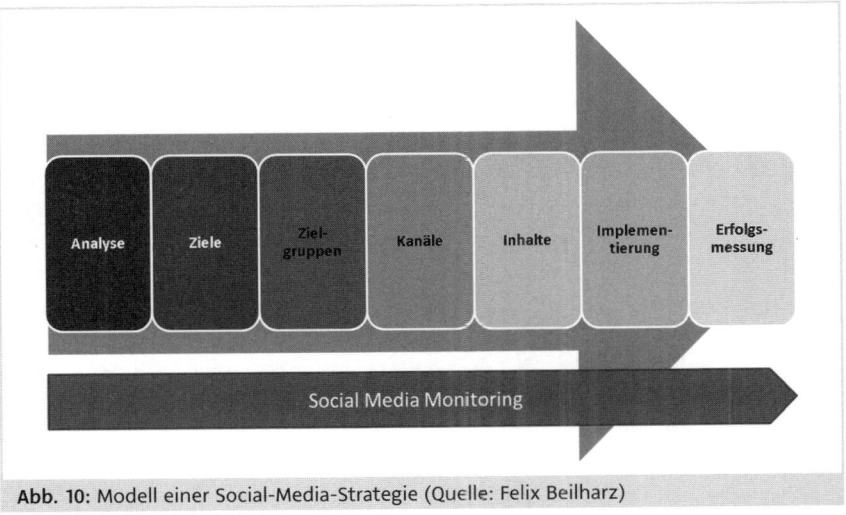

Abb. 10: Modell einer Social-Media-Strategie (Quelle: Felix Beilharz)

2.5.1 Analyse

Wie in jeder guten Strategieplanung sollte auch bei der Social Media Strategie eine **Analyse der Ist-Situation** erfolgen. Die Analyse untersucht das Spielfeld (Marktumfeld), das eigene Team (Unternehmen, Marke, Ist-Situation) und den Gegner (Wettbewerber). So gehören zu einer vollständigen Ist-Analyse vor allem die Betrachtung der eigenen Ressourcen, der Stärken und Schwächen des Unternehmens, der Chancen und Risiken des Marktes (SWOT-Analyse), aber auch eine genauere Betrachtung des Wettbewerbs.

! **Leitfragen zur Wettbewerbsanalyse**
- Auf welchen Kanälen sind die Wettbewerber bereits aktiv?
- Wie groß ist ihre Followerschaft auf den jeweiligen Kanälen?
- Welche Inhalte posten sie dort?
- Wie gut kommen die Inhalte bei den Zielgruppen an? Lässt sich daraus etwas für das eigene Vorgehen ableiten?
- Was macht der Wettbewerb besonders gut, was besonders schlecht?
- Wo ist er konkret nicht aktiv und kann das eine Chance sein?

2.5.2 Ziele

Die **Ziele** definieren letztlich das gesamte Vorgehen. Je nach Ziel müssen entsprechend die Kanäle ausgewählt, die richtigen Inhalte definiert, die nötigen Maßnahmen festgelegt und die passenden Kennzahlen ausgewählt werden.

Im Social-Media-Marketing stehen oft weichere Ziele wie Bekanntheit, Image oder Meinungsführerschaft im Vordergrund. Aber auch härtere Ziele wie Leadgenerierung oder Abverkaufssteigerung können mit den richtigen Maßnahmen durchaus angestrebt und erreicht werden. Kundenbindung, PR und Serviceverbesserung stehen ebenfalls häufig auf der Wunschliste.

Wichtig ist, dass sich die Ziele in die übergeordneten Marketing- und Unternehmensziele einordnen lassen und diese unterstützen. »Viele Facebook-Fans« oder »1.000 Likes bis zum Ende des Jahres« sind dagegen keine (guten) Social-Media-Ziele, da sie sich erstens auch durch »Abkürzungen« wie Fan-

oder Likekauf erreichen lassen und sie zwe tens noch keinerlei Business-Relevanz haben. »Intensivierung unseres Kur dendialogs durch mindestens 50 aus der Community gewonnene, umsetzbare Verbesserungsvorschläge bis 31.12.« ist dagegen zum Beispiel ein klares, messbares Ziel, dessen Erreichung sich positiv auf die Unternehmenskennzahlen auswirken kann.

Ich will damit nicht in das Horn derjenigen sto3en, die Fan- und Likezahlen jegliche Relevanz absprechen. Gerade bei der Expertenpositionierung oder dem Markenaufbau werden höhere Zahlen durchaus von vielen Kunden, Journalisten oder Bewerbern als Indiz für Reputation. Bekanntheit oder Relevanz wahrgenommen. Zumal bei manchen Netzwerken (z. B. Facebook, Instagram) gezielt Werbeanzeigen an die eigenen Follower ausgespielt werden können, was oft deutlich effektiver und günstiger ist, als »kalte« Nutzer anzusprechen.

Die Followerzahl sollte nur nie Selbstzweck, sondern allenfalls Nebenprodukt der eigentlichen Zielplanung sein. »Wir wollen 10.000 Facebook-Fans« ist kein gutes Ziel. »Wir steigern die monatlichen Besucherzahlen unserer Website um 20% und die Anzahl der qualifizierten Anfragen pro Monat um 10%« dagegen schon.

2.5.3 Zielgruppen

Eine genaue Kenntnis der anzusprechenden **Zielgruppen** ist von entscheidender Bedeutung. Je mehr Informatioren hier vorliegen, desto besser können die Kanäle ausgewählt und desto genauer <önnen die Inhalte zugeschnitten werden.

Dabei kann es durchaus mehrere relevante Zielgruppen geben. Die häufigsten Zielgruppen sind:

- Potenzielle Neukunden
- Bestandskunden
- Potenzielle Bewerber
- Mitarbeiter
- Investoren
- Multiplikatoren (Journalisten, Blogger usw.)
- Sonstige Stakeholder (z. B. Verbände, NGOs usw.)

Oft verfolgt man für verschiedene Zielgruppen unterschiedliche Ziele auf unterschiedlichen Plattformen, so dass sich in komplexeren Strategien eine Zielmatrix ergibt.

Zielgruppe	Ziel	Kanal	Kennzahlen	Maßnahmen
Potenzielle Kunden	Leadgenerierung	Blog, Facebook	Anzahl Leads	Leadformular Blog, Lead Ads auf Facebook
Journalisten	Intensivierung Pressearbeit, mehrere Presseerwähnungen	Twitter	Presseerwähnungen, Presseanfragen, Downloads, Pressemappe	Pressemeldungen, Pressechat, Livestream via Twitter, Live-Tweets von Pressekonferenz, Twitterwall
Bewerber	Mehr Bewerbungen für Unternehmensbereich ABC	XING/KUNUNU, Blog, Facebook	Anzahl Bewerbungen, Anzahl Anfragen, Aufrufe Karriereseite	XING-Stellenanzeigen, XING-Gruppenengagement, Recruiting-Blogbeiträge, Facebook Ads, Facebook-Aktionen
...	...	...	...	...

Tab. 1: Zielgruppen-Matrix (Quelle: Felix Beilharz)

Im B2B-Sektor besteht die Zielgruppe oft nicht aus einer einzelnen Person, sondern aus einem **Buying Center**, also mehreren Einflusspersonen. In diesen Fällen ist es wichtig, die einzelnen Rollen (z. B. Beeinflusser, Entscheider, Anwender) genau im Blick zu haben. Möglicherweise unterscheiden sich die Kanäle, auf denen die Vertreter der Rollen aktiv sind (z. B. Entscheider auf LinkedIn, Anwender in Fachforen und auf Facebook, Einkäufer bei Twitter). In jedem Fall haben die Rollenvertreter andere Ansprüche an Inhalte, die es zu berücksichtigen gilt.

Neben der quantitativen Einschätzung der Zielgruppe ist auch die qualitative Betrachtung wichtig. Hierbei geht es darum, die Zielgruppe so gut wie möglich verstehen zu lernen. Welche Fragen und Probleme hat sie? Welche Werte? Auf welche Inhalte reagiert sie positiv? Welche Ansprache ist sie gewöhnt?

Insbesondere (aber nicht nur) im B2B-Sektor sollten Punkte wie Fragen, Probleme und Engpässe der Zielgruppe genau analysiert werden, um entsprechende Problemlöser-Inhalte erstellen zu können. Diese können dann zum Beispiel in Form von Whitepapern, (Erklär-)Videos, Blogbeiträgen oder E-Books publiziert werden.

2.5.4 Kanäle

Erst wenn Ausgangssituation, Ziele und Zielgruppen klar definiert und erarbeitet sind, kann eine wirklich fundierte Kanalauswahl erfolgen. Hier liegt übrigens einer der häufigsten Fehler: Unternehmen fangen direkt beim Kanal an, ohne sich die vorherigen Fragen gestellt zu haben.»Wir fangen jetzt mit Instagram an« oder »Wir brauchen auch einen Blog« sind willkürliche Aussagen, die unbedingt durch eine vorherige, strategische Analyse untermauert oder eben verworfen werden müssen.

a) Kanalauswahl
Um die richtigen Kanäle zu finden, eignen sich die folgenden Leitfragen:

Leitfragen zur Kanalauswahl !

- Welche Kanäle passen zu unserem Unternehmen, unserem (gewünschten) Image, unseren Marken?
- Welche Kanäle passen zu unseren angestrebten Zielen?
- Auf welchen Kanälen sind unsere Zielgruppen in ausreichend hohem Maße aktiv?
- Welche Kanäle lassen sich mit unseren Ressourcen (Geld, Zeit, Know-how) dauerhaft aktiv nutzen?
- Welche Kanäle sind bereits ausreichend etabliert, um Investitionen zu rechtfertigen?
- Welche Kanäle haben positive Zukunftsaussichten?

Gerade als kleineres Unternehmen haben Sie gar nicht die Ressourcen, auf allen oder auch nur auf vielen Plattformen mitzumischen. Da ist es besonders wichtig, die richtigen Kanäle auszuwählen.

In vielen Fällen ist es sinnvoll, einen eigenen Content-Hub in den Mittelpunkt der Kanalstrategie zu stellen. Dabei kann es sich um einen Blog oder ein Magazin handeln. Ein eigener Content-Pool gleicht viele der Nachteile der sozialen Medien aus. Die Inhalte stehen unter eigener Kontrolle und gehören zum Eigentum des Unternehmens, was bei Drittnetzwerken oft nicht oder nur eingeschränkt der Fall ist. Sie lassen sich dauerhaft nutzen, anstatt in einem Newsfeed innerhalb weniger Minuten unterzugehen. Sie lassen sich einsetzen, um damit die sozialen Netzwerke zu füttern und so Traffic auf die eigenen Kanäle zu holen. Dort wiederum können Cookies zu Retargeting-Maßnahmen gesetzt oder E-Mail-Adressen für das Newsletter-Marketing eingeholt werden.

Abb. 11: Blog des Weiterbildungsunternehmens LVQ, der als Content-Hub dient – alle Social Networks werden mit den Bloginhalten bespielt (Quelle: lvq.de/karriere-blog)

Unternehmen sind daher gut beraten, sich nicht auf Drittplattformen alleine zu verlassen, sondern dem eigenen Content-Hub ausreichend Priorität einzuräumen. Nutzen Sie die Social Networks eher aus, um Traffic auf ihre eigenen Kanäle zu ziehen, anstatt Ihre wertvollen Inhalte komplett der Gunst der Algorithmen im Fremdnetzwerk zu überlassen. Eine gesunde Mischung macht die erfolgreiche Social-Media-Strategie aus.

Abb. 12: Vernetzung der Social-Media-Kanäle mit Content-Hub im Mittelpunkt (Quelle: Felix Beilharz)

Mit den oben aufgeführten Leitfragen sowie den Hinweisen über die wichtigsten Social-Media-Kanäle sollten Sie nun in der Lage sein, die passenden Kanäle auszuwählen. Mein Rat: Beschränken Sie sich auf zwei bis drei Kanäle, die Sie aktiv bespielen, und vielleicht noch zwei bis drei weitere, auf denen Sie zumindest Präsenz zeigen. Stellen Sie einen Content-Hub in die Mitte Ihrer Strategie. Und überprüfen Sie regelmäßig, ob bezüglich Ihrer Kanalauswahl Änderungen notwendig sind, zum Beispiel weil weitere Kanäle aufgetaucht sind, die von der Zielgruppe genutzt werden, oder weil Kanäle deutlich an Relevanz verloren haben.

b) Aktivitätsstufen

Sie müssen auch nicht jeden Kanal in der gleichen Intensität bespielen. Grundsätzlich lassen sich folgende **Aktivitätsstufen** unterscheiden:

- **Kein Engagement:** Der Social-Media-Kanal wird nicht in die Strategie- und Aktivitätenplanung einbezogen.
- **Monitoring/Überwachung:** Der Kanal wird beobachtet, jedoch nicht eigens bespielt.
- **Passives Engagement/Visitenkartenfunktion:** Es wird ein Auftritt im Kanal angelegt, jedoch nicht aktiv mit Inhalten bespielt. Hierzu zählen zum Beispiel Profile und Seiten auf XING/LinkedIn, die angelegt werden, damit man auffindbar ist, ohne jedoch etwas zu posten.
- **Aktives Engagement:** Der Kanal wird aktiv mit Inhalten bespielt. Der Grad der Aktivität kann stark variieren.
- **Eigener Kanal:** Es wird eine eigene Community aufgebaut, zum Beispiel ein eigenes Forum oder eine komplette eigene Social-Media-Plattform.

Der Aufwand steigt mit jeder Aktivitätsstufe an, allerdings auch die Handlungsmöglichkeiten sowie die Möglichkeiten, Ergebnisse zu erzielen. Da die Aktivitätsstufen immer kanalbezogen definiert werden, ist es möglich, auf manchen Kanälen überhaupt nicht aktiv zu sein, auf anderen dagegen passiv und auf einigen wenigen aktiv. Das ist im Einzelfall zu entscheiden und sieht für jedes Unternehmen anders aus.

2.5.5 Inhalte

Nachdem die Kanäle definiert sind, geht es darum, sich Gedanken über die zu veröffentlichenden Inhalte zu machen. Grundsätzlich können Sie aus ganz verschiedenen Content-Formen wählen.

a) Content-Formen

Text
Text war lange Zeit das grundlegende Format im Social Web. Foren und Message Boards, Chats und Social Networks (damals noch StudizVZ, wer-kenntwen.de usw.) waren immer schon eher textlastig. Auch heute spielt Text

noch eine wichtige Rolle, wird aber mehr und mehr durch audio-visuelle Inhalte ergänzt oder gar verdrängt.

Blogbeiträge sind das klassische Beispiel für textlastigen Content. In allen anderen Netzwerken sind längere Texte meist nicht allzu gern gesehen und sollten eher vermieden werden (Ausnahmen wie z. B. einzelne Facebook-Notes gibt es natürlich immer).

Bilder und Grafiken
Neben Texten gehören Bilder und Grafiken zu den grundlegenden und wichtigsten Content-Formaten im Social Web. Manche Kanäle (z. B. Instagram, Pinterest) bestehen ganz oder überwiegend aus diesem Format. Bilder können hohe emotionale Wirkung entfalten, sind verhältnismäßig leicht zu erstellen und lassen sich vielseitig einsetzen.

Animierte GIFs
GIFs haben in den letzten Jahren eine Renaissance erlebt, in erster Linie durch die Einführung der Funktion bei Facebook. Nun sieht man animierte GIFs wieder häufig in den sozialen Netzwerken, allen voran bei Facebook, aber auch bei Twitter. Für Instagram bietet die GIF-Plattform Giphy eine einfache Möglichkeit, die GIFs in kurze Videos umzuwandeln, da Instagram (aktuell) keine animierten GIFs zulässt.

Animierte GIFs sollten mit Bedacht eingesetzt werden, dort wo es passt, aber nie im Übermaß. Text und Bild können Sie dagegen als Basis-Formate relativ häufig einsetzen.

Beispiel: Gewinnspiel mit animiertem GIF   **!**

Abbildung 13 zeigt ein animiertes GIF, das die Deutsche Telekom als Gewinnspiel auf Facebook eingesetzt hat. Die Mitspieler mussten das GIF per Klick starten, woraufhin sich das Glücksrad zu drehen begann. Durch einen weiteren Klick konnte das GIF angehalten werden. Wenn zufällig gerade die Nadel in einem der Felder mit dem Smartphone zum Stehen kam, sollten die Teilnehmer einen Screenshot machen und ihn als Kommentar posten. Unter allen Kommentaren loste die Telekom die Gewinner aus.

Das Gewinnspiel fand regen Anklang, mehr als 39.000 Kommentare gingen unter dem Post ein. Durch den spielerischen Mechanismus hat es die Telekom geschafft, dass die Teilnehmer sich länger als gewöhnlich und vor allem sehr positiv mit dem Beitrag beschäftigten, was nicht nur der Reichweite auf Facebook, sondern auch der Markenwirkung zugute kommt.

Abb. 13: Gewinnspiel mit animiertem GIF
(Quelle: https://www.facebook.com/telekomerleben/posts/1144323752270517)

Videos

Die Zukunft des Internets gehört dem Bewegtbild, daran herrscht wenig Zweifel. Auch und gerade im Social Web lässt sich diese Entwicklung beobachten. Facebook lässt immer wieder verlautbaren, dass gemäß internen Prognosen in wenigen Jahren der Inhalt im Newsfeed zu 80% aus Videos bestehen wird. Andere Plattformen wie Instagram haben Video nach und nach eingeführt und ausgebaut. YouTube besteht ohnehin komplett aus Video-Content.

Videos sind zwar verhältnismäßig aufwendig zu produzieren, aber in ihrer Wirkung unschlagbar. Hier kommen alle Vorteile der einzelnen Formate zum Tragen. Egal, ob bezahlte Anzeige oder organischer Content, Unternehmen sollten Video-Inhalt als zentralen Baustein ihrer Social-Media-Content-Strategie einplanen.

Für Ihre Social-Media-Strategie heißt das: Planen Sie frühzeitig Videos ein und stellen Sie Ressourcen dafür bereit. Tipps für erfolgreiches Video-Marketing erhalten Sie in Kapitel 2.6.

Livestreams

Eine Sonderform der Videos sind Livestreams. Die Entwicklung ging bei Nischenplattformen wie YouNow und Twitch los und hat mittlerweile quasi jedes größere Social Network erreicht (Facebook, Instagram, YouTube, Twitter). Instagram führte im Januar 2017 Livestreams für alle Nutzer ein. Für Unternehmen bieten Livestreams die höchste Form der Transparenz und Kundennähe. Die Kunden in Echtzeit an Ereignissen oder Veranstaltungen teilnehmen zu lassen, schafft einen enormen gefühlten Mehrwert. Natürlich muss auch hier immer der Nutzen des Formats geprüft werden, mit etwas Kreativität lassen sich aber in sehr vielen Anwendungsfällen Livestreams sinnvoll einsetzen.

C. Strittmatter
@strttz

Farbenfroh & windig. Der 360°-#Periscope -Stream mit @daniele_rizzo auf dem Parkhaus der @MediengruppeRTL. Viel Erfolg beim @webvideopreis.

Abb. 14: 360-Grad-Livestream von RTL via Periscope (Quelle: https://twitter.com/strittz/status/843825611940466688)

360-Grad-Content

Inhalte in 360-Grad-Rundumansicht haben einen ganz eigenen Charme und bieten tolle Möglichkeiten für Unternehmen. Mittlerweile können 360-Grad-Inhalte in Bild, Video oder sogar im Livestream bereitgestellt werden. Die Hürden sinken dabei stetig. Anständige Kameras sind inzwischen für wenige hundert Euro erhältlich, Profi-Qualität gibt es für ein paar Tausend Euro.

Nicht immer ist 360-Grad dem normalen Video-Format überlegen. Der Mehrwert einer 360-Grad-Aufnahme bei einer mitgefilmten Ski-Abfahrt fällt zum Beispiel gering aus, da man ohnehin stur nach vorne schaut. In anderen Fällen aber toppt die 360-Grad-Perspektive alles: zum Beispiel für Immobilienmakler (virtuelle Wohnungsbesichtigungen, Umgebungsansicht), Konferenzveranstalter, Ladenbesitzer, Gaming-Anbieter oder Tourismus-Unternehmen. Prinzipiell gilt: Überall, wo der Wunsch entsteht, sich einmal umzuschauen, kann 360-Grad-Content ideal eingesetzt werden.

Audios

Audios führten einige Zeit ein Schattendasein, kommen aber gerade in Form von Podcasts wieder mächtig in Fahrt. Die großen Vorteile liegen in der im Vergleich zu Videos leichten Erstell- und Bearbeitbarkeit sowie der Tatsache, dass Nutzer Audiofiles auch einfach nebenbei konsumieren können. Damit wird die Marke, die den Inhalt herausgibt, zum täglichen Begleiter zum Beispiel beim Joggen, Aufräumen oder Autofahren. Gerade Unternehmen, die sich an jüngere Zielgruppen (aber auch vielbeschäftigte wie Manager und Unternehmer) richten, sollten über den Einsatz von Audio-Dateien und vor allem Podcasts nachdenken. Genau in diesen beiden Zielgruppen sind Podcasts ein Medienformat mit wachsender Beliebtheit und guter Wirkung auf Markenbildung, Kundenbindung und Bekanntheitsgrad.

Mischformen

Es gibt eine Reihe von Mischformen. So können Sie auf Slideshare.net zum Beispiel Powerpoint-Dateien bereitstellen, die dann als eine Art klickbarer Animation dargestellt werden und sich bei entsprechender Freigabe auch als PDF herunterladen lassen. Animierte Infografiken oder Loops (Videos in Endlosschleife) sind weitere mögliche Content-Formate.

Content-Mix

In der Praxis sollten Sie aus verschiedenen Content-Formaten wählen. Posten Sie auf Facebook mal einen Link zu einem Artikel oder Blogeintrag, mal ein Foto oder eine Grafik, mal ein Video oder veranstalten Sie mal einen Livestream, wenn sich die Gelegenheit bietet. Wechseln Sie auf Instagram Bilder und Videos oder auch mal Postings m t mehreren Bildern ab. Twittern Sie Links, Bilder, Videos. Ein solcher Content-Mix hält Ihre Follower bei Laune und sorgt für die notwendige Abwechslung. Und rur so finden Sie heraus, welche Formate bei Ihnen besonders gut furktionieren und was Sie häufiger oder weniger häufig posten sollten. Einen Teil der Beiträge können Sie spontan erstellen, wenn sich eine passende Gelegenheit bietet. Der andere, meist größere Teil des Contents sollte jedoch aus Ihrem Redaktionsplan folgen.

b) Redaktionsplanung

Der nächste Schritt besteht in der Erarbeitung eines groben **Redaktions- oder Themenplans**. Welche feststehenden Ereignisse im Jahresverlauf eignen sich für besondere Themen und Aktioren (Messen, Feiertage, Jubiläen usw.)? Wie können die Zeiträume zwischen diesen Meilensteinen möglichst effizient und wirksam gefüllt werden?

Der Plan muss genügend Freiraum für aktuelle Themen, die nicht von vornherein absehbar sind, sowie für Themen, die aus der Nutzerschaft eingebracht werden, enthalten. Gerade im Social-Media-Marketing ist es daher wichtig, regelmäßig im Nachhinein zu reflektieren, wie gut der Redaktionsplan umgesetzt werden konnte, ob er vielleicht zu unflexibel oder aber vielleicht zu »dünn« war. So lernen Sie schnell, wie Sie einen idealen Reaktionsplan für Ihre eigenen Aktivitäten aufstellen.

Der Redaktionsplan dient nicht nur der Planung der Themen und Veröffentlichungsterminen, sondern auch der Ressourcenplanung, um zum Beispiel Urlaubs- oder Krankheitszeiten zu überbrücken.

Wie detailliert der Plan letztendlich ist, hängt von der jeweiligen Redaktion und der Erfahrung der Mitarbeiter ab. Zur Übersichtlichkeit kann mit Symbolen gearbeitet werden, die zum Beispiel den Status in Form von grünen Häkchen oder anderen Zeichen wiedergeben. In manchen Fällen mag auch die Angabe der genauen Uhrzeit, zu der der Content veröffentlicht wird, notwendig sein. Auch der voraussichtliche Zeitaufwand, der zur Erstellung und Verbreitung der Inhalte jeweils notwendig wird, sollte festgehalten werden.

Und schließlich kann es sich lohnen, einen Jahresplan und, für einzelne, größere Aktionen, detailliertere Unterpläne zu erstellen, die eine Aktion genau durchstrukturieren. Aber auch hier gilt: Ein großer Teil des Verlaufes jeder Aktion hängt von den Reaktionen der angesprochenen Zielgruppen ab. Zu genaue Pläne lassen sich daher meist ohnehin nicht durchhalten.

c) Content-Recycling und Reposting

Inhalte sind oft aufwendig und teuer zu erstellen. Da lohnt es sich, darüber nachzudenken, wie Content mehrfach genutzt werden kann. Unter dem Fachbegriff »Content-Recycling« oder »Content-Repurposing« werden vor allem drei Fragestellungen zusammengefasst:

- Wie könnte man diesen Inhalt noch aufbereiten?
- Wo könnte man diesen Inhalt noch veröffentlichen?
- Für wen könnte man diesen Inhalt noch zuschneiden?

Dabei gibt es unzählige Ansätze: Das Transkript eines Videos lässt sich als Blogbeitrag veröffentlichen. Eine Auswahl der besten Blogbeiträge ergeben ein downloadbares E-Book, zum Beispiel als Instrument zur Leadgenerierung. Die Tonspur eines Videos könnte als Podcast veröffentlicht oder die Podcastaufzeichnung mitgefilmt und als Video veröffentlicht werden. Beiträge aus dem Kundenmagazin (Print) können für den Blog aufbereitet oder umgekehrt Blogbeiträge im Messeflyer abgedruckt werden.

> **!** **Beispiel: Content-Recycling in der Praxis**
>
> Das Software-Start-up OnPage.org hat in seinem Blog eine mehrteilige Content-Reihe veröffentlicht: »Experten-Special – So optimieren Sie Ihren Online-Shop«. Jede Woche wurde ein Fachbeitrag eines externen Experten publiziert, zum Beispiel zu den Themen Usability, Tracking, SEO, Landingpages oder Conversion-Optimierung. So entstand eine interessante und hochwertige Blog-Reihe, die sich über die sozialen Medien verbreitete und über Google dauerhaft auffindbar ist. Nach Abschluss der siebenteiligen Reihe standen die Inhalte im Blog online und rutschten, wie es im Blog eben ist, mit jedem neuen Beitrag weiter nach hinten. Um die Inhalte weitergehend zu nutzen, erstellte das Unternehmen nun aus den sieben Artikeln ein E-Book, das auf einer speziellen Landingpage nach Adresseingabe zum Download zur Verfügung steht. Diese Landingpage wurde nun mittels

Facebook- und Twitter-Ads, aber auch Anzeigen in Fachmagazinen und über andere Medien beworben.

Nun profitiert OnPage.org vom Content also doppelt. Im Blog sorgen die Beiträge für Social-Media-Reichweite und Sichtbarkeit bei Google. Über die Landingpages lassen sich Leads generieren, die dann zu Kunden werden.

Die Bedenken, dass solche Doppelnutzung unangenehm aufgenommen werden könnte, sind übrigens meist unbegründet. Längst nicht alle Nutzer haben die Beiträge im Blog gesehen. Über die gezielte Anzeigenwerbung können auch völlig andere Nutzer als die Blogleser angesprochen werden. Und selbst wenn: Manche Nutzer bevorzugen vielleicht ein kompaktes PDF gegenüber verstreuten Blogbeiträgen. Auf diese Weise wird OnPage.org allen Anforderungen gerecht und nutzt den (durch Externe) aufwendig erstellten Content optimal aus.

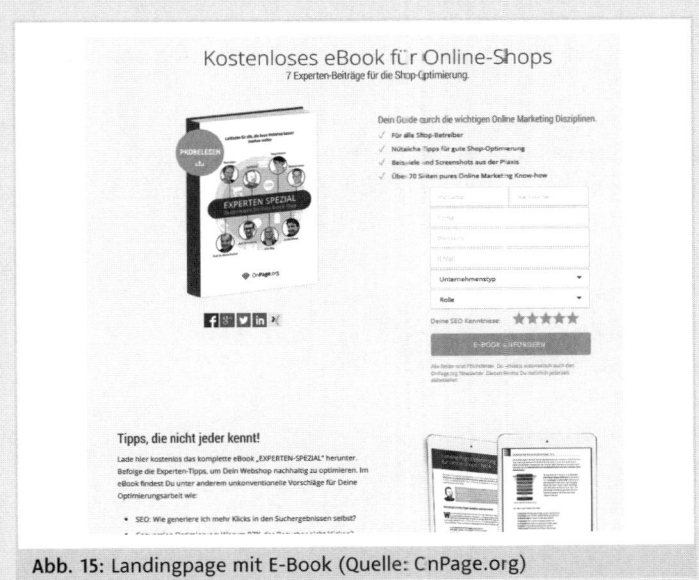

Abb. 15: Landingpage mit E-Book (Quelle: OnPage.org)

Aus SEO-Gründen sollte **Duplicate Content**, also das mehrfache Onlinestellen von ganz oder großteils identischen Textinhalten, vermieden werden, zumindest wenn der Hauptinhalt auf Ihrer Website oder in Ihrem Blog bereit steht. Ein Blogbeitrag sollte also zum Beispiel nicht unbedingt eins zu eins woanders noch einmal erscheinen (wenngleich so etwas unter korrektem Einsatz von Canonical-Tags durchaus möglich ist). Der Wechsel von Content-Formaten, ein Online-Offline-Wechsel oder das Umschreiben von entsprechenden Inhalten ist in der Regel jedoch unproblematisch.

2.5.6 Implementierung

Social Media ist weder die eierlegende Wollmilchsau noch kann und soll es alle anderen Marketingkanäle ersetzen. Die sozialen Medien sind vielmehr ein Werkzeug in Ihrer Toolbox, mit dem Sie verschiedene Ziele erreichen können. Die größte Wirkung entfalten sie aber im Zusammenspiel mit Ihren sonstigen Marketingmaßnahmen. Hier ergeben sich die oft beschworenen Synergien, die es zu nutzen gilt. Gerade wenn Ressourcen wie Zeit oder Geld einen Engpass darstellen, müssen Sie alle sich bietenden Chancen nutzen.

Die möglichst vollständige Implementierung in Ihren sonstigen Marketingmix ist daher von besonderer Bedeutung. Listen Sie dazu als erstes alle Kommunikationsmittel auf, die Sie bisher einsetzen. Häufig sind das unter anderem:

- Website
- (Image-)Broschüren
- E-Mails und Newsletter
- Visitenkarten
- Messeauftritte, Hausmessen
- TV, Radio
- Printanzeigen
- Briefmailings
- Außendienst, Vertrieb
- Werbegeschenke
- Kfz-Folien und -Aufkleber
- Sponsoring
- Plakatwerbung
- Presse- und Öffentlichkeitsarbeit
- usw.

Überlegen Sie nun, wie Sie Ihre Social-Media-Kanäle mit möglichst vielen dieser Medien bzw. Maßnahmen verknüpfen können. Lassen Sie dabei Ihre Kreativität spielen und orientieren Sie sich auch an anderen Branchen oder Beispielen aus anderen Ländern.

Das Einfachste, was sie tun können, ist, Links zu Ihren Social-Media-Auftritten in **Printmaterialien** unterzubringen. Verwenden Sie die Symbole zu Ihren Kanälen sowie (gekürzte) Links im Briefkopf, auf Visitenkarten, in Broschüren usw. Auch QR-Codes könnten hier eingesetzt werden, wenngleich diese in der Praxis von den Anwendern kaum genutzt werden (das wird sich solange nicht ändern, wie Smartphones keinen QR-Code-Reader nativ implementiert haben – die wenigsten Nutzer laden sich extra eine QR-Code-App herunter).

Abb. 16: Netto nutzt Kassenzettel, um auf den Blog hinzuweisen (Quelle: Felix Beilharz)

Etwas anderes könnte zukünftig für den in diesem Kapitel bereits vorgestellten Messenger-Code sowie den ähnlich zu benutzenden Snapcode von Snapchat gelten. Mehr dazu finden Sie in Kapitel 4.5.

Auch die **E-Mail-Signatur** bietet sich an. Sie verschicken ja ohnehin täglich viele E-Mails, warum nicht diese E-Mails auch gleichzeitig mit einem Hinweis auf die Social-Media-Kanäle versehen?

Als nächstes verknüpfen Sie Ihre Website mit Ihren Social-Media-Kanälen. Hierbei stehen Ihnen prinzipiell zwei Möglichkeiten offen.

Die einfachste, sicherste, aber auch am wenigsten effektive Variante ist der Einbau von **Social-Media-Buttons in die Website**. Die Buttons sind verlinkt, so dass der Besucher bei einem Klick zum jeweiligen Kanal gelangt. Platzieren Sie diese Buttons entweder oben im Head-Bereich Ihrer Seite oder unten im Footer.

Abb. 17: Dezente Social-Media-Buttons im Footer der Website (Quelle: http://true-fruits.com)

Die Verlinkung eines Buttons ist aus rechtlicher Sicht unbedenklich und erfordert nur minimalen Aufwand an Programmierung bzw. nur eine minimale Umgestaltung der Website. Die Buttons können Sie entweder selbst designen – Sie finden aber auch eine Menge Sammlungen an Social-Media-Buttons in unterschiedlichsten Designs kostenlos im Netz.

Wenn Ihr Ziel darin besteht, direkte Fans bzw. Abonnenten über Ihre Website zu bekommen, sind **Social Plugins**, die von den einzelnen Netzwerken bereitgestellt werden, zu empfehlen. Diese Plugins interagieren direkt mit dem jeweiligen Netzwerk. Es können also zum Beispiel die Anzahl der Fans, Gesichter, die letzten Beiträge und ähnliche Inhalte angezeigt werden. Mit einem Klick auf den Link wird der Nutzer direkt Abonnent des Kanals. Sie ersparen ihm also den zusätzlichen Klick, der in der ersten Variante anfällt. Damit steigt die Chance, dass möglichst viele Besucher Ihrer Website auch direkt zu Fans werden.

Abb. 18: Facebook-Plugin mit Like-Button und aktuellen Postings auf einer Website (Quelle: http://wat-laeuft.de/)

Allerdings bestehen nach deutschem Datenschutzrecht Probleme mit diesen Plugins, da diese gewissermaßen Fenster zum jeweiligen Social Network darstellen und Daten über die Besucher an die Netzwerke senden – das bloße Vorhandensein eines solchen Plugins in der Website reicht dafür aus, der Nutzer muss gar nicht darauf geklickt haben. Das ist mit deutschem Recht nicht vereinbar, wenngleich es in der Praxis kaum geahndet wird und Tausende Unternehmen diese Plugins auf ihren Websites einsetzen. Für manche Unternehmen wird diese Option trotzdem von vornherein ausscheiden.

Neben Printmaterialien und der Website sollten auch weitere Offline-Maßnahmen mit Ihrem Social-Media-Marketing verknüpft werden. Auch hier gebe ich wieder nur einige Beispiele an. Wie umfangreich und wie tief Sie Ihre Social-Media-Aktivitäten mit Ihren sonstigen Marketingmaßnahmen verknüpfen können oder wollen, hängt individuell von Ihrem Unternehmen und Ihren Möglichkeiten ab.

- **Events:** Live-Kommunikation/Livestream von den Events über Social Media, Vor- und Nachberichterstattung, Twitterwall, Ansprache von Besuchern auf die Existenz der Social-Media-Kanäle, Auslage von Flyern usw. Hinweis auf ausgelegtem Material, spezielle Aktionen wie zum Beispiel Belohnung für das Einchecken usw.
- **Radio/TV:** Verlängerung der Social-Media-Kampagnen in die Rundfunkmedien sowie vice versa die Verlängerung von Rundfunkwerbung in die Social-Media-Kanäle.
- **Kundenzeitschriften:** Abdruck von Blogbeiträgen oder Feedback aus den Social Networks, eigene Rubrik, Aufruf zur Diskussion der Beiträge in den Social Media.
- **Vor Ort:** Wenn Sie Kundenverkehr haben (z.B. in Ladengeschäften, im Firmengebäude, in der Fabrik usw.), stellen Sie Displays mit Hinweisen zu Ihren Social-Media-Kanälen auf. Checken Sie selbst regelmäßig ein und sharen/liken Sie Check-ins Ihrer Mitarbeiter und Kollegen. Rufen Sie Kunden zum Bewerten oder Folgen Ihrer Social-Media-Kanäle auf.

2.5.7 Erfolgsmessung

Ein beliebtes Business-Zitat sagt »What gets measured, gets done«. Oder anders herum: Wenn Sie Ihre Ziele nicht messen können, sind es keine Ziele, sondern nur fromme Wünsche. Das gilt im Social-Media-Marketing ganz besonders, denn hier ist die Gefahr, Zeit und Geld zu verbrennen, ohne wirklich etwas damit zu erreichen, besonders groß.

Um die Ergebnisse Ihrer Social-Media-Bemühungen messen zu können, sind klar definierte Ziele und passende Kenngrößen wichtig. Bei manchen Zielen ist das relativ einfach. Das Ziel »Steigerung der Leads pro Monat« lässt sich einfach durch die Anzahl der durch die Social-Media-Kanäle eingegangenen Leads messen. Auch andere quantitative Ziele wie Traffic, Sales oder Steigerung der Reichweite lassen sich vergleichsweise einfach erfassen.

Schwieriger wird das bei weicheren, qualitativeren Zielen wie zum Beispiel Image, Markenaufbau, Kundenbindung oder Bekanntheitssteigerung. Hier gilt es, die passenden Kennzahlen heranzuziehen, die das Ziel zumindest grob abdecken (sofern keine professionelle Marktforschung eingesetzt werden kann).

Grundsätzlich können drei Arten von Analyse- und Controlling-Tools zum Einsatz kommen:
- Kostenlose Messwerkzeuge
- Professionelle, kostenpflichtige Lösungen
- Controlling-Werkzeuge der Kanäle selbst

Professionelle Controlling-Tools scheiden leider für kleinere Unternehmen aufgrund der Kosten schnell aus – manche Tools kosten mehrere hundert oder sogar Tausende Euro im Monat. Hier sollte dann vor allem auf kostenlose bzw. günstige und besonders auf die kanaleigenen Tools zurückgegriffen werden.

a) Kanaleigene Erfolgsmessung
Zu den Kanälen, die eigene Statistik- und Messwerkzeuge anbieten, gehören:
- **Facebook:** Die Facebook Insights sind das wahrscheinlich umfangreichste System an Statistiken, das man bekommen kann. Jede Fanpage ab 30 Fans erhält Zugriff zu den Statistiken. Facebook wertet unter anderem die Reichweite und Interaktionen zu jedem Beitrag aus, aber auch das Fanwachstum, die Online-Zeiten der Fans und viele weitere Kennzahlen.
- **Twitter:** Die Twitter-Insights geben Aufschluss über die Reichweiten und Interaktionsraten aller Tweets, das Followerwachstum und weitere Daten.
- **YouTube:** In den YouTube-Analytics erfahren Kanalbetreiber einiges über die Demografie der Zuschauer, die Wiedergabeorte der Videos, die Zuschauerbindung und Absprungrate in den Videos sowie über alle Interaktionen (z.B. Kommentare, Daumen, Abonnements).

- **Instagram:** Für Business-Profile hat Instagram 2016 ebenfalls Statistiken eingeführt, wenn auch im Vergleich zu Facebook weniger umfangreich. Ausgewertet werden können vor allem Reichweite und Interaktionsraten der Posts sowie einige demografische Angaben zu den Followern.

! **Tipp: Negatives Feedback**

Eine besonders wichtige Auswertung bietet Facebook an: Zu jedem Posting lässt sich nicht nur analysieren, wie die Reichweite und die Interaktionen des Beitrags ausgefallen sind, sondern auch, ob es negatives Feedback gab. Darunter versteht Facebook, ob Nutzer den Beitrag oder alle Beiträge ausgeblendet, die Seite deabonniert oder sogar als Spam gemeldet haben. So lässt sich herausfinden, wie gut die Beiträge ankommen und ob man die Fans mit den richtigen Inhalten anspricht. Ein paar negative Rückmeldungen sind oft unvermeidlich. Solange das Verhältnis aus Reichweite, positivem und negativem Feedback stimmt, sind Sie auf einem guten Weg.

Abb. 19: Facebook-Statistik mit negativem Feedback (Quelle: Facebook)

Machen Sie sich auf jeden Fall mit den Möglichkeiten der Kanäle, auf denen Sie aktiv sind, vertraut und entscheiden Sie, welche Auswertungen für Sie wichtig sind. Anstatt sich in der Vielfalt der möglichen Analysen zu verlieren, definieren Sie klar, welche Kennzahlen Sie benötigen, um bessere Entscheidungen zu treffen und Ihr Social-Media-Engagement voranzutreiben.

b) Übergreifende Lösungen

Rund um die Social-Media-Kanäle hat sich ein riesiger Markt an Analysetools entwickelt, die entweder eine breite Palette an Analysen anbieten oder sich auf spezifische Auswertungen spezialisiert haben.

Da solche Tools, vor allem die kostenlosen, kommen und gehen, ist ein Buch nicht das geeignete Format. Stattdessen finden Sie auf www.solomo-buch. de eine stets aktuelle Liste mit verschiederen Analysetools sowie den jeweiligen Einsatzzwecken und kurzen Einschätzungen.

Unabhängig von den reinen Social-Media-Analysetools hilft aber auch ein Web-Analysetool wie **Google Analytics** bei der Auswertung der Social-Media-Erfolge. Es zeigt an, wie viel Traffic von den einzelnen Social Networks auf die Firmenwebsite bzw. den Blog kommt, sowohl was organischen (unbezahlten) Traffic angeht als auch hinsichtlich des bezahlten Ad-Traffics (z. B. von Facebook Ads).

Darüber hinaus hilft Google Analytics aber auch bei der Analyse der durch die Social-Media-Aktivitäten ausgelösten Conversions (Zielerreichungen). Sofern ein klares Website-Ziel definiert wurde (z.B. Kauf, Anfrage, Download, Newsletter-Anmeldung usw.), kann Analytics auswerten, welchen Einfluss Social Media auf diese Conversions hatte. Dabei unterscheidet das Tool sogar nach indirektem Einfluss (z.B. Besucher kam in seinem Conversion-Prozess irgendwann einmal von einem Social-Media-Kanal auf die Website und hat dann später konvertiert) und direktem Einfluss (z.B. Social-Media-Kanal war letzter Kontaktpunkt vor der Conversion).

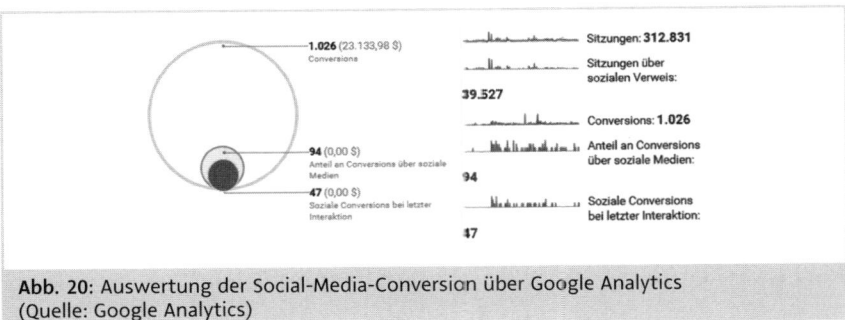

Abb. 20: Auswertung der Social-Media-Conversion über Google Analytics (Quelle: Google Analytics)

Diese Art der Analyse ermöglicht es, bis zu einem gewissen Grad den Social Media Return on Invest, also den ROI, zu ermitteln. Voraussetzung dafür ist allerdings, dass Sie klare, wirtschaftlich verwertbare Ziele definiert haben.

Vergessen Sie darüber hinaus aber nicht die »weicheren« Ziele, die Social Media erreichen kann. Nicht alles, was Sie im Social Web tun, ist klar messbar. Ein Social-Media-Experte aus den USA hat den Wert von Social Media mit dem Wert eines Telefons im Unternehmen verglichen. Das Telefon lässt sich auf vielfältige Weise einsetzen und ist für den Erfolg der meisten Unternehmen unverzichtbar – trotzdem wird es sehr schwer, den konkreten monetären Nutzen des Telefons zu berechnen. So ähnlich ist es auch mit Social Media. Wenn konkrete Verkäufe stattfinden oder verwertbare Anfragen eingehen, lässt sich der Erfolg in harter Münze ausdrücken. Die größere Kundennähe, die Informationen, die Sie über die Kunden und den Markt sammeln, das bessere Image, den verbesserten Kundenservice, die höhere Kundenbindung, die aktive Community und viele weitere Effekte, die sich aus Ihrem Social-Media-Engagement ergeben können, werden Sie dagegen nur schwer messen können. Trotzdem sind sie wichtig.

2.5.8 Monitoring

Monitoring und Analyse/Erfolgsmessung werden oft verwechselt oder in einen Topf geworfen. Kurz gesagt geht es beim Monitoring primär um »qualifiziertes Zuhören«. Mit Tools und Handarbeit sollen die Aussagen von Nutzern über die eigenen Marken oder relevante Themen erfasst und gesammelt werden.

Die Aufgaben des Monitorings hängen dabei von den Zielsetzungen ab. Ein mögliches Ziel könnte in der Erkennung neuer Trends liegen (Marktforschung). Dabei werden zum Beispiel relevante Begriffe überwacht. Ein anderes Ziel kann, insbesondere bei Unternehmen mit höherem Risikopotenzial (Energiekonzerne, Versicherungen usw.), in der Früherkennung von Krisenherden und möglichen Shitstorms liegen. Je früher Sie brodelnde Stellen im Netz erkennen, desto früher können Sie darauf reagieren.

Auch im Monitoring können professionelle oder kostenlose Tools zum Einsatz kommen. Und auch hier liegen die Kosten für die professionellen Tools schnell im fünfstelligen Bereich pro Jahr.

Mit einigen kostenlosen Tools können Sie sich jedoch bereits behelfen. Als zwei Beispiele für Social-Media-Monitoring-Tools mit tatsächlich nutzbaren Free-Versionen (oft sind die Gratis-Versionen soweit eingeschränkt, dass sie keinen Sinn mehr machen), seien hier alert. o (bzw. mention.com) und talkwaker.com genannt.

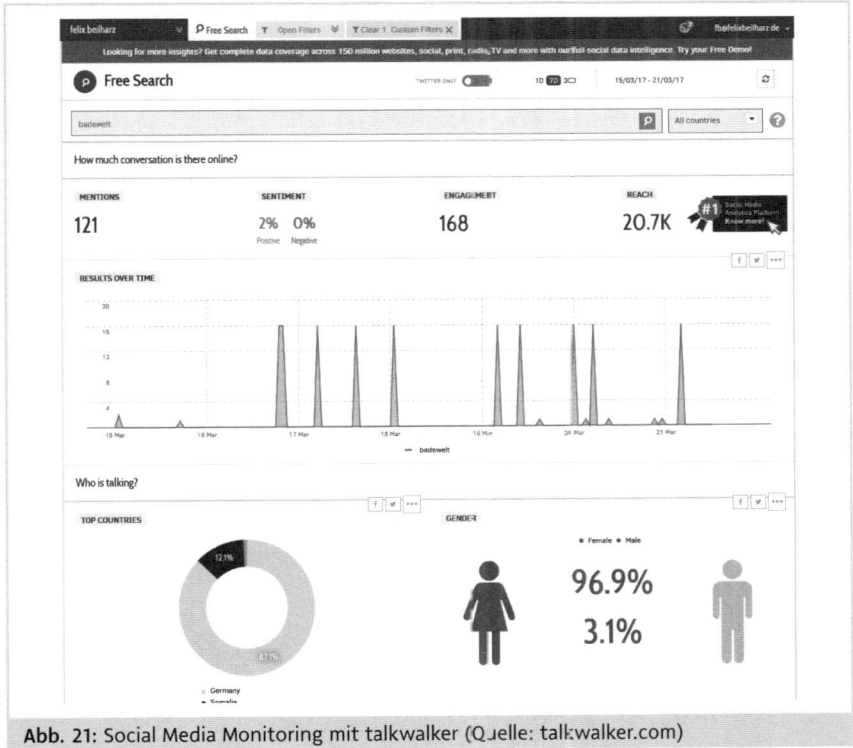

Abb. 21: Social Media Monitoring mit talkwalker (Quelle: talkwalker.com)

Alert.io und Talkwaker durchsuchen das Social Web nach relevanten Fundstellen. Beide Tools verschicken dann auf Wunsch tägliche E-Mails mit Zusammenfassungen und ermöglichen eine Analyse der Gespräche im Social Web. Zwar sind die Gratis-Versionen eingeschränkt, liefern aber dennoch verwertbare Ergebnisse. So lässt sich zum Beispiel herausfinden, wie oft auf Facebook, Twitter oder Instagram über ein Thema gepostet wurde, wie die Demografie der Beitragenden war, welche Hashtags verwendet wurden oder wie die Stimmung der Beiträge ausfiel (Letzteres funktioniert jedoch selbst mit teuren Tools nur eingeschränkt). Tiefer gehende Analysen sind dann nur gegen Bezahlung möglich.

> **! Tipp: Monitoring richtig nutzen**
>
> Verlieren Sie sich nicht in den Möglichkeiten, die das Monitoring bietet. Sofern Sie nicht in einer Branche aktiv sind, in der viel, aktiv und kritisch über ihr Thema bzw. Ihre Marken diskutiert wird, können Sie mit kostenlosen Tools starten. Definieren Sie die wichtigsten Suchbegriffe und legen Sie dafür Suchaufträge an. Prüfen Sie regelmäßig, was im Social Web darüber gepostet wurde und entscheiden Sie, ob Sie darauf reagieren bzw. daraus Rückschlüsse ziehen oder Maßnahmen ableiten müssen.

2.6 Die Praxis: Tipps für die wichtigsten Social-Media-Kanäle

Nun kennen Sie die wichtigsten Grundbegriffe des Social Webs, wissen, welche Plattformen es gibt und wie Sie eine Social-Media-Strategie für Ihr Unternehmen erstellen können. Sie sind bereit für die Praxis.

Im weiteren Verlauf dieses Kapitels erhalten Sie viele praktische Tipps für die wichtigsten Social-Media-Kanäle, die Sie sofort oder nach und nach für Ihr Unternehmen umsetzen können.

> **! Tipp: Laterales Denken**
>
> In diesem Buch finden Sie auch viele Beispiele aus ganz unterschiedlichen Branchen und von verschiedenen Unternehmensklassen. Machen Sie nicht den Fehler zu denken »Ok, schönes Beispiel, aber bei uns ist das ganz anders, wir sind B2B/Kleinunternehmen/andere Branche/usw.«. Kaum eines der Beispiele wird konkret Ihre Branche oder Ihren Unternehmenstyp treffen. Entwickeln Sie die Fähigkeit, »hinter« die Beispiele zu blicken: Warum hat das dort so gut funktioniert? Welche Mechanismen wurden eingesetzt? Was davon lässt sich auch bei uns adaptieren und umsetzen? Viele der erfolgreichen Beispiele gab es in ähnlicher Form bereits

in anderen Branchen oder Ländern. Erfolgreiche Social-Media-Manager denken lateral und passen erfolgserprobte Mechanismen an die eigene Situation an.

2.6.1 Blogs für kleine Unternehmen

Blogs eignen sich als Content-Hub gerade für kleinere Unternehmen ganz besonders. Ein Blog macht unabhängig von der Macht der Social Networks – es ist nie eine gute Idee, zuviel Kontrolle aus der Hand zu geben. Sie haben im Blog auch völlige Gestaltungsfreiheit und müssen sich nicht an Vorgaben und Grenzen der Social Networks halten. Und schließlich ist der Blog deutlich nachhaltiger als jedes Social Network. Verschiedene Studien zeigen immer wieder, wie kurzlebig ein Tweet (7 Minuten, bis er aus der Timeline verschwindet) oder ein Facebook-Post (ca. 20 Minuten, maximal wenige Tage) doch ist. Ein guter Blogbeitrag kann durch sein Google-Ranking, durch Verlinkungen, durch Social-Media-Shares oder durch Newsletter-Marketing immer und immer wieder Traffic erzeugen, oft über Jahre hinweg. Es lohnt sich daher, sich intensiv mit den Möglichkeiten eines Blogs zu beschäftigen. Im Folgenden finden Sie Tipps, die Ihnen den Einstieg und die ersten Schritte erleichtern, aber auch nach Jahren noch Ideen liefern können.

Tipp: Blog in Website integrieren !

Einen Blog könnten Sie theoretisch auf einer kostenlosen Blogplattform anlegen oder auf einer eigenen Domain hosten. In der Praxis ist es jedoch deutlich besser, den Blog als Teil der Website einzurichten (als Verzeichnis, nicht als Subdomain). Erstens haben Sie den Leser dann bereits da, wo Sie ihn haben wollen, nämlich auf Ihrer Website und müssen ihn nicht erst mit einem weiteren Klick dorthin führen. Auf der Website findet er neben den eher contentlastigen Blogartikeln eben auch Ihre Angebote, Ihr Portfolio, Ihre Referenzen und alle anderen Angebote, die letztendlich verkaufen. Und zweitens kommen die Backlinks, die gute Blogbeiträge oft bekommen, so Ihrer kompletten Website zugute und stärken das Google-Ranking aller Ihrer Inhalte. Bei einem auf einer Drittplattform oder auch nur einer Subdomain gehosteten Blog wäre das nicht der Fall.

---

a) Blog einrichten

Richten Sie den Blog als Verzeichnis auf Ihrer Website ein (z.B. ihredomain.de/blog), nicht als Subdomain (blog.ihredomain.de). So kommen eingehende Backlinks Ihrer Domain zugute und stärken sie auch für Google.

WordPress ist die beste **Software** für einen Blog (https://de.wordpress.org). Die Software wird auf Ihrem Server installiert, eingerichtet und mit einem passenden Template ausgestattet. Für fast jeden denkbaren Zweck sind auch kostenlose oder günstige Plugins erhältlich, die den Funktionsumfang von WordPress deutlich vergrößern.

Wie Ihr WordPress-Blog am Ende aussehen soll, liegt komplett bei Ihnen. Neben den zahllosen kostenlosen **Themes** (für den Business-Einsatz nicht zu empfehlen) existieren auch viele kostengünstige Premium-Themes (besser) – oder aber, Sie lassen sich ein eigenständiges Theme designen, das sich an Ihr CI hält und dem Design Ihrer Website anpasst (beste Version).

Überlassen Sie das **Einrichten** des Blogs am besten einem Profi, da bereits hier zahlreiche Sicherheitslücken entstehen können (z.B. bei der Vergabe von Benutzerrechten im FTP oder bei der Verwendung unsicherer oder veralteter Plugins). WordPress ist zwar nicht per se unsicherer als andere Systeme, kann bei falscher Nutzung aber dennoch relativ leicht gehackt werden.

Aus diesem Grund sollten Sie die WordPress-Version sowie alle verwendeten Plugins und Themes immer aktuell halten. Veraltete Versionen sind eines der am häufigsten genutzten Einfalltore für Hacker und Schadsoftware.

b) Blog pflegen

Finden Sie eine passende **Frequenz**, mit der Sie Beiträge veröffentlichen. Ideal wäre einmal pro Woche oder einmal alle zwei Wochen. Häufiger ist gut, etwas seltener ist auch o.k., solange der Blog nicht »einschläft«. Einmal im Monat sollten Sie auf jeden Fall einen Beitrag einplanen.

Falls Ihnen »Blog« nicht gefällt, können Sie den Kanal auch anders nennen. Manche Blogs heißen zum Beispiel »Magazin«, »Weekly« oder »Hub«.

Der Blog ist **kein Newsbereich**, in dem Sie überwiegend über sich und Ihre Leistungen schreiben. Schreiben Sie stattdessen Content, Geschichten und Erfahrungen, die dem Leser einen konkreten Nutzen bieten.

Der konkrete **Nutzen** für den Leser kann in unterschiedlichen Ausprägungen auftreten: Zum Lachen bringen, emotional berühren, über wichtige Themen informieren, Tipps und Tricks vermitteln, unterhalten, Inspiration liefern usw.

Format	Bedeutung
Website	Unternehmenspräsenz, i.d.R. eher statisch und wenig dialogorientiert
Blog	Content-Plattform, primär für aus Lesersicht nutzwertige Inhalte; Kommentarfunktion optional
News	Neuigkeiten über das Unternehmen, dessen Produkte und Leistungen; eher Eigenpromotion, wenig Nutzwert
Forum	Plattform zum gegenseitigen Austausch; Inhalte können von allen Nutzern gleichwertig erstellt werden

Tab. 2: Unterschiede verschiedener Plattformen (Quelle: Felix Beilharz)

Blogs regelmäßig zu befüllen macht durchaus **Arbeit**. Wenn möglich, verteilen Sie die Aufgaben auf mehrere Personen, so dass die Belastung für den Einzelnen geringer ausfällt. Bei drei Personen und einer 14-tägigen Blogfrequenz muss jeder Autor zum Beispiel nur alle sechs Wochen einen Beitrag verfassen.

Erstellen Sie einen groben **Redaktionsplan** für das Jahr. Tragen Sie alle Ergebnisse ein, die sich im Blog verarbeiten lassen, und beginnen Sie frühzeitig damit, Ideen für Content zu diesen Ereignissen zu generieren. Solche Ereignisse können Feiertage wie Weihnachten oder Ostern sein, aber auch Branchenevents wie Messen oder Konferenzen, unternehmensspezifische Besonderheiten wie Jubiläen oder Aktionen, aber auch zum Beispiel Änderungen bei Gesetzen, die für Ihre Zielgruppe relevant sind.

Sie müssen auch nicht unbedingt alle Inhalte selbst verfassen. Laden Sie **Gastblogger** ein, die ihr Können bereits in einem eigenen Blog bewiesen haben. Vermeiden Sie jedoch Gastbeiträge, die Ihnen ungefragt per E-Mail angeboten werden. Dabei handelt es sich in aller Regel um reine Linkbuilding-Maßnahmen dieser Anbieter, der Mehrwert eines solchen Beitrags für Ihre Leser ist meist sehr gering.

Eine weitere Taktik ist es, »**Ghostblogger**« einzusetzen, also Autoren, die in Ihrem Namen gegen Bezahlung schreiben. Bei sehr speziellen Themen (z. B. Fachthemen der Industrie, Medizin usw.) wird das meist nicht funktionieren, aber bei allgemeineren Themengebieten können Sie so den internen Aufwand deutlich reduzieren.

c) Blog-Inhalte

Regelmäßige Reihen machen es Ihnen ebenfalls leichter, Inhalte zu finden und zu erstellen. Zum Beispiel alle vier Wochen ein Interview mit einem Influencer aus der Branche, alle sechs Wochen ein Praxisbeispiel und alle acht Wochen eine kleine Fragen-und-Antwort-Sammlung – schon haben Sie einen guten Teil Ihres Blogs mit Leben gefüllt und müssen sich nicht ständig um neue Ideen sorgen.

Eine gute Idee für eine regelmäßige Reihe ist ein **wöchentlicher Rückblick** auf die Ereignisse in der Branche (in vielen Branchen gibt es noch kein solches Angebot). Tragen Sie also zum Beispiel jeden Freitag die wichtigsten Blogartikel anderer Blogs, die besten Newsbeiträge und sonstige wichtige Entwicklungen zusammen und erstellen Sie daraus eine kompakte Zusammenfassung mit den jeweiligen Links. So wird Ihr Blog zu einer wichtigen Anlaufstelle in der Branche und Sie erhöhen die Leserbindung Ihres Blogs enorm.

Einmal im Jahr können Sie einen »**Best of**«-Beitrag verfassen, der noch einmal auf Ihre besten/meistgelesenen/meistgeteilten Beiträge hinweist. Das ist schnell erstellter Content mit hohem Nutzwert.

Mischen Sie Beiträge mit **aktuellem Inhalt** (z. B. die angesprochenen Eventberichte oder Erläuterungen zu aktuellen Gesetzesänderungen) mit sogenannten »**Evergreen**«-Inhalten. Dabei handelt es sich um Content, der auch nach einigen Jahren noch relevant und nützlich ist. Dieser Inhalt eignet sich besonders gut zur Suchmaschinenoptimierung und es lohnt sich, solche »Leuchtturm-Beiträge« regelmäßig zu aktualisieren und etwas zu überarbeiten oder zu erweitern.

Abb. 22: Die Hamburger Agentur artaxo lässt die Trainees jede Woche eine Zusammenfassung der wöchentlichen Entwicklungen erstellen (Quelle: www.seo-trainee.de)

Wenn Sie Events besucht haben, können Sie im Blog einen sogenannten »Recap« erstellen, also einen Eventbericht mit Ihren Eindrücken, Erfahrungen und Learnings. Schicken Sie dem Veranstalter des Events den Link zu Ihrem Recap, häufig wird dieser Sie dann verlinken oder im Social Web teilen, was Ihnen einen starken Backlink und/oder viele neue Besucher und Follower beschert.

Eine gute Idee für den Anfang ist es, andere Blogs aus der Branche **vorzustellen**. Laden Sie zum Beispiel alle vier oder acht Wochen einen Blogger ein und schicken Sie ihm zum Beispiel fünf Fragen, mit denen er sich Ihren Lesern präsentieren kann. Das ist erstens für Ihre Leser interessant und zweitens bauen Sie sich so ein gutes Netzwerk unter den Branchenbloggern auf. Die Bausparkasse Schwäbisch-Hall hat jahrelang Reise- und Wohnblogger auf diese Weise in ihre Blogstrategie integriert.

Hervorragender Blogcontent sind auch kleinere **Studien und Analysen** zu Themen aus Ihrer Branche. Dabei muss es sich nicht um umfangreiche, wissenschaftliche Untersuchungen handeln (sofern nicht genau das Ihr unternehmerisches Tätigkeitsfeld ist), auch Ad-hoc-Analysen zu einem klar begrenzten Thema können sehr interessant sein und lassen sich oft mit relativ wenig Aufwand erstellen.

d) Blog optimieren

Nutzen Sie für den Blog das kostenlose Plugin **»Yoast SEO«** (zu finden im Plugin-Verzeichnis von WordPress oder über Google). Dieses Plugin ergänzt einige wichtige SEO-Funktionen wie die Meta-Description, eine Keyword-Analyse und einige weitere Elemente.

Über das Yoast-Plugin können Sie Ihren Blogbeiträgen auch sogenannte **»Open Graph Tags«** hinzufügen. Dabei handelt es sich um Angaben, die Facebook für die Vorschau benötigt, wenn jemand (Sie oder ein Leser) einen Artikel teilt. Die wichtigsten Open Graph Tags sind Titel (die Überschrift der Vorschau), Description (ein kurzer Beschreibungstext) und Image (das Vorschaubild). Damit sieht der Share auffallend und ansprechend aus und generiert mehr Klicks.

Abb. 23: Facebook-Share ohne ausgefüllte Open Graph Tags auf der Website (Quelle: Facebook)

Abb. 24: Facebook-Share mit Open Graph Tags, vor allem einem auffallenden Bild (Quelle: Facebook)

Wichtig: Blog-SEO !

Der Blog hat nicht zuletzt die Aufgabe, in Suchmaschinen wie Google gefunden zu werden. Die grundsätzlichen Voraussetzungen dafür sind bei einem Blog schon gegeben (z.B. relativ viel Text, regelmäßige Aktualisierungen, gut lesbarer Quellcode). Trotzdem können Sie eine Menge tun, damit Ihre Beiträge besser gefunden werden. Ein paar Highlights, die sich übrigens auch auf alle anderen Inhalte auf Ihrer Website anwenden lassen, sind:

- Planen Sie zumindest für die Evergreen-Beiträge, mit welchen Suchbegriffen der Beitrag gefunden werden soll. Beschränken Sie sich pro Beitrag auf ein bis drei Hauptsuchbegriffe, die in engem thematischen Zusammenhang stehen.
- Schreiben Sie diese Suchbegriffe in den **Titel** des Beitrags (dieser kann etwa 75 Zeichen umfassen und sollte, da er bei Google als Überschrift des Suchtreffers erscheint, attraktiv und »klickstark« geschrieben sein).
- Erstellen Sie außerdem eine ansprechende **Meta-Description** (das entsprechende Feld dazu finden Sie über das Yoast-Plugin unterhalb Ihres Blogbeitrags). Diese verwendet Google häufig als Beschreibungstext im Suchtreffer, hier können Sie also ebenfalls die Klickrate mitbestimmen.
- Verwenden Sie die Suchbegriffe mehrmals im Text, idealerweise auch einmal recht weit vorne am Anfang des Beitrags. Opfern Sie aber niemals Lesbarkeit zugunsten von häufiger Keyword-Verwendung. Haben Sie als Erstes den Leser im Blick und erst in zweiter Linie die Suchmaschine.
- Verwenden Sie, wann immer es sinnvoll ist, Zwischenüberschriften, die den Text auflockern und strukturieren. Bauen Sie die Suchbegriffe in diese Überschriften ein.

- Verwenden Sie auch Synonyme sowie semantisch verwandte Begriffe im Text. So gehören in einen Text über das Wort »Autoreifen« wohl auch Worte wie »Auto«, »Kfz«, »Rad«, »Winterreifen« oder »Profil«. Für die Fortgeschrittenen: Semantik-Tools wie Semager (www.semager.de) und WDF-IDF-Tools (z. B. integriert in OnPage.org oder XOVI.de) helfen Ihnen, weitere relevante Begriffe zu finden, die Sie im Text verwenden können.
- Schließlich sorgen Sie für eine gute, interne Verlinkung, indem Sie passende Beiträge Ihres Blogs untereinander verlinken. Wählen Sie dafür den Suchbegriff aus, mit der der jeweils zu verlinkende Blogbeitrag gut ranken soll, und verlinken Sie dieses Wort bzw. die Wortgruppe im Text mit dem Zielbeitrag. So erhält Google starke Signale, worum es auf der verlinkten Seite geht (eben um den verlinkten Suchbegriff), und kann das als Ranking-Signal werten.

Suchmaschinenoptimierung ist ein breites und sich ständig änderndes Gebiet. Wenn Sie mehr darüber lernen möchten, finden Sie online zahlreiche gute Anleitungen und Blogbeiträge zu allen wichtigen Themen.

Erstellen Sie die Blogbeiträge möglichst **multimedial**, wenn möglich. Beschränken Sie sich nicht auf Fließtext, sondern ergänzen Sie mindestens auch Aufzählungslisten (Bullet-Point-Listen), wenn es sinnvoll ist und ein oder mehrere Bilder. Bauen Sie aber gerne auch weitere Medien ein, Infografiken, Videos (z. B. von YouTube eingebettet), Animationen, Downloads usw. So sprechen Sie nicht nur verschiedene Sinnesorgane an, was die Wirkung Ihres Contents deutlich erhöht, sondern steigern auch die Attraktivität des Beitrags für Shares und Verlinkungen.

Planen Sie ausreichend **Zeit** für Ihren Blog ein. Je nach Erfahrung, Thema, Tiefgang und Zielsetzungen dauert das Erstellen eines Blogbeitrags zwischen einer Stunde und mehreren ganzen Arbeitstagen. Normalerweise sollten Sie zwischen zwei und fünf Stunden für einen Beitrag einplanen (inkl. Recherche und Grafikarbeiten). Bei Evergreen-Beiträgen kann das deutlich länger dauern. Einfache Tätigkeiten wie Recherche oder Design können und sollten Sie aber nach Möglichkeit an Arbeitskräfte mit günstigeren Stundensätzen auslagern. Ich habe in meinem Blog Beiträge mit 50.000 Lesern erstellt, die nur ca. 30 Minuten Arbeit gekostet haben, aber auch Beiträge, an denen ich über die Jahre immer wieder gearbeitet und inzwischen bestimmt drei oder vier volle Tage investiert habe. Da die Beiträge aber konstant Besucher, Links und Anfragen generieren, ist das gut investierte Zeit.

Tipp: Content (nicht nur) für Blogs !

Wenn es darum geht, den richtigen Content für Ihren Blog, aber auch Ihren YouTube-Kanal oder sonstige Kanäle zu finden, kann ein kleines Denkmodell sehr helfen. Denn nicht alles, was irgendwie aufgeschrieben oder gefilmt werden kann, ist auch »Content« in diesem Sinne.

Abb. 25 zeigt ein mehrschichtiges Modell. Im Mittelpunkt befindet sich das Produkt, das letztlich verkauft werden soll. Dabei kann es sich um ein physisches Produkt, eine Dienstleistung oder eine Kombination handeln, das spielt hier keine Rolle.

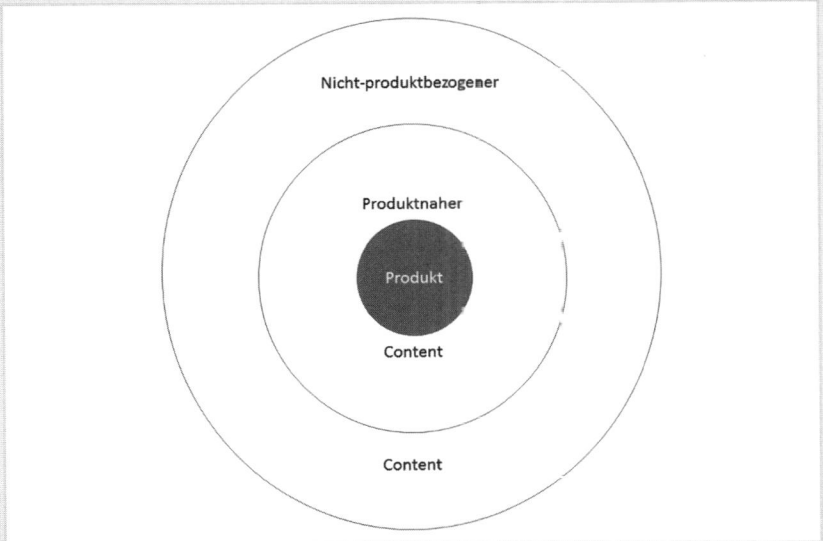

Abb. 25: Content-Schichten (Quelle: Felix Beilharz)

Für das Produkt machen Sie klassische Werbung, zum Beispiel Anzeigen, Banner, Flyer oder Plakatwerbung. Das ist gut und notwendig. Aber das ist kein Content. Eine normale Werbeanzeige wird eher nicht geteilt oder verlinkt (mit Ausnahme von seltenen Viralclips).

Der Content beginnt in der zweiten Schicht. Dabei handelt es sich um sehr produktnahen Content, also um Inhalte, die vor allem für die Personen interessant sind, die das Produkt bereits kennen und es in Erwägung ziehen, aber noch überzeugt werden müssen. Bei diesen Inhalten kann es sich zum Beispiel um Case Studies zum Produkteinsatz handeln, um Kundenberichte, um Einblicke ins Produkt, aber auch um häufige Fragen und Antworten (FAQs) oder How-to-Anleitungen. Wer in seiner »Customer Journey« schon relativ weit ist, wird sich für diese

Inhalte interessieren. Aber auch diese Inhalte werden kaum geteilt oder verlinkt. Und sie erreichen keine Menschen, die das zu verkaufende Produkt noch gar nicht auf dem Schirm haben.

Das gelingt am besten mit den Inhalten der dritten Ebene. Hier liegen die Inhalte, die geteilt werden, die von Bloggern verlinkt oder der Presse aufgegriffen werden. Und die auch völlig neue Zielpersonen erreichen können.

Es geht hierbei um Inhalte, die mit dem Produkt primär vielleicht gar nichts zu tun haben, aber für die Zielgruppe des Produkts interessant sind und irgendwo »im Dunstkreis« der Produktwelt herumschwirren. Wer also als Kunde für das Produkt oder die Dienstleistung in Frage kommt, das aber noch gar nicht weiß, kann über diese Inhalte an das Unternehmen und seine Leistungen herangeführt werden.

Das lässt sich am besten an Beispielen verdeutlichen. Die folgende Tabelle enthält daher einige Beispiele für Blog-Content, der sich dieser dritten Schicht zuordnen lässt.

Unternehmen	Produkt	Content	Ziel/Vorgehen	URL
Kaspersky	Mobile Security App	Tipps zur Handynutzung auf Festivals	Heranführen der Nutzer an die App durch allgemeine Tipps für Festivals, App als weitere mögliche Option	https://blog.kaspersky.de/tipps-zur-handynutzung-auf-festivals/201/
Kanzlei Nierenz	Verkehrsrecht	Warum Sie Ihren Führerschein besser nicht dabei haben	Expertenpositionierung durch Uminterpretieren eines allgemeingültigen Glaubenssatzes	http://www.kanzlei-nierenz.de/warum-man-besser-seinen-fuhrerschein-nicht-dabei-hat/
XOVI	SEO-Software	Die besten 8 Social-Media-Plugins für deinen Blog	Expertenpositionierung durch Gastbeiträge bekannter Influencer	https://www.xovi.de/2016/01/die-8-besten-social-media-plugins-fuer-deinen-blog/

Unternehmen	Produkt	Content	Ziel/Vorgehen	URL
LVQ	Aus- und Weiterbildung	Geisteswissenschaften studiert? Wie Sie den Berufseinstieg schaffen	Positionierung als Karriereblog, Verdeutlichung der Wichtigkeit von stetiger Weiterbildung	http://www.lvq.de/karriereblog/2017/02/23/geisteswissenschaften-berufseinstieg-weiterbildung/
Thomann	Musikinstrumente	Gitarrenpflege – raus aus dem Winterschlaf!	Kundenbindung durch Tipps und Tricks	https://www.thomann.de/blog/de/gitarrenpflege-raus-aus-dem-winterschlaf/
Metzgerei Der Ludwig	Fleisch	5 Tipps rund um den Braten	Steigerung der Kundenzufriedenheit und Kundenbindung	https://www.der-ludwig.de/fleischsprechstunde/braten-tipps/
Roman Kmenta	Verkaufstraining, Preisverhandlung	100.000 Euro Einkommen als Selbstständiger	Expertenpositionierung durch Tipps zu häufigen Problemen der Zielgruppe	http://www.romankmenta.com/100-000-einkommen-als-selbststaendiger/

Tab. 3: Beispiele für Content der »dritten Ebene« (Quelle: Felix Beilharz)

Erstellen Sie für den Blog und die anderen Social-Media-Kanäle in erster Linie Content aus der äußersten Schicht. Dann können Sie problemlos auch mal Werbung oder produktnahen Content beimischen, ohne dass Ihr Auftritt zu werblich und damit unattraktiv wird.

Eine häufige Frage ist, **wie lang** denn ein Blogbeitrag sein sollte, sowohl als Mindestlänge als auch bezüglich einer möglichen Maximallänge. Dazu gibt es keine pauschale Antwort, es hängt sehr stark vom Inhalt ab. Der Evergreen-Content kann durchaus sehr lang sein, mehrere tausend Wörter sind kein Problem. Andere Beiträge lassen sich vielleicht in 200 Wörtern erschöpfend behandeln – dann ist auch das o.k. Faustregel: So umfangreich wie nötig, ohne ausschweifend zu werden. Aber haben Sie keine Angst vor langen Beiträgen. Die Erfahrung und Analysen zeigen, dass auch lange Beiträge gelesen werden, oft mit Verweildauern von 20 Minuten oder mehr.

Bauen Sie in den Blog Social-Sharing-Buttons ein, damit Ihre Inhalte schnell und unkompliziert geteilt werden können. Vor allem der Facebook-Button ist wichtig, Twitter und XING/LinkedIn können je nach Branche ergänzt werden. Für die mobile Ansicht bietet sich auch ein WhatsApp-Share-Button an. Eventuell kann auch ein E-Mail-Button sinnvoll sein, vor allem im B2B-Sektor. Weitere Buttons wie zum Beispiel Social Bookmarking oder auch Google+ sind nicht nötig, da sie ohnehin so gut wie nicht (mehr) genutzt werden.

Sie sehen, mit einem Blog können Sie eine ganze Menge erreichen. Analysieren Sie, ob ein Blog für Sie realisierbar ist, aber geben Sie der Idee auf jeden Fall eine Chance. Kaum ein anderes Online-Marketing-Werkzeug kann Ihnen so nachhaltige und messbare Ergebnisse bringen wie der Blog.

2.6.2 Facebook für kleine Unternehmen

Facebook gehört wie alle Social Networks, aber im Gegensatz zu den gerade besprochenen Blogs, zum »rented land«, also zur »gemieteten Fläche« auf fremdem Territorium. Sie unterwerfen sich also den Regeln des Kanals und geben einen guten Teil der Kontrolle auf. Dafür erhalten Sie im Gegenzug extrem nützliche Marketingwerkzeuge und die Chance auf kostengünstige Reichweite. Nutzen Sie diese Möglichkeiten unbedingt aus, aber verlassen Sie sich nicht auf einen Drittkanal.

> **!** **Tipp: Diversifizierung**
>
> Diese Grundregel gilt für alle Bereiche im Online-Marketing, so auch für Facebook: Wenn ein zu großer Teil Ihres Business von einem einzigen Kanal abhängt, haben Sie ein ernstes Problem. Wenn ein Großteil Ihrer Besucher über Ihre Google Rankings oder Ihre Facebook-Fanpage kommt, bekommen Sie bei der ersten Algorithmus-Änderung Schwierigkeiten. Und solche Änderungen gibt es ständig. Diversifizieren Sie Ihre Traffic-Quellen und suchen Sie ständig nach Alternativen und Ergänzungen. Ihr Geschäftsmodell sollte nicht ins Wanken geraten, wenn

ein Nerd im Silicon Valley einen Schalter umlegt, um es etwas flapsig und bildlich auszudrücken.

a) Fanpage einrichten

Für Ihr Marketing benötigen Sie eine **Fanpage**. Sofern Sie noch keine haben, können Sie diese unter https://facebook.com/business anlegen. Wählen Sie eine passende Kategorie aus und befüllen Sie alle angebotenen Felder. Wählen Sie vor allem ein ansprechendes und wiedererkennbares Profilbild und ein passendes Titelbild für Ihre Fanpage.

Sie haben die Möglichkeit, in den Einstellungen Ihrer Fanpage anderen Nutzern zu untersagen, **eigene Beiträge** auf Ihre Fanpage zu schreiben. Das ist in der Regel keine gute Idee. Facebook ist ein Dialogmedium und wenn jemand Sie kontaktieren will, sollten Sie diese Möglichkeit eröffnen. Auch die Hoffnung, sich so vor öffentlicher Kritik zu schützen, ist unberechtigt: die Kommentarfunktion unter Beiträgen lässt sich nicht abschalten. Im schlimmsten Fall nutzt ein unzufriedener Nutzer also einen Kommentar unter einem Ihrer Beiträge, um sich Luft zu machen. Je reichweitenstärker dann Ihr Beitrag wird, desto prominenter wird auch die Kritik des Nutzers.

Wenn Sie dennoch Bedenken gegenüber Nutzerbeiträgen haben, können Sie in den Einstellungen festlegen, dass alle Beiträge erst durch Sie **freigegeben** werden müssen. Dadurch haben Sie mehr Kontrolle, verzichten allerdings auch auf einen spontanen und lebhaften Dialog mit Ihren Zielgruppen.

Prüfen Sie auf jeden Fall auch die weiteren **Einstellungen** Ihrer Fanpage. Dort können Sie wichtige Entscheidungen treffen, zum Beispiel, ob Ihre Fanpage in Nutzerbeiträgen markiert werden kann (Empfehlung: ja), ob Ihre Seite in bestimmen Ländern unsichtbar sein soll (z. B. als Abwehrmaßnahme gegen Spamattacken) oder wie die Kommentare unter Ihren Beiträgen angeordnet sein sollen (gewichtet oder chronologisch).

In diesen Einstellungen können Sie auch **Rollen für die Fanpage** vergeben, also zum Beispiel weitere Nutzer zu Administratoren, Redakteuren oder Moderatoren machen. Sie sollten unbedingt mehr als einen Facebook-Administrator haben. Wenn Ihr privates Profil einmal gehackt oder von Facebook gesperrt werden sollte und Sie der einzige Admin der Fanpage sind, ist Ihre Fanpage zwar noch da, aber nicht mehr administrierbar. Ein zweiter Admin ist hier die Lösung. Aber Vorsicht: der zweite Admin hat die gleichen Rechte wie Sie. Er kann Sie sogar als Admin entfernen und die Seite so übernehmen. Wählen Sie den zweiten Admin also mit Bedacht aus. Eine Agentur sollte in der Regel nur die Rolle des Redakteurs bekommen, Admin-Rechte sind normalerweise nicht notwendig.

Für lokale Unternehmen sollten Sie unbedingt die passende **Seitenkategorie** auswählen (z. B. »lokales Unternehmen«), da Sie nur so eine Adresse in Ihre Seite eintragen können. Dadurch wird die Seite zum Beispiel Nutzern aus der Nähe vorgeschlagen und Fans können ihren Freunden sagen, dass sie gerade bei Ihnen vor Ort sind (»Check-in«). Auch andere Seitenfunktionen hängen von der Kategorie ab. Die Optionen, Dienstleistungen anzuzeigen oder Bewertungen auf der Fanpage einzuholen, bieten beispielsweise nicht alle Kategorien.

Bei Facebook können Seiten einen **blauen oder einen grauen Haken** erhalten, um die Echtheit des Accounts zu verifizieren. Der blaue Haken wird direkt von Facebook verliehen, die Verleihung lässt sich in der Regel nicht beschleunigen (zumindest nicht ohne gute Kontakte zu Facebook, die sich zum Beispiel durch ein hohes Anzeigenbudget ergeben, aber selbst dann bleibt offen, ob der Haken vergeben wird oder nicht). Den grauen Haken dagegen können Unternehmen selbst beantragen, den Link zum Bestätigen bzw. Verifizieren der Seite finden Sie in den Seiteneinstellungen. Sobald das geschehen ist, wird der graue Haken an den Seitennamen angehängt und zeigt den Fans, dass es sich tatsächlich um die echte Fanpage des Unternehmens und nicht um einen Klon oder eine von Dritten angelegte Seite handelt.

Gerade die **Bewertungen** auf Facebook können eine große Chance sein, Vertrauen aufzubauen und Kaufentscheidungen zu beeinflussen. Haben Sie keine Angst vor schlechten Bewertungen: Solange genug positive vorhanden sind, schaden diese nichts, sondern können sogar die Glaubwürdigkeit steigern. Aber lassen Sie negative Bewertungen nicht unbeantwortet stehen, sondern beziehen Sie Stellung. Und bedanken Sie sich auch immer für positive Bewertungen, das stärkt die Kundenbeziehung und aktiviert die Fans.

Abb. 26: Bewertungen auf einer Facebook-Seite eines Restaurants (Quelle: https://www. facebook.com/pg/Puszta-H%C3%BCtte-K%C3%B6ln-119981921394080/reviews/)

Achten Sie darauf, die rechtlichen Anforderungen zu erfüllen. Dazu gehört vor allem das Einfügen eines **Impressums** oder eines Links zum Impressum auf Ihrer Website.

b) Inhalte veröffentlichen

Die allermeiste Zeit verbringen Facebook-Nutzer in ihrem **Newsfeed**. Facebook-Seiten werden zwar geliked bzw. abonniert, dann aber kaum noch aktiv aufgerufen. Sie als Unternehmen müssen es also schaffen, mit ihren Beiträgen dort aufzutauchen. Das gelingt vor allem dann, wenn Sie relevanten Content für Ihre Zielgruppe schaffen. Ähnlich wie auch schon im Blog sollte der Fokus daher weniger lauten »Was würden wir gerne erzählen?«, sondern in erster Linie »Was wollen unsere Zielgruppen hören?«.

Wie oft Sie auf Facebook Inhalte publizieren sollten, lässt sich pauschal nicht sagen. Prinzipiell so oft Sie etwas Gehaltvolles zu sagen haben. Zu selten sollte es jedoch auch nicht sein, da Sie sonst im Newsfeed Ihrer Fans keine Rolle mehr spielen. Versuchen Sie, durch einen guten Inhaltsmix zumindest drei bis vier Posts pro Woche oder sogar einen am Tag hinzubekommen. Führen Sie einen Dialog mit Ihren Fans, unterhalten Sie sie, bilden Sie sie weiter. Sprechen Sie mit ihnen wie mit Kunden im Laden oder an einem Messestand.

Bei Facebook funktionieren in erster Linie **visuelle Inhalte** gut, also Bilder und Videos. Diese fallen sofort ins Auge und generieren oft mehr Interaktionen (und damit mehr Reichweite) also reine Textbeiträge.

Videos erhalten auf Facebook häufig die größten Reichweiten. Das liegt unter anderem daran, dass Facebook die Videos in der Facebook-App per Autoplay startet und das Bewegtbild so sehr auffällt. Viele Nutzer, die eigentlich nur durch ihren Newsfeed scrollen, bleiben so »hängen«. Aber auch davon unabhängig konsumieren Nutzer gern Videos auf Facebook. Planen Sie also regelmäßig Video-Inhalte ein. Idealerweise sind die Videos nicht zu lang (30 Sekunden bis maximal drei Minuten funktioniert häufig gut) und auch ohne Ton nutzbar (da viele Nutzer die Videos erst einmal ohne Ton starten). Fügen Sie bei gesprochenen Texten einen Untertitel hinzu.

Etwas andere Regeln bezüglich der Länge gelten für **Live-Videos** auf Facebook. Diese dürfen gern deutlich länger dauern, da viele Nutzer erst nach und nach zuschalten werden. Wenn es bei Ihnen etwas gibt, was sich live übertragen lässt (z. B. Vorträge, Eindrücke von Events usw.), machen Sie unbedingt Gebrauch von dieser Funktion, da Livestreams bei Facebook besonders gut ankommen und hohe Reichweiten entfalten können.

Einen Livestream sollten Sie gut planen. Dazu gehört, ihn rechtzeitig anzukündigen, damit Nutzer bereits im Vorfeld darüber Bescheid wissen. Planen Sie auch Nutzerfeedback mit ein. Ein besonderer Vorteil der Livestreams ist es, dass die Zuschauer direkt im Video kommentieren oder mit Reactions interagieren können und der Streamende das in Echtzeit mitbekommt. Sie können also im Livestream auf das Feedback der Nutzer eingehen, was interessante Optionen für die Kundenkommunikation bietet.

> **!** **Beispiel: Livestream und Verknüpfung**
>
> Zum Thema Live-Videos auf Facebook möchte ich Ihnen ein Beispiel aus meinem eigenen Bereich zeigen, da es gut die verschiedenen Verknüpfungsmöglichkeiten aufzeigt. Rechtsanwalt und YouTube-Größe Christian Solmecke hat mich 2016 zu einer Reihe von Videos eingeladen, in der ich ihm rechtliche Fragen meiner

Facebook-Fans mitgebracht habe. In mehreren Videos hat er diese Fragen beantwortet.

Einen dieser Drehtermine haben wir spontan live auf Facebook gestreamed. Dazu
haben wir unsere Smartphones nebeneinander auf den Tisch vor uns gestellt und
die Livestreams gestartet. Jeder sendete auf seinem Kanal, um eine größtmögliche
Breite an Nutzern zu erreichen. Die Zuschauer konnten so live mitverfolgen, wie
ein YouTube-Dreh abläuft, und gleichzeitig von den gesendeten Inhalten profitieren.

Die beiden Live-Videos wurden nachher als Aufzeichnung über Facebook veröffentlicht. Nutzer erfahren so auch nachhaltig von der Existenz der YouTube-
Kanäle, was zu neuen Abonnenten führt. Gleichzeitig sehen die User des YouTube-
Videos, dass wir die Aufzeichnung gestreamed haben, was Aufmerksamkeit auf
unsere Facebook-Kanäle lenkt.

So konnten deutlich mehr Nutzer ohne Mehraufwand erreicht werden.

Abb. 27: Livestream mit Christian Solmecke und Felix Beilharz
(Quelle: https://www.facebook.com/felixbeilharz.ce/videos/1018294254966013/)

Neben Bildern und Videos können und sollten Sie vor allem auch **Links posten** – Links zu Ihren Blogbeiträgen oder Artikeln. So generieren Sie Traffic zu
Ihren Websites, was eines der wichtigeren Ziele Ihrer Strategie sein sollte.
Das funktioniert vor allem, wenn die Beiträge nutzwertig und nicht zu werblich sind – auch hier steht wieder der Kundennutzen Ihres Contents im Vordergrund.

Wenn Sie mal nichts Eigenes zu posten haben, können Sie jederzeit auch **fremde Inhalte teilen**, sei es Links zu Artikeln oder Blogbeiträgen anderer Anbieter oder auch direkt die Facebook-Posts anderer Seiten. Juristisch sieht die Situation so aus: Inhalte (z. B. Bilder oder Videos, aber auch Texte) kopieren, also herunterladen und selbst neu hochladen, dürfen Sie nicht. Inhalte via Share-Funktion teilen aber ist, außer bei offensichtlichsten Urheberrechtsverstößen des Seitenbetreibers, problemlos möglich. Durch regelmäßiges Teilen fremder, aber passender und wertvoller Inhalte (»Content Curation«) machen Sie sich die Arbeit leichter und werden gleichzeitig zu einer wichtigen Anlaufstelle für hochwertige Informationen.

Eine weitere Taktik, die Sie bei Facebook einsetzen können, ist das gelegentliche **Wiederholen von Posts**. Setzen Sie diese Technik vor allem (oder sogar ausschließlich) bei Links ein. Wenn Sie zum Beispiel selbst einen guten Blogbeitrag geschrieben oder einen tollen Artikel auf einer anderen Seite entdeckt haben, können Sie diesen Link teilen und dann zum Beispiel in drei Wochen noch einmal neu sharen, vielleicht mit einem anderen Text im Beitrag. Da längst nicht alle Nutzer den Link beim ersten Mal im Newsfeed gesehen haben, erhöht sich die Chance auf Klicks und Leser. Das Ganze können Sie nun in einigen Monaten noch mal wiederholen. Diese Technik nennt sich »**Reposting**« oder »**Republishing**« und funktioniert nicht nur auf Facebook, sondern vor allem auch auf Twitter – dort ist sie sogar in deutlich höherer Frequenz möglich.

Wenn Sie über eine andere Fanpage etwas schreiben (z. B. weil Sie einen Artikel einer Fachzeitschrift teilen oder etwas über ein Unternehmen schreiben, das ebenfalls eine Fanpage betreibt), **markieren** Sie diese Fanpage in Ihrem Beitrag (indem Sie ein @-Zeichen und dann den Namen der Fanpage schreiben, können Sie die Fanpage aus einer Dropdown-Liste auswählen und so markieren). Das hat drei Vorteile. Erstens erfährt die markierte Fanpage durch eine Benachrichtigung davon und kann sich zum Beispiel durch einen Like oder Kommentar revanchieren, was Ihre Reichweite deutlich steigern kann. Zweitens kann Ihr Beitrag, je nach Einstellung, auch auf der anderen Fanpage in den Nutzerbeiträgen erscheinen und so weitere Reichweite erlangen. Und drittens kann Facebook nun Ihren Beitrag auch bei Fans der markierten Fanpage im Newsfeed ausspielen. Alle drei Mechanismen können die Reichweite Ihres Posts steigern, ohne zusätzlichen Aufwand.

Ähnlich wie im Blog funktionieren auch auf Facebook regelmäßige **Content-Serien** sehr gut. Das kann zum Beispiel jede Woche ein Zitat der Woche, eine Zahl der Woche oder der Tipp der Woche sein. Die Inhalte müssen nicht unbedingt sehr umfangreich sein. Eine interessante Statistik in einer ansprechenden Grafik aufbereitet lässt sich leicht vorbereiten und als wöchentliche Reihe publizieren.

Abb. 28: Aufbereitete Statistik auf der Facebook-Seite von Cisco (Quelle: https://www. facebook.com/CiscoGermany/photos/a.220320461316193.70753.135395493142024/169202357 4145867/?type=3&permPage=1)

Eine gute Idee für eine regelmäßige Reihe könnten **Live-Q&As**, also Frage-und-Antwort-Stunden via Facebook Livestream sein. Dabei können Sie entweder vorab gesammelte Fragen Ihrer Fans in einem Livestream beantworten oder aber sogar direkt im Livestream auf die Fragen der Kommentierenden eingehen. Das erfordert ein relativ hohes Maß an Know-how und Selbstsicherheit, zeigt aber auch ein ungewöhnlich hohes Maß an Kundennähe und Kompetenz. Ein monatlicher Q&A-Stream könnte daher eine interessante Option für Ihre Facebook-Seite sein.

360-Grad-Inhalte gehören definitiv zu den großen Trends der letzten Monate. Facebook ist dafür maßgeblich mitverantwortlich, da alle 360-Grad-Bilder und Videos direkt im Newsfeed verarbeitet werden können, ohne dass man eine zusätzliche Stitching-Software benötigt. Experimentieren Sie gerne mit 360-Grad-Content, zum Beispiel Bilder aus Ihrem Ladenlokal, Videos von Veranstaltungen oder Panorama-Aufnahmen aus Ihrem Unternehmensumfeld.

> **! Tipp: 360-Grad-Inhalte ohne Spezialkamera**
>
> Facebook verarbeitet inzwischen auch die mit Smartphones erstellen Panorama-Aufnahmen als 360-Grad/VR-Aufnahmen, auch wenn es sich dabei nicht um »echte« 360-Grad-Bilder handelt. Die Betrachter können dann so weit nach rechts und link scrollen bzw. mit dem Smartphone das Bild steuern, wie die Aufnahme reicht. Damit kann also jeder interessante 360-Grad-ähnliche Aufnahmen erstellen, auch ohne eine richtige Kamera dafür zu besitzen.

Abb. 29: Geplantes Angebot als Beispiel (Quelle:Facebook)

Neben regulären Facebook-Posts können Sie auch **Angebote** platzieren. Diese werden wie Posts auf Ihrer Facebook-Seite erstellt und den Nutzern ausgespielt. Diese können bei Interesse das Angebot per Klick beanspruchen. Der Nutzer erhält dann eine E-Mail mit weiteren Informationen. Solche Angebote können entweder für Online-Inhalte (dann per Link zum Shop) generiert werden oder für Offline-Kanäle (dann muss der Kunde einen Ausdruck der E-Mail oder sein Handy vor Ort zeigen, um zu belegen, dass er das Angebot in Anspruch genommen hat).

Solche Angebote können, insbesondere in Kombination mit Facebook-Anzeigen, eine wertvolle Option für direkten Verkauf und Online-Offline-Verknüpfung darstellen. Wie alle Facebook-Posts können Angebote auch vorab erstellt und dann automatisch zu einem späteren Zeitpunkt veröffentlicht werden.

Facebook-Gewinnspiele gehören zu den beliebtesten Aktionen im Social-Media-Marketing und eignen sich nach wie vor gut dazu, die Zielgruppe zu aktivieren. Allerdings sollten Sie dabei zielgerichtet vorgehen. Es bringt Ihnen nichts, ein Smartphone zu verlosen oder einen Amazon-Gutschein – damit ziehen Sie zwar viele Teilnehmer an, aber eben überwiegend Gewinnspieljäger, die hinterher vermutlich nichts mehr vor Ihnen hören wollen. Der Preis bestimmt darüber, wer am Gewinnspiel teilnimmt. Verlosen Sie also zum Beispiel Einkaufsgutscheine für Ihren Online-Shop, einen exklusiven Platz bei der Werksführung mit schickem Abendessen, ein Produkt aus Ihrem Portfolio oder eine exklusive Dienstleistung. So werden Sie zwar weniger Teilnehmer und weniger Interaktionen generieren, aber dafür mit höherer Wahrscheinlichkeit die richtigen.

Gewinnspiele können Sie auf **mehrere Arten** durchführen:
- extern im Blog oder auf der Website (in diesem Fall wird das Gewinnspiel nur auf Facebook promotet),
- auf einem speziellen Tab auf Ihrer Fanpage oder
- direkt auf Ihrer Timeline.

Die meisten Unternehmen wählen mittlerweile Option 1 oder 3, da die Tabs extrem an Bedeutung verloren haben. Sie sind auf mobilen Endgeräten bzw. in der Facebook-App nicht direkt aufrufbar und daher für die meisten Nutzer unsichtbar. Wenn Sie mit dem Gewinnspiel nicht nur Reichweite, sondern auch Adressdaten generieren wollen, müssen Sie dennoch auf solch einen Tab oder eben eine entsprechende Landingpage außerhalb von Facebook zurückgreifen. Wichtig ist daher, zu Beginn das Ziel zu definieren und dann die passende Gewinnspielform auszuwählen.

Laut **Facebookregeln** dürfen Sie für das Gewinnspiel auf Ihrer Timeline bestimmte Mechanismen einsetzen, andere hingegen nicht. Erlaubt sind die Teilnahme durch Liken, Kommentieren, Nachricht an Ihre Fanpage senden oder Posten auf Ihrer Fanpage. Nicht erlaubt sind dagegen die Teilnahme per Share, Markieren anderer Nutzer oder das Absetzen eigener Posts auf der eigenen Timeline. Regelverstöße kann Facebook mit unterschiedlichen Maßnahmen wie Löschen des Beitrags oder Sperren der Fanpage ahnden (tut dies aber leider relativ selten).

Einfache »Like, um zu gewinnen«-Gewinnspiele sind mittlerweile ziemlich abgedroschen und auch vom Facebook-Algorithmus nicht allzu gern gesehen. Lassen Sie sich etwas **Kreativeres** einfallen. Das Beispiel der Telekom in Abb. 13 zeigt sehr gut, wie ein kreatives und erfolgreiches Gewinnspiel auf Facebook aussehen kann.

Neben den Facebook-Regeln gelten vor allem auch die Regeln des **Wettbewerbsrechts** für Ihr Gewinnspiel. Allen voran benötigen Sie rechtssichere Teilnahmebedingungen, in denen unter anderem ein Endzeitpunkt, der Gewinn, die Art der Gewinnermittlung, der Teilnehmerkreis, die Art der Gewinnbenachrichtigung usw. definiert sein müssen. Hier droht bei Verstoß eine Abmahnung, weshalb es sich lohnt, diese Vorgaben genau zu beachten.

Ihre Facebook-Fanpage verfügt über umfangreiche Statistiken. Wie bereits angesprochen, können Sie in den »**Insights**« sehr viel über die Performance, das Wachstum und die Nutzer Ihrer Seite herausfinden. Werfen Sie auf jeden Fall regelmäßig einen Blick in diese Statistiken.

c) Facebook-Anzeigen

Bisher war alles, was wir besprochen haben, kostenlos. Dafür »unterwerfen« Sie sich aber auch dem Facebook-Algorithmus und haben wenig Kontrolle darüber, wie die Reichweite ausfällt und wer genau Ihre Beiträge ausgespielt bekommt. Unternehmen, die Facebook-Marketing ernst nehmen, kommen jedoch um das Schalten von **Facebook-Anzeigen** nicht mehr herum.

Facebook-Ads lassen sich für verschiedene Zielsetzungen schalten: Generieren neuer Fans, Erhöhung der Reichweite einzelner Facebook-Posts, Traffic für die Website, Promotion von Angeboten oder Events auf Facebook, Generierung von Leads oder verschiedene weitere Ziele schalten. Das Einbuchen von Anzeigen erfolgt im Self-Service-Verfahren, eine Agentur ist dafür also nicht zwingend notwendig. Die Möglichkeiten sind jedoch mittlerweile so vielfältig und werden so regelmäßig erweitert, dass es für Unternehmen oft schwierig ist, auf dem Laufenden zu bleiben und die Optionen auszuschöpfen. Eine gelegentliche strategische und operative Beratung ist daher unbedingt zu empfehlen, wenn die Anzeigen komplett inhouse erstellt werden sollen.

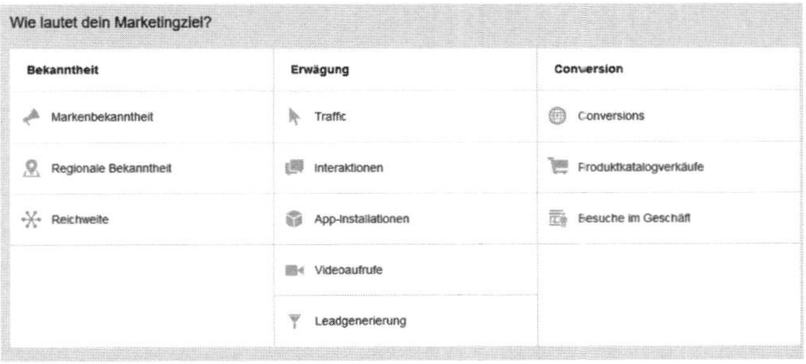

Wie lautet dein Marketingziel?		
Bekanntheit	**Erwägung**	**Conversion**
Markenbekanntheit	Traffic	Conversions
Regionale Bekanntheit	Interaktionen	Produktkatalogverkäufe
Reichweite	App-Installationen	Besuche im Geschäft
	Videoaufrufe	
	Leadgenerierung	

Abb. 30: Oberkategorien der Facebook-Anzeigenziele
(Quelle: https://www.facebook.com/ads/manager/creation/)

Wählen Sie für Ihre Anzeigenkampagne das passende **Ziel**. Facebook spielt dann die Anzeige vor allem an Personen aus, die am wahrscheinlichsten das Ziel erfüllen (z.B. sind die Anzeigen für Traffic und Conversions optisch relativ ähnlich, werden aber an andere Personen ausgespielt, basierend auf ihrem Verhalten auf Facebook und verbundenen Websites).

Die **Zielgruppe** Ihrer Anzeigenkampagne können Sie sehr spezifisch festlegen, zum Beispiel nach demografischen Kriterien wie Alter, Geschlecht und Wohnort, aber auch nach vielen weiteren Angaben wie Beziehungsstatus, Kinder, Interessen, Technologienutzung usw. Zu klein sollte die Zielgruppe dabei nicht werden, sonst werden die Anzeigen eventuell nicht ausgespielt. Facebook zeigt Ihnen zu jedem Zeitpunkt an, wie groß die gewählte Zielgruppe ist und ob Sie sie verfeinern oder wieder erweitern sollten.

Besonders wichtig sind die fortgeschrittenen Methoden des Targeting, namentlich die **Custom Audiences und Lookalike Audiences.** Unter dem Begriff Custom Audiences fasst Facebook speziell zugeschnittene Zielgruppen zusammen. Zum Beispiel können Sie (was in Deutschland allerdings rechtlich schwierig ist) Kundendaten in das Anzeigensystem laden. Facebook prüft dann, ob mit diesen Daten (z.B. E-Mail oder Handynummer) Accounts verknüpft sind und spielt nur diesen Accounts die Werbung aus. Auch Retargeting ist bei Facebook möglich. Mit den Website Custom Audiences werden dann nur ehemalige Website-Besucher targetiert. Lookalike Audiences basieren auf Custom Audiences oder anderen Zielgruppen (z.B. Ihren Facebook-Fans oder Personen, die ein Video angeschaut haben). Facebook generiert aus diesen Personen eine größere Gruppe, die der eigentlichen Gruppe sehr stark ähnelt, und spielt dieser dann ebenfalls die Werbung aus (mit sehr guten Ergebnissen).

Je nach **Anzeigentyp** können Sie die Werbung bei Facebook selbst, aber auch auf Instagram oder im Facebook-Werbenetzwerk ausspielen. Auch hier kommen regelmäßig neue Werbeplatzierungen hinzu, zuletzt zum Beispiel innerhalb von Facebook Videos oder Instagram Stories.

Geben Sie sich bei der **Anzeigengestaltung** besondere Mühe. Vom Aussehen der Anzeige hängt entscheidend ab, ob die Kampagne ein Erfolg wird oder nicht. Je nach Anzeigentyp können Sie für die Anzeige ein Bild oder mehrere, ein Video oder verschiedene andere Elemente als Visual verwenden. Testen Sie hier am besten aus, worauf Ihre Zielgruppe am meisten anspricht. Meist verlieren Anzeigen mit zunehmender Laufzeit auch an Wirkung, weil sie von allen Zielpersonen bereits mehrfach gesehen wurden. Ab und zu sollten Sie daher die Anzeigen austauschen.

Für **Bilder** bei Facebook-Anzeigen gilt die Regel: Die Bildfläche sollte nicht mehr als 20% Text enthalten. Früher wurden die Anzeigen sonst gar nicht erst geschaltet, mittlerweile gilt die Regel, dass mehr Text im Bild zu einer geringeren Ausspielung der Anzeige oder sogar zu einem kompletten Stopp führt. Halten Sie sich also an diese Regel. Google liefert Ihnen bei einer Suche nach »Grid Tool« verschiedene Anbieter, bei denen Sie kostenlos prüfen können, wie viel Fläche in Ihren Anzeigenbildern von Text bedeckt ist.

! **Tipp: Die 20%-Regel**

Die Regel, dass Anzeigenbilder bei Facebook-Werbung nicht mehr als 20% Text enthalten dürfen, gilt übrigens auch für die Vorschaubilder von Blogbeiträgen oder sonstigen Links, wenn diese Links auf Facebook geteilt und der Share-Post dann als Anzeige gepusht werden soll. Achten Sie also schon beim Erstellen oder Beauftragen dieser Grafiken darauf, dass sie die Textgrenze einhalten und so eventuell später als Ad beworben werden können.

Es ist vorab kaum zu sagen, was eine Anzeige kosten wird. In jedem Fall können Sie die Ausgaben aber über ein Tages- oder Laufzeitbudget deckeln, das niemals überschritten wird. Für das richtige **Bild-Management** ist etwas

Erfahrung notwendig. Entweder Sie eignen sich hier eigenes Know-how an oder Sie lagern das an einen Dienstleister aus.

Testen Sie gern verschiedene Anzeigenformate gegeneinander. Manchmal ist im Vorhinein schwer zu sagen, welches Format, welcher Inhalt und welche Platzierung im konkreten Fall am besten ankommt. Durch konsequentes Testing erzielen Sie günstigere Klicks und höhere Reichweiten.

Mithilfe von **Regeln** können Sie mittlerweile auch die Anzeigenauslieferung stark automatisieren, zum Beispiel Anzeigen abschalten, wenn eine bestimmte Klickrate unterschritten wird, oder sich eine E-Mail zuschicken lassen, wenn der Klickpreis ansteigt. Facebook baut diese Möglichkeiten ständig aus, so dass sich ein gelegentlicher Blick in die Anzeigenoptionen und -regeln lohnt, um keine Entwicklung zu verpassen.

Um Facebook als Marketingkanal kommen Sie in den meisten Fällen nicht herum. Zu vielfältig sind die Möglichkeiten und zu groß die Reichweite. Sehen Sie Facebook primär als bezahlten Kanal und nehmen Sie die kostenlose Reichweite als »Sahnehäubchen« mit, so werden Sie mit Facebook auch dann noch Spaß haben, wenn wieder alle über sinkende organische Reichweiten jammern (was regelmäßig passiert).

2.6.3 Twitter für kleine Unternehmen

Twitter gehört zu den prototypischen Social-Media-Kanälen. Viele Menschen denken bei dem Begriff »Social Media« automatisch an Twitter und berühmte Akteure wie Donald Trump oder Barack Obama verleihen dem Kanal eine gewissen Wichtigkeit. In den Medien wird Twitter regelmäßig als Quelle zitiert, was die wahrgenommene Bedeutung extrem steigert.

Im Marketing kleinerer Unternehmen spielt Twitter dagegen eine deutlich geringere Rolle, zumindest in wenig tech- und medienaffinen Branchen. Die folgenden Tipps sollen Ihnen die Möglichkeiten aufzeigen und Ihnen helfen, das Maximum aus Twitter herauszuholen. Priorität A wird der Kanal bei den meisten Unternehmen jedoch nicht haben.

! **Tipp: Minimale Nutzung von Twitter**

In manchen Fällen kann es besser sein, Twitter als »Zweitverwertungskanal« zu nutzen, anstatt gar nicht auf Twitter aktiv zu sein. Natürlich wäre es am besten, eine konsequente Twitter-Strategie zu verfolgen und sich auf den Kanal einzustellen. Bevor sie ihn aber komplett links liegen lassen, können Sie ihn zumindest zum Weiterleiten von Posts aus anderen Social Networks nutzen. Von Facebook, LinkedIn, XING und YouTube können Sie beispielsweise automatisch alle Posts auch auf Twitter veröffentlichen. Gleiches lässt sich im Blog einstellen. So wird Ihr Twitter-Kanal immer dann gepflegt, wenn Sie in den anderen Netzwerken etwas veröffentlichen. So bespielen Sie Twitter komplett ohne zusätzlichen Aufwand. Zwar auch mit weniger Ergebnissen, als möglich wären, aber immerhin haben Sie die Chance auf etwas Reichweite und Engagement.

Übrigens kann dieses Zweitposten auch bei aktiveren Twitter-Nutzern sinnvoll sein. In diesen Fällen sind die weitergereichten Posts aus den anderen Social Networks nur ein Bestandteil des Content-Mixes, die die eigentlichen Tweets ergänzen.

a) Twitter einrichten

Überlegen Sie sich auch hier, für welches **Ziel** Sie den Kanal einsetzen. Wollen Sie Traffic generieren? Kundenservice anbieten? Mit Multiplikatoren in Kontakt treten? Neue Zielgruppen erschließen? Ihre Pressearbeit unterstützen? Vieles ist möglich. Insbesondere im Bereich Pressearbeit hat sich Twitter bewährt, auch in Branchen, in denen Endkunden Twitter so gut wie nicht nutzen – Journalisten sind dort immer anzutreffen.

Im Gegensatz zu Facebook gibt es keine speziellen Unternehmensaccounts. Sie müssen für Ihr Unternehmen einen ganz normalen **Twitter-Account** anlegen. Befüllen Sie den Kanal mit Profil- und Headerbild sowie den wichtigsten Angaben im Profil. Auch hier ist ein Link zum Impressum unerlässlich. Viel mehr Gestaltungsmöglichkeiten haben Sie jedoch nicht.

Eine große Rolle kommt dem **Twitter-Namen** (»Handle«) zu, den Sie auswählen. Er wird später das Wiedererkennungsmerkmal Nr. 1 sein, von anderen Nutzern zum Erwähnen Ihres Kanals benutzt oder in Printmaterialien verwendet. Wählen Sie also einen Namen, der sofort erkennbar Ihr Unternehmen beschreibt und unverwechselbar ist. Viele Namen werden bereits besetzt sein, manchmal braucht man etwas Kreativität, um noch einen passenden freien Namen zu finden, der die genannten Kriterien erfüllt. Sonderzeichen sind im Namen leider nicht erlaubt.

Ähnlich wie bei Facebook gibt es bei Twitter einen **blauen Haken** für das Profil. Dieser Haken wird aber noch selektiver vergeben als der blaue Haken bei Facebook, und zwar nur an große, bekannte Marken und bekannte Persönlichkeiten. Auf einen solchen Haken zu hoffen, bringt wenig – zum Glück ist der Haken für erfolgreiches Twitter-Marketing aber auch nicht nötig.

b) Twitter bespielen

Bei Twitter sollten Sie regelmäßig aktiv sein. Idealerweise schicken Sie mehrere Tweets pro Tag ab, um im Newsfeed überhaupt signifikant aufzufallen. Vieles davon kann aber automatisiert werden. Hierfür eignen sich Tools wie Buffer (www.buffer.com) oder Hootsuite (www.hootsuite.com). Im Gegensatz zu Facebook bietet Twitter nicht die Möglichkeit an, Tweets vorauszuplanen, hierfür müssen dann Dritttools eingesetzt werden.

Reposting ist bei Twitter grundsätzlich wichtig. Einen einzigen Link können Sie alle paar Tage oder im Wochenrhythmus wiederholt twittern. Häufig nutzen Unternehmen ein Verhältnis aus einem Viertel neuer oder einmaliger Tweets und Dreiviertel gelegentlich oder regelmäßig wiederholter Inhalte. Der Newsfeed bei Twitter ist hart umkämpft, zu wenig zu posten ist hier eindeutig schädlicher als zu viel.

Twittern Sie **Bilder**. Bilder nehmen im Newsfeed im Vergleich zu reinen Text- oder Linktweets sehr viel Platz ein und haben das Potenzial, deutlich mehr aufzufallen und so mehr Interaktionen und Klicks zu generieren. Verwenden Sie häufig Bilder, seien es Fotos oder Grafiken, in Ihren Tweets, auch wenn Sie zum Beispiel einen Link posten.

Ähnliches wie für Bilder gilt auch für **Videos**. Sie können Videos direkt bei Twitter hochladen, um eine höhere Aufmerksamkeit zu erzeugen. Die Videos können dann sofort dort bei Twitter angesehen werden.

Livestreams sind auch bei Twitter möglich, entweder direkt über Twitter oder indirekt über die App Periscope, die von Twitter aufgekauft wurde. Manche Unternehmen machen mit Livestreams bei Twitter gute Erfahrungen, vor allem wenn die Presse zur Zielgruppe gehört (z. B. bei Pressekonferenzen, die via Twitter gestreamed werden). Endkundenorientierte Unternehmen dürften mit Livestreams bei Facebook oder YouTube bessere Erfahrungen machen. Möglich wäre es aber natürlich, ein Ereignis auch gleichzeitig auf mehreren Kanälen zu streamen.

Abb. 31: Pressekonferenz live auf Twitter (Quelle: https://twitter.com/ bpb_de/status/841587534861860864)

Wenn Sie Twitter als Kommunikationskanal ernst nehmen, sollten Sie sich auch mit den Twitter-Funktionen vertraut machen. Grundsätzlich haben sich die Funktionen stark an die von Facebook angeglichen: Es gibt einen Like (in Herzform), einen Share (Retweet), Sie können auf Tweets antworten oder andere Accounts in Ihren Tweets markieren (mit vorangestelltem @-Zeichen). Immer, wenn Sie mit einem Account interagieren, wird dieser in seinen Benachrichtigungen darüber informiert. So steigt die Chance, dass der andere Account von Ihnen erfährt und vielleicht sogar Ihren Tweet liked, retweeted oder Ihnen sogar folgt. Je interaktiver Sie sich zeigen, desto mehr Spaß werden Sie auf Twitter auch haben.

Hashtags spielen bei Twitter eine große Rolle. Verwenden Sie pro Tweet ein bis drei Hashtags (mehr ist zwar möglich, wirkt aber schnell etwas spammig). Wie Sie Hashtags sinnvoll einsetzen, wurde oben bereits dargestellt.

Eine viel zu wenig genutzte Twitter-Funktion sind die **Listen**. Sie können andere Nutzer zu Ihren Listen hinzufügen und sich so neue Newsfeeds mit ausgewählten Accounts erschaffen. Das erleichtert es, über bestimmte Themen oder Nutzergruppen auf dem Laufenden zu bleiben, und bringt Ordnung in den oft sehr unübersichtlichen allgemeinen Newsfeed. Angenehmer Nebeneffekt: Auch über das Hinzugefügtwerden zu einer Liste wird ein Account informiert. Häufig folgen Nutzer den Accounts, die sie zu einer Liste hinzugefügt haben. Manche Twitter-Profis setzen schmeichelhaft bezeichnete

Listennamen (z. B. »Medizintechnik-Profis – folgenswert«) gezielt als Strategie zur Followergenerierung ein.

Tipp: Versteckte Listen !

Listen müssen nicht öffentlich sichtbar sein, sondern können auch versteckt angelegt werden. In diesem Fall ist die Liste für niemanden außer für Sie sichtbar. Nicht einmal der zur Liste Hinzugefügte erfährt davon. Solche versteckten Listen (in Ihrem Account zu erkennen an dem Schloss-Symbol) eignen sich daher ideal zur Konkurrenzbeobachtung, ohne dass diese davon erfährt. Ein Folgen des zu beobachtenden Accounts ist dank versteckten Listen nicht nötig.

c) Statistiken und Anzeigen

Ähnlich wie bei Facebook gibt es auch bei Twitter Statistiken zum Account. Unter https://analytics.twitter.com sehen Sie zum Beispiel, wie gut Ihre Tweets performt haben, wie die Reichweite Ihrer Tweets ausgefallen ist und welche Tweets am besten abgeschnitten haben. Die Analysen gehen aber auch noch tiefer ins Detail, zum Beispiel mit einigen Daten über Ihre Follower (Geschlecht, Interessenkategorien, verwendete Technologie). Auch Conversion Tracking ist über die Twitter Analytics möglich.

Bei Twitter können Sie, ähnlich wie bei Facebook, auch **Anzeigen** schalten. Auch hier findet die Buchung im Self-Service-Verfahren statt. Ähnlich sind auch die Möglichkeiten der Zielgruppenauswahl, inklusive Retargeting-Optionen und speziell zugeschnittenen Zielgruppen. Leider gilt auch hier das Gesagte: Die Reichweite und Erfolgschancen sind deutlich geringer als bei Facebook. Da aber die Kosten auf Klickbasis berechnet werden können, fällt das Risiko gering aus, so dass Twitter Ads durchaus als Ergänzung im Social-Media-Mix herangezogen werden können.

Eine besondere »Gattung« der beruflichen Twitter-Nutzer sind **twitternde Führungskräfte und CEOs**. Sie verleihen dem Unternehmen auch auf diesem Kanal ein Gesicht, können die Kundennähe sowie Sympathiewerte steigern und außerdem zur Positionierung als Meinungsführer beitragen. In Deutschland finden sich verhältnismäßig wenige CXOs bei Twitter. Eine kleine Auswahl habe ich in Tabelle 4 zusammengestellt, eine längere Liste finden Sie bei Twitter unter https://twitter.com/beilharz/lists/twitternde-executives-de.

Name	Position	Twitter-Account
Roland Bent	VP of Marketing and Development, Phoenix Contact	@RolandBent
Thomas Rabe	Vorstandsvorsitzender und CEO, Bertelsmann	@ThomasRabe
Roland Chalons-Browne	CEO, Siemens SFS	@ChalonsB
Oliver Tuszik	VP, Cisco Germany	@Tuszik
Nina Rieke	Chief Strategy Officer, DDB Germany	@ninarieke
Bruno Jacobfeuerborn	CTO, Deutsche Funkturm	@bjacobfeuerborn
Gero Niemeyer	GF Kundenservice, Deutsche Telekom	@GeroNiemeyer
Thomas de Buhr	CEO, Twitter Deutschland	@tdb
Jochen Eickholt	CEO, Siemens Mobilty	@eickholtjo
Tanit Koch	Chefredakteurin, BILD	@tanit

Tab. 4: Twitternde Führungskräfte in Deutschland (Quelle: Felix Beilharz)

Leider hat Twitter mit Instagram ein gemeinsames Problem: den relativ hohen Anteil an **Spam**. Es gibt eine unendliche Liste an Dienstleistern und Tools, die mehr Follower versprechen. In der Regel läuft das so ab, dass man über das Tool willkürlich oder durch bestimmte Kriterien ausgewählten Accounts folgt, in der Hoffnung, dass viele zurückfolgen. Zu erkennen ist dies an einem ungewöhnlichen Follower-Following-Verhältnis. In der Praxis generiert man so zwar viele Follower, aber nur selten die richtigen. Denn die neuen Follower hoffen meist selbst nur auf ein Zurückfolgen. Und durch die hohe notwendige Anzahl an Followings macht man sich jegliche Nutzbarkeit des Newsfeeds zunichte. Ich rate von solchen spammigen oder automatisierten Strategien strikt ab, auch wenn sie von den Anbietern mit blumigen Worten und großen Versprechungen beworben werden.

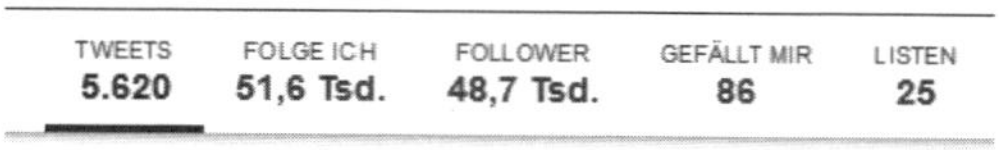

	TWEETS	FOLGE ICH	FOLLOWER	GEFÄLLT MIR	LISTEN
	5.620	**51,6 Tsd.**	**48,7 Tsd.**	**86**	**25**

Abb. 32: Viele Follower, aber auch noch mehr Followings deuten auf den Einsatz von Spam-Tools hin (Quelle: Twitter.com)

Tipp: Follower gewinnen **!**

Follower auf Twitter gewinnen Sie vor allem durch Interaktion mit anderen Accounts und durch gute Inhalte. Die folgende Sammlung soll Ihnen einige Ideen liefern, wie Sie zu mehr relevanten Followern kommen können.

- **Folgen:** Grundsätzlich gibt es immer die Möglichkeit, interessanten Twitterern zu folgen. Viele davon werden auch zurückfolgen. Das ist nur bis zu einem gewissen Grad möglich (da sonst die Zahl der Freunde die der Follower deutlich übersteigt, was einen unseriösen Eindruck macht), aber auf jeden Fall eine der ersten Maßnahmen, die man im Regelfall zur Followergenerierung trifft.

- **Nutzer erwähnen:** durch Anschreiben mit @username werden Nutzer auf den eigenen Account aufmerksam. Manche davon werden dann dem erwähnenden Account auch folgen.

- **Hashtags verwenden:** Verwenden Sie in Ihren Tweets, wann immer möglich, Hashtags (#), selbst definierte und vor allem auch Tags, die gerade häufig besprochen werden.

- **Retweeten:** Gleiches gilt für das Retweeten. Jeder (gute) Retweet freut nicht nur die eigenen Follower, sondern erhöht auch die Chance auf neue Abonnenten.

- **Teilnahme an Diskussionen:** Wenn bei Twitter eine Diskussion zu einem relevanten Thema abläuft, kann es sich durchaus lohnen, sich einzumischen. Auf jeden Fall werden Sie wahrgenommen, und wenn Ihre Statements auch noch werthaltig und interessant sind, generieren Sie dadurch bestimmt neue Follower.

- **Teilnahme an Trend-Themen:** Aktuelle Tagesthemen sowie »Twitter-Memes« (wie zum Beispiel #ThingsToDoBeforeIDie) werden oft von Tausenden von Twitter-Nutzern diskutiert und beobachtet. Schalten Sie sich, wo es passt, in die Trends ein. Das gibt Ihnen die Chancen, von vielen Nutzern wahrgenommen zu werden und neue Follower zu gewinnen.

- **Sonstige Online-Marketing-Maßnahmen:** Auch bei Twitter gilt: Binden Sie den Kanal in Ihre sonstigen Aktivitäten mit ein. Erwähnen Sie den Kanal auf Printmaterialien, auf Ihrer Website, auf Veranstaltungen usw.

- **Twitter Ads:** Die bereits angesprochenen Twitter-Anzeigen führen oft schnell zu signifikanten Anstiegen der Followerzahlen. Wenn man das Targeting richtig einstellt, erreicht man auch die richtigen Nutzer, so dass sich Ads durchaus lohnen können.

Twitter kann eine mehr oder weniger große Rolle in Ihrem Marketingmix spielen. Definieren Sie Ihre Ziele und prüfen Sie, inwiefern sich Twitter dafür einsetzen lässt.

2.6.4 YouTube für kleine Unternehmen

YouTube gehört zu den Social-Media-Kanälen, die in vielen Aufzählungen nicht enthalten sind, weil es sich um kein klassisches Social Network, sondern eine Content-Publishing-Plattform bzw. ein Content-Archiv handelt. Trotzdem ist die Nutzung des Kanals beeindruckend. Google hat beim Kauf von YouTube 2006 eine goldene Nase bewiesen. YouTube hat sich zum größten Videokanal der Welt, zur zweitgrößten Suchmaschine der Welt und generell zu einer der größten Social-Media-Plattformen der Welt entwickelt.

Für Sie als Unternehmen bietet YouTube zahlreiche Chancen. Gutes YouTube-Marketing erschöpft sich jedoch nicht darin, Ihre Werbe- und Imagefilme auf YouTube hochzuladen. Das kann durchaus eine sinnvolle Maßnahme sein, aber YouTube-Marketing ist viel mehr. Im Kern geht es vor allem darum, Videos speziell für den Kanal und unter Berücksichtigung der Eigenheiten und Erfolgsfaktoren des Kanals zu erstellen. Welche das sind, erfahren Sie in den folgenden Tipps.

a) Video-Arten auf YouTube
Auf YouTube werden Sie eine ganze Reihe verschiedener Video-Typen finden, die sich für das Marketing eignen. Die wichtigsten sind:

Erklärvideos: Diese animierten Filme, die ein Thema durch Zeichnungen oder Verschieben von grafischen Elementen erklären, waren in den letzten Jahren stark in Mode. Ganze Firmen haben sich auf die Erstellung solcher Filme spezialisiert. Für komplexe Themen sind sie durchaus geeignet und sie lassen sich verhältnismäßig kostengünstig erstellen (zumindest im Vergleich zu einem klassischen Imagefilm).

Abb. 33: Erklärvideo mit Zeichnungen (Quelle: https://www.youtube.com/watch?v=kzgbP1qjlkY)

Tutorials: Tutorials erklären, ähnlich wie die Erklärvideos, ein bestimmtes Thema. Meist steht dabei jemand vor der Kamera, manchmal sind auch nur Hände zu sehen oder Menschen bei der Arbeit. Solche Tutorials gibt es für alle denkbaren Themen, vor allem im Do-it-yourself-Bereich (DIY).

Abb. 34: Erklärvideo von Hornbach (Quelle: Hornbach)

Produktvideos: Bei Unternehmen sind naturgemäß Produktvideos beliebt, da sie einen deutlicheren Verkaufsfokus haben. Hierbei ist allerdings zu beachten (wie im bereits vorgestellten Content-Schichten-Modell erklärt), dass diese Videos nur für Personen relevant sind, die sich bereits für das Produkt interessieren bzw. wenn bereits ein genereller Bedarf vorhanden ist. Produktvideos können also unbedingt zu Ihrem Video-Mix gehören, schöpfen alleine aber die Möglichkeiten von YouTube nicht aus.

Abb. 35: Produktvideo des Zubehöranbieters für Fotografen enjoy your camera (Quelle: https://www.youtube.com/watch?v=hdZVn83kv1I)

Virals: Der Wunsch der meisten Marketer ist ein viraler Hit. Ein Video, dass durch die Decke geht und mit geringen Kosten enorme Reichweiten erzielt. Dazu ist leider zu sagen: Viralität lässt sich weder planen noch garantieren. Zum Erzeugen eines viralen Erfolgs ist sehr viel Know-how, Erfahrung und trotz allem ein signifikantes Budget nötig, oder einfach eine große Menge Glück (und selbst bei der ersten Variante ist immer auch Glück nötig). Ich rate Ihnen, nicht auf einen viralen Hit zu hoffen. Falls Sie es doch probieren möchten: Virale Videos triggern starke Emotionen, sind entweder besonders verblüffend, lustig, traurig, schockierend oder sonst wie ungewöhnlich. Sie werden zum richtigen Moment veröffentlicht und von den richtigen Multiplikatoren verbreitet (meist gegen Bezahlung). Sie werden meist mit bezahlter Werbung angestoßen oder begleitet und durch Pressearbeit intensiviert. Und trotzdem ist Viralität ein seltenes Phänomen.

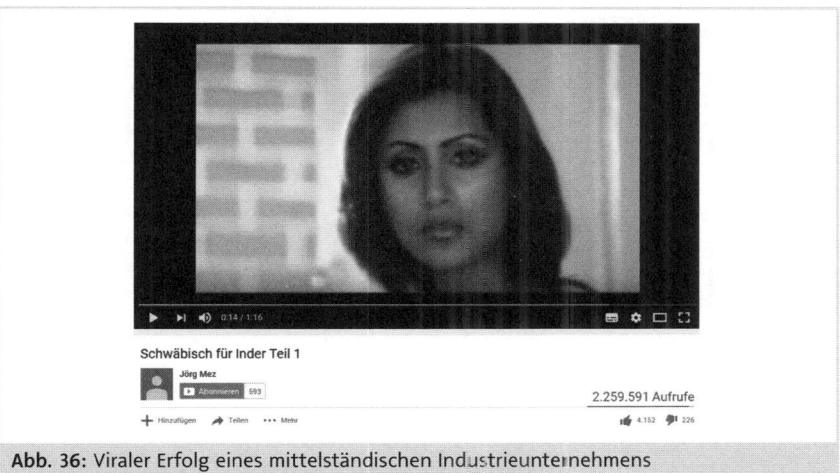

Abb. 36: Viraler Erfolg eines mittelständischen Industrieunternehmens
(Quelle: https://www.youtube.com/watch?v=yj5_pSwJ0Ao)

Frontalvideos: Viele Unternehmen nutzen Videos, bei denen einfach eine Person vor der Kamera steht und über ein Thema spricht. Dieses Prinzip kann in den unterschiedlichsten Ausprägungen und Inhalten auftreten. Angefangen von einer Art Nachrichtensendung über die bereits angesprochenen Tutorials oder Storytelling-Ansätzen bis hin zu dem Beantworten von Zuschauerfragen und vieles mehr. Auch Interviewformate mit mehreren Personen fallen in diese Kategorie. Da der Aufwand, solche Videos zu erstellen, recht gering ist, eignen sie sich ideal für kleinere Unternehmen. Etwas Know-how über YouTube, ein grundlegendes Equipment und ein bisschen Zeit für die Videoerstellung und -bearbeitung reichen aus, um ansprechende Videos zu machen.

Abb. 37: Frontalvideo zum Thema IT-Sicherheit
(Quelle: https://www.youtube.com/watch?v=yDFk7zRvxG0)

Besondere Formate der YouTube-Szene: Unter den YouTubern haben sich noch eine ganze Reihe weiterer Formate etabliert, die bei kleinen Unternehmen eher selten eingesetzt werden (Ausnahmen gibt es jedoch überall). Für Außenstehende wirken viele der Formate erst einmal befremdlich, auf die Zuschauer üben sie jedoch einen enormen Reiz aus. Bei einem **»Haul«** zeigen YouTuber/innen, was Sie beim letzten Einkauf ergattert haben. Vor allem Drogeriemärkte unterstützen die Mädels und Jungs dabei, da Hauls große Reichweite und hohen Kaufentscheidungseinfluss bewirken. Bei einem **»Whats In My Bag«** zeigen weibliche YouTuber den Inhalt ihrer Handtaschen. **»Let's Play«**-Videos sind überwiegend (wenn auch nicht ausschließlich) männlich besetzt – es geht um das Mitschneiden von Videospielsequenzen. Der »Let's Play«-Markt ist ein enormes Geschäft, sowohl für die Spieler/YouTuber als auch für Spieleunternehmen, die von positiven Reviews profitieren. **ASMR** steht für Autonomous Sensory Meridian Response. Dabei handelt es sich um Videos, bei denen leise Geräusche wie Flüstern, Kratzen, Schleifen usw. aufgenommen werden, da sich beim Anhören oft wohlige Gefühle einstellen. Hornbach hat diesen Trend erkannt und zahlreiche ASMR-Videos mit Produkten wie Pflanzensamen, Teichfolie oder Nägeln erstellt (suchen Sie bei YouTube nach »ASMR Hornbach«, es lohnt sich). Bei **Unboxing**-Videos steht das Auspacken von Produkten im Mittelpunkt, zum Beispiel Turnschuhe oder neue Technik-Gadgets. **Challenges** und **Pranks** sind meist lustige Formate, bei denen die YouTuber eine Herausforderung bestehen (oder bei Nicht-bestehen eine vorher definierte Strafe erdulden) müssen oder sich gegen-seitig mehr oder weniger fiese Streiche spielen. Eines der klassischen For-mate bei YouTube sind Vlogs (kurz für Video-Blogs) bei denen die YouTuber einfach frei über Themen oder Erlebnisse sprechen. Die Ministerpräsidentin des Landes Nordrhein-Westfalen Hannelore Kraft hat 2016 ebenfalls eine Zeit lang gevloggt, das Projekt wurde aber wieder eingestellt.

b) YouTube-Kanal einrichten

Auch bei YouTube müssen Sie einen **Kanal** anlegen (Unterschiede zwischen privaten und Business-Kanälen gibt es wie bei Twitter nicht). Dieser Kanal ist Ihr öffentlicher Auftritt und kann mit Profil- und Headerbild, Beschreibungs-texten und Links zur Website bestückt werden. Vergessen Sie auch hier den Link zum Impressum nicht.

Sie haben die Möglichkeit, Nicht-Abonnenten mit einem **Willkommensvideo** auf Ihrem Kanal zu begrüßen. Stellen Sie Ihren Kanal und/oder sich selbst in einem kurzen Clip (max. eine Minute) vor und erklären Sie, warum es sich lohnt, ihn zu abonnieren. Wiederkehrenden Besuchern, die bereits abon-niert haben, können Sie ein anderes Video auf der Kanalstartseite auslie-fern, zum Beispiel immer das aktuellste Video.

Zu Beginn können Sie auf jeden Fall Ihre bereits vorhandenen Videos (z.B. Produktpräsentationen, mitgefilmte Vorträge, Kundentestimonials usw.) hochladen, sofern diese für die Öffentlichkeit geeignet oder bestimmt sind.

Für jedes Video sowie für den Kanal als Ganzes stehen **YouTube-Analytics** zur Verfügung. Darin erhalten Sie zahlreiche Statistiken zu Ihren Videos und den Zuschauern. Dort nicht regelmäßig reinzuschauen, ist einer der häufigs-ten Fehler im YouTube-Marketing.

c) Videos erstellen

In der Regel werden Sie Videos mit einer speziellen Software erstellen, so-fern Sie das selbst in die Hand nehmen. YouTuber nutzen meist iMovie (Mac), Camtasia oder Magix Video Deluxe. Allerdings hat YouTube auch eine eigene Be-arbeitungssoftware, den **YouTube-Editor** (https://www.youtube.com/editor), mit dem Sie Videos schneiden, zusammenfügen und bearbeiten können. Im Editor lassen sich auch Übergangseffekte, Titel/Bauchbinden und sogar Hintergrundmusik einfügen, so dass am Ende ein vollwertig produziertes Video entsteht, dass Sie zwar nicht exportieren, aber problemlos bei YouTube nutzen können.

YouTube ist die zweitgrößte **Suchmaschine** der Welt. Es lohnt sich also, Videos zu erstellen, die gezielt auf Suchanfragen reagieren. Um das auszuwerten, können Sie Google Trends für YouTube verwenden (https://trends.google.de/trends/explore?gprop=youtube). Dort zeigt Google Ihnen das Suchvolumen Ihrer Suchbegriffe sowie verwandte Keywords an. So sehen Sie schnell und übersichtlich, welche Themen bei YouTube aktiv gesucht werden und wo es sich lohnen könnte, ein Video zu erstellen.

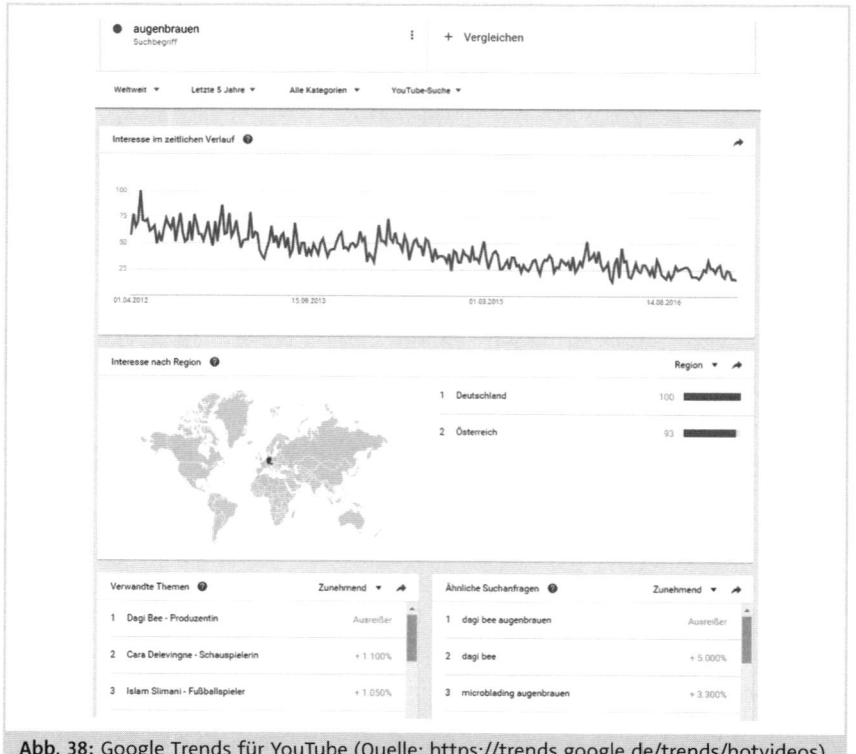

Abb. 38: Google Trends für YouTube (Quelle: https://trends.google.de/trends/hotvideos)

Achten Sie bei allen Videos darauf, dass Sie eine **aussagekräftige Beschreibung** in das Textfeld unter dem Video eintragen. Wenn Ihr Ziel darin besteht, Klicks auf Ihre Website zu generieren, fügen Sie direkt an den Anfang des Textes den Link ein, da er so sofort sichtbar ist.

Beim Hochladen der Videos können Sie auch **Schlagworte** vergeben. Fügen Sie hier zahlreiche, relevante Keywords hinzu, zu denen Ihr Video gefunden bzw. auf passenden Seiten vorgeschlagen werden soll. Dadurch erhöht sich die Auffindbarkeit der Clips.

Erstellen Sie für die Videos auf jeden Fall ein sogenanntes **Custom Thumbnail**. Dabei handelt es sich um ein von Ihnen hochgeladenes Bild, das YouTube als Vorschaubild für Ihr Video verwendet. Damit haben Sie die Möglichkeit, in der Suche hervorzustechen, sofort das Thema im Bild zu transportieren und Ihr Branding zu stärken. Da ein gutes Custom Thumbnail stärker auffällt, erhöht sich die Klickrate und damit auch die Aufrufzahlen Ihrer Videos.

Abb. 39: Wiedererkennbare, aussagekräftige Vorschaubilder steigern den Erfolg bei YouTube (Quelle: https://www.youtube.com/user/rolfclaessen/)

Die **ersten paar Sekunden** der Videos sind entscheidend. Wenn nach fünf Sekunden noch nichts Interessantes passiert ist, werden viele Zuschauer bereits wieder abspringen. Ein langes Intro ist daher nicht nur nutzlos, sondern sogar schädlich. Halten Sie sich vor allem bei Frontalvideos an eine praxiserprobte Erfolgsformel: Teaser (Worum geht es jetzt gleich, warum sollte man dranbleiben?) + Intro (kurz) + Content + Abspann.

Für den **Abspann** bietet YouTube spezielle Funktionen. Zum Beispiel haben Sie die Möglichkeit, andere Videos zu verlinken, so dass sie anklickbar sind. Außerdem können eine Website, Social-Media-Kanäle sowie der Abo-Button verlinkt werden. Dadurch erhöhen Sie die Anzahl der Videoaufrufe, die Verweildauer im Kanal, die Klicks zur Website und sogar die Abonnentenzahlen. Es ist immer schade, wenn Unternehmen diese kostenlosen und wichtigen Funktionen nicht nutzen.

YouTube bietet ebenfalls die Option, **Livestreams** zu erstellen oder **360-Grad-Videos** hochzuladen. Beides sind interessante Möglichkeiten für fortgeschrittene Nutzer, denn sie bieten ein intensiveres Markenerlebnis als normale Videos und zeigen Innovationsgeist und Kreativität.

d) Videos vermarkten

Wenn Sie ein Video hochgeladen haben, erfahren Ihre Abonnenten davon per E-Mail und/oder Benachrichtigung im Kanal. Außerdem zeigt YouTube neue Videos auf der Startseite des Kanals des Abonnenten an. Trotzdem müssen Sie Ihr Video noch gezielt **pushen**. Das kann zum Beispiel über Social Networks wie Facebook oder Twitter gelingen. Posten Sie den Link zum Video dort, um Besucher auf YouTube zu ziehen und mehr Views zu generieren.

Denken Sie auch an das bereits besprochene **Einbinden** von Videos in Website oder Blog. Gerade bei stark frequentierten Websites kann sich das enorm lohnen, da Sie die Reichweite der Website für Ihre YouTube-Videos ausnutzen. Gleichzeitig steigt die Verweildauer auf der Website, was verschiedene positive Wirkungen für Branding und Suchmaschinenoptimierung entfaltet.

Eine besonders gute Methode, mehr Views für Ihre Videos zu generieren, ist das Schalten von **Videowerbung** bei YouTube. Für wenige Cent pro View können Sie so zielgerichtet Klicks generieren und neue Abonnenten gewinnen. Da dieses Thema so wichtig ist, widme ich ihm im Folgenden eine eigene Schritt-für-Schritt-Anleitung.

Besonders gut funktionieren **Kooperationen** mit anderen YouTube-Kanälen. Unter YouTubern sind solche Zusammenarbeiten und gemeinsamen Videos an der Tagesordnung, Unternehmer nutzen das noch viel zu wenig. Suchen Sie sich passende Partner, zum Beispiel Unternehmen verwandter Branchen, die selbst aktiv und erfolgreich auf YouTube sind, und schlagen Sie eine Kooperation vor. Dabei können sehr spannende Videos entstehen, die für die

Zuschauer beider Kanäle echte Mehrwerte I efern. Gleichzeitig lassen sich so die Zuschauer- und Abonnentenzahlen schnell und vergleichsweise einfach erhöhen.

e) AdWords-Anzeigen für Videos
Von selbst werden Ihre YouTube-Videos meistens nicht »abheben«. Per Videowerbung können Sie ihnen aber gerade zu Beginn die nötige Aufmerksamkeit verleihen. Auch viele berühmt gewordene Viralclips wurden zu Beginn per Videowerbung promotet, damit sie einer möglichst großen Öffentlichkeit bekannt wurden.

Schritt 1: Die Videowerbung erfolgt über das Google-AdWords-Konto, über das wir auch in Kapitel 3.3 sprechen. Als Kampagnentyp wählen Sie dort einfach »Video« aus.

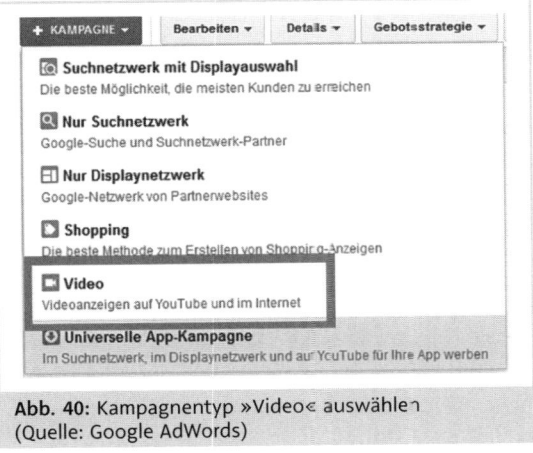

Abb. 40: Kampagnentyp »Video« auswählen
(Quelle: Google AdWords)

Schritt 2: Nun legen Sie die Kampagne an. Für unsere Zwecke sind der Typ »Standard« sowie die Videoanzeigenformate »In-Stream-Anzeige« oder »Video-Discovery-Anzeige« die richtigen Einstellungen. Legen Sie das gewünschte maximale Tagesbudget fest und definieren Sie, wenn gewünscht, eine regionale Eingrenzung der Auslieferung (vor allem für regionale Unternehmen sinnvoll).

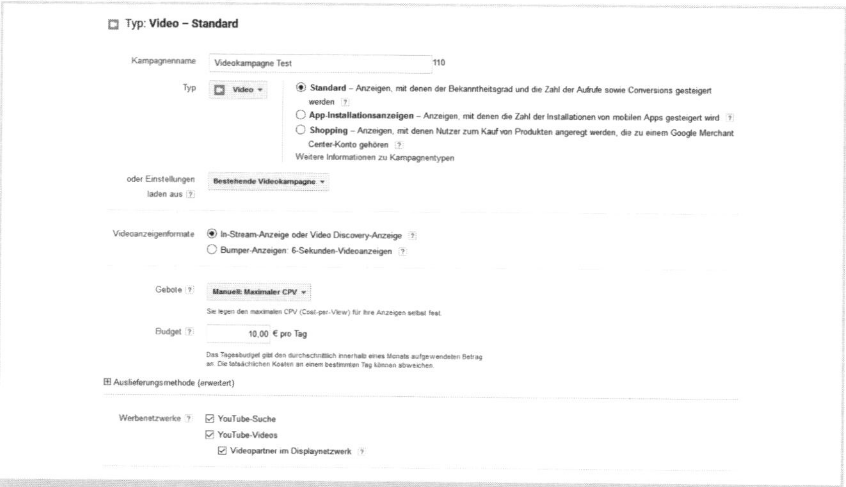

Abb. 41: Grundlegende Kampagneneinstellungen (Quelle: Google AdWords)

Schritt 3: Im nächsten Schritt legen Sie nun bereits die Anzeigengruppe und die Videoanzeigen an. Nehmen Sie dafür den Link zu dem YouTube-Video, welches Sie promoten wollen. Sie können eine Anzeige als In-Stream-Anzeige (also als Werbevideo vor einem anderen Video) oder als Video-Disovery-Anzeige buchen (also als Video-Vorschlag neben anderen Videos). Wenn Sie beide Optionen nutzen möchten, müssen Sie eine zweite Anzeigengruppe anlegen.

Schritt 4: Geben Sie nun an, was Sie maximal für einen View des Videos bezahlen möchten. Meist liegen die Kosten pro View deutlich unter 0,10 Euro. Sie können diesen Betrag also erst einmal als Maximalwert angeben. Alle Einstellungen lassen sich ohnehin jederzeit anpassen.

Schritt 5: Schließlich wählen Sie noch die Zielgruppe des Videos aus. Dabei können Sie eine Kombination aus demografischen Daten und Interessen der Zuschauer verwenden, um möglichst passgenaue Nutzer zu erreichen.

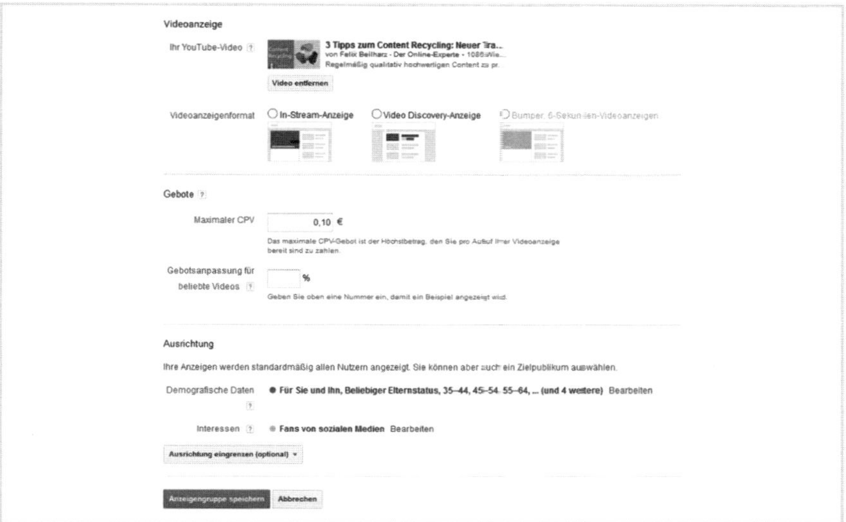

Abb. 42: Anlegen der Videoanzeige (Quelle: Google AdWords)

Nach einer kurzen Prüfung der Anzeigengruppe wird Ihre Videoanzeige nun freigeschaltet. Je nach Größe der Zielgruppe erreichen Sie mehr oder weniger Views. In den Auswertungen des AdWords-Kontos können Sie jederzeit einsehen, was Ihre Werbung kostet und wie viele Nutzer Sie erreicht haben.

Ihre Werbung kostet übrigens nur dann Geld, wenn ein Nutzer das Werbevideo mindestens 30 Sekunden bzw. bis zur Hälfte angesehen hat. Das ist insgesamt eine sehr faire Vorgehensweise, weil Sie nur diejenigen Betrachter bezahlen müssen, die wirklich Interesse am Video gezeigt haben. Wegklicker und Überscroller bezahlen Sie nicht, die Werbewirkung nehmen Sie daher kostenlos mit.

Wenn Sie im Unternehmen mit Videos arbeiten bzw. Videos produzieren können, ist YouTube auf jeden Fall der Kanal der Wahl. Videomarketing liegt im Trend und wird auch weiterhin deutlich zunehmen. Räumen Sie Videos und damit auch YouTube einen festen Platz in Ihrer Marketingstrategie ein, um von diesem Trend zu profitieren.

2.6.5 Instagram für kleine Unternehmen

Instagram ist unter den bisher besprochenen Kanälen die erste reine App-Anwendung. Zwar gibt es eine Web-Oberfläche, die aber in der Praxis kaum eine Rolle spielt.

Instagram ist ein Kanal für visuelles Storytelling und Branding, wird aber immer mehr auch im E-Commerce relevant. Die folgenden Tipps können Ihr Marketing bei Instagram in Schwung oder auf eine neue Stufe bringen.

> **!** **Wichtig: Stimmung auf Instagram**
>
> Die gute Nachricht: Instagram ist ein sehr positiver Kanal. Im Mittelpunkt stehen optisch ansprechende Inhalte, zwar meist ohne viel Tiefgang, dafür aber in der Regel auch ohne negative Wirkungen. Hasskommentare oder gar Shitstorms sind auf Instagram selten. Das heißt auch für Sie: Polarisierende, aber auch sehr tiefgründige Inhalte sollten Sie eher im Blog oder auf YouTube platzieren, Instagram ist dafür der falsche Kanal. Stellen Sie Inspiration und Unterhaltung in den Vordergrund.

a) Account einrichten

Bei Instagram können Sie ein »normales« Profil anlegen oder seit 2016 auch einen **Business-Account**. Dieser muss mit einer Facebook-Seite verknüpft werden und bekommt dann einige Statistiken zur Reichweite und den Followern angezeigt. Nach außen unterscheidet sich der Business-Account nur in wenigen Punkten von einem privaten Profil. Ein Kontakt-Button sowie die Möglichkeit, eine Adresse einzutragen und die Angabe einer Kategorie (die der Kategorie der verknüpften Facebook-Seite entspricht), das war's auch schon. Allerdings steht auch die Post-Hervorheben-Funktion (Werbeanzeigen) aktuell nur Business-Profilen zur Verfügung.

Instagram muss über das **Handy** bespielt werden. Eine offizielle Web-Anwendung oder Schnittstelle, über die Inhalte hochgeladen werden können, existiert nicht (Stand: März 2017). Alle Dritt-Tools, die das anbieten, verstoßen entweder gegen die Instagram-AGB oder benötigen an einem Punkt immer noch ein Handy, um damit zu posten. Sie können von einer einzigen Instagram-Installation allerdings mehrere Profile steuern, so dass Sie nur ein

Handy benötigen, mit dem Sie dann zum Beispiel Ihr privates Profil sowie ein oder mehrere Business-Profile administrieren können.

Accounts sind in aller Regel **öffentlich**. Die einzige Privatsphären-Option wäre, den Account komplett zu schützen und Follower manuell auf Anfrage freizuschalten. Das spielt für Unternehmen jedoch i.d.R. keine Rolle. Weitere Einstellungs- oder Targetingmöglichkeiten für organische Beiträge gibt es nicht.

Neben dem Profilbild können Sie noch einen Kurztext von 150 Zeichen sowie einen Link in Ihr Profil eintragen, mehr **Gestaltungsmöglichkeiten** gibt es nicht. Der Link sollte in Deutschland für das Impressum genutzt werden, viele Unternehmen verzichten jedoch auf diese Absicherung und verwenden ihn für einen Link zur Website, zum Shop oder zu einer speziellen Landingpage. Viele YouTuber bauen dort den Link zu ihrem YouTube-Kanal oder dem neuesten Video ein.

b) Inhalte produzieren und posten

Instagram als Newsfeed-Kanal lebt davon, dass Sie regelmäßig **Content** produzieren. Einfach nur einen Account zu haben, quasi als »Platzhalter«, bringt nichts.

Die Inhalte, die Sie produzieren sollten, müssen auf Ihr **Markenkonto** und Ihre **Ziele** einzahlen, gleichzeitig aber so interessant und relevant sein, dass sie gern von der Zielgruppe abonniert werden. Für manche Unternehmen heißt das vor allem eine Inszenierung der Produkte, wenn die Produkte als solche das Interessanteste sind. Das gilt zum Beispiel für hippe Produkte wie Turnschuhe oder Modeartikel, aber auch für Schmuck oder Autos. Dienstleister und Anbieter wenig »fotogener« Produkte haben es da etwas schwerer. Sie müssen eine Rahmenstory erzählen und mit begleitenden Inhalten punkten. Das können Schnappschüsse sein, die einen gewissen Lifestyle zeigen, aber auch als Bild aufbereitete Fakten oder Zitate.

Instagram ist ein rein visueller Kanal, im Mittelpunkt stehen Bilder und kurze Videos. Erarbeiten Sie daher eine **wiedererkennbare Bildsprache**, so dass Ihre Bilder im Newsfeed herausstechen. Das kann beispielsweise durch ähnliche Farbgebungen, einen immer ähnlichen Aufbau oder auch das Einfügen eines Logos geschehen (wobei Letzteres bei Instagram eher ungewöhnlich ist).

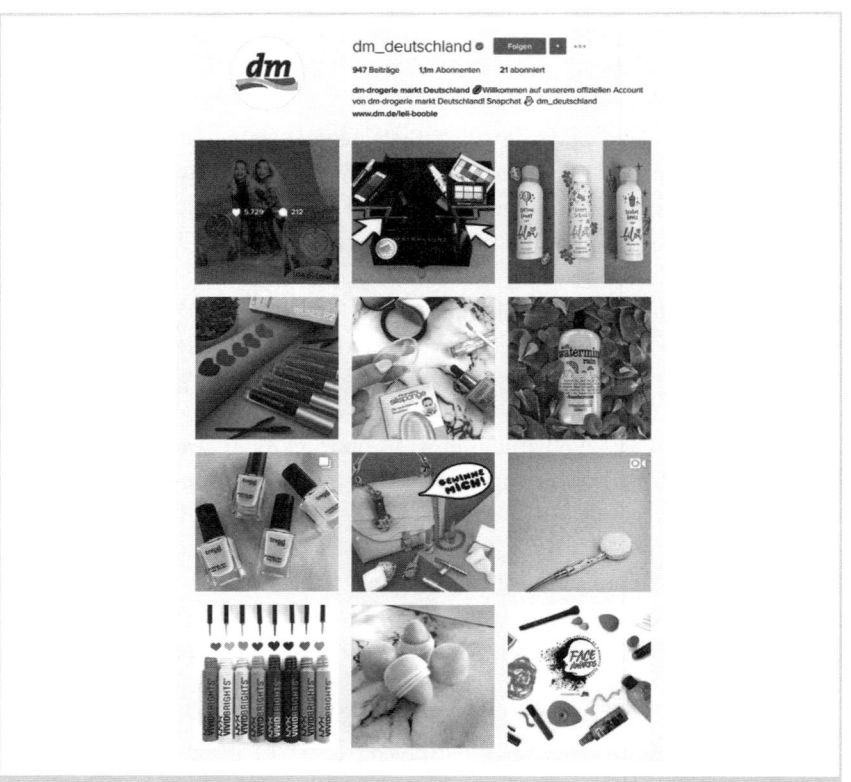

Abb. 43: Die Bildsprache von dm ist bei Instagram sehr einheitlich und zielgruppenorientiert (Quelle: https://www.instagram.com/dm_deutschland/)

Hashtags spielen bei Instagram eine große Rolle. Nutzer posten bis zu 30 Hashtags entweder direkt in den Beitrag oder in einen Kommentar (um den Beitrag optisch etwas zu »schonen«). So viele sollten Sie nicht verwenden, um nicht spammy zu wirken, aber eine Handvoll passender Hashtags können dem Beitrag durchaus mehr Reichweite verleihen. Mischen Sie dabei gern eigene, unique Hashtags mit beliebten Massenhashtags. Nutzer, die sich die Beiträge zu einem Hashtag ansehen, stoßen so mit hoher Wahrscheinlichkeit auch auf Ihren Beitrag und können diesen dann liken oder Sie sogar abonnieren.

Tools wie www.top-hashtags.com zeigen Ihnen an, welche Hashtags zu einem Thema besonders oft verwendet werden und damit auch in der Suche eine größere Rolle spielen dürften. Viele Experten raten dazu, sich vor allem

Hashtags mit einer fünf- bis sechsstelligen Nutzungszahl auszusuchen, statt die wirklich großen millionenfach genutzter Schlagworte zu verwenden, um nicht unterzugehen.

Der **Nachteil der Hashtags** bei Instagram ist, dass viele Spamtools und Bots darauf anspringen. Sobald Sie also einen Post mit einem beliebten Hashtag absetzen, kommen die ersten Likes und (meist sehr kurzen und generischen) Kommentare, die nur das Ziel haben, Sie als Follower zu gewinnen oder sogar für irgendeine Geldverdienen-Masche zu werben. Dahinter stecken keine realen Nutzer, sondern automatisierte Bots. Das schadet im ersten Moment zwar nicht, verwässert aber die Erfolgsmessung – wenn mehr Interaktionen das Ziel sind, müssen Sie einfach nur entsprechend einschlägige Hashtags verwenden. Beziehen Sie das also bei Ihren Auswertungen mit ein (vor allem, indem Sie Interaktionen nicht als letztendliche Kennzahl verwenden).

Nur weil Instagram ein mobiler Kanal ist, heißt das nicht, dass Sie die Fotos auch mit dem Handy aufnehmen sollten. Die meisten bekannten und reichweitenstarken Instagrammer verwenden schon lange **professionelle Kameras** und ein entsprechendes Setting, um den Bildern die richtige Wirkung zu verleihen. Letztlich muss die Optik zu Ihrer Marke passen. Unternehmen im Bereich Mode oder Schmuck sollten eher zu hochwertigen Profi-Aufnahmen greifen, anstatt mit dem Handy zu experimentieren. In so einem Fall müssen Sie die Fotos aufs Handy laden und dann posten.

Wenn Sie mit dem Smartphone fotografieren, können Sie Ihren Bildern trotzdem mit **Filtern** den nötigen Effekt verleihen. Natürlich können Sie auch professionelle Fotos noch mal mit Filtern abrunden. Experimentieren Sie hier, was am besten aussieht, allgemeine Ratschläge sind diesbezüglich schwierig.

Überhaupt ist es eine gute Idee, sich von den bekannten Unternehmen und Personen, die bei Instagram bereits erfolgreich sind, **inspirieren** zu lassen. Immerhin haben diese es bereits geschafft, große Followermengen aufzubauen und wissen offenbar, wie man beim Publikum punktet.

Eine neue und besondere Funktion bei Instagram sind die **Instagram Stories**. Dieser Bereich bei Instagram, der nur über die App erreichbar ist, ist ein frontaler Angriff auf Snapchat, viele Features wurden sehr deutlich nachgebaut. Stories haben die Besonderheit, dass die geposteten Inhalte nach 24 Stunden wieder verschwinden. Darüber hinaus können Sie sehen, wer Ihre Story betrachtet hat (das geht bei normalen Posts nicht) und Sie können in der Story direkt einen anderen Account verlinken. Nutzer können mit den Stories nicht interagieren, es gibt keinen Like- oder Kommentar-Button. Einzig die Möglichkeit, Ihnen eine Direktnachricht zu schicken, bieten Stories an. Durch die Kürze der Inhalte, die vollflächige Ausnutzung des Bildschirms und die Flüchtigkeit der Inhalte bieten Stories sehr gute Möglichkeiten, eng an den Zielgruppen zu bleiben und eine große wahrgenommene Nähe aufzubauen – die Betrachter haben das Gefühl, direkt am Geschehen teilzunehmen, während normale Instagram-Posts mittlerweile doch immer mehr inszeniert und gestellt wirken (und meist auch sind).

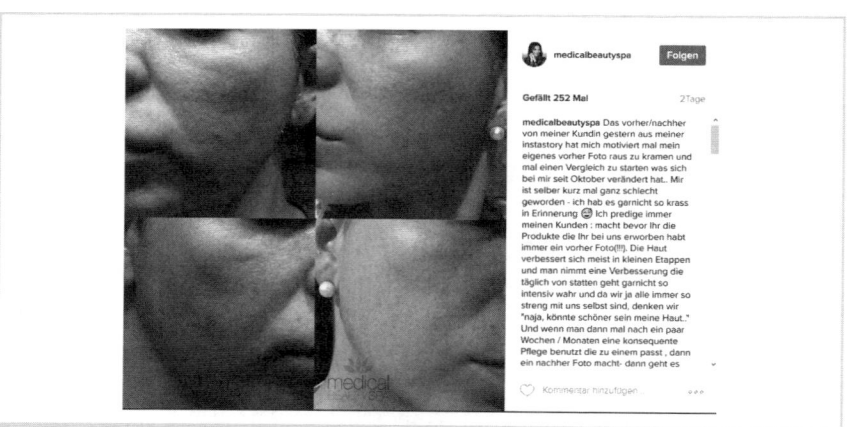

Abb. 44: Vorher-Nachher-Bilder als Content eines Kosmetiksalons (Quelle: https://www.instagram.com/p/BSEwiz3DA_Y/)

Um Stories erfolgreich zu nutzen, müssen Sie sich genau überlegen, wofür Sie sie einsetzen können. Besonders bietet sich die Funktion an, um **Hintergründe und Making-ofs** zu zeigen oder einfach die zeitlichen Lücken zwischen den normalen Posts zu füllen. Wenn Sie also beispielsweise pro Tag ein Produktbild besonders inszenieren und posten, könnten Sie in den Stories begleiten, wie so ein Foto entsteht, und zusätzlich das Produkt in verschiedenen Einsatzszenarien zeigen. Sie haben auch die Möglichkeit, besonders gute Stories später als normalen Instagram-Post zu veröffentlichen.

Abb. 45: Instagram Story von T3N (Quelle: Instagram, @t3n_magazin)

Die Inhalte für Stories müssen **direkt aufgenommen** werden und können nicht »aus der Konserve«, also aus Ihrem Bilder- oder Videospeicher stammen. Das geht nur indirekt über Dritt-Apps wie »Storied«, aber nicht bei Instagram selbst.

Ein ganz besonderer Einsatzzweck der Instagram Stories sind **Livestreams** (damit wurde Instagram neben Facebook, Twitter und YouTube zum vierten Live-Kanal). Sie können in der Story nicht nur Bilder und Videos posten, sondern auch live an Ihre Follower senden und dabei direkt mit ihnen interagieren. So könnte ein Livestream zum Beispiel aus einer Frage-und-Antwort-Einheit bestehen oder aus einem Bericht von einer Veranstaltung. Möglichkeiten gibt es viele, Sie benötigen dazu nur etwas Mut, Kreativität und eine Person, die den Livestream verantwortet. Aktuell ist der Livestream übrigens nur über das Handy möglich, andere Kameras oder Systeme wie bei Facebook können nicht eingesetzt werden.

c) Follower gewinnen

Wenn Sie bei Instagram **mehr Follower gewinnen** und so Ihre prinzipiell mögliche Reichweite vergrößern möchten, stehen Ihnen erst einmal die gleichen Möglichkeiten wie bei den anderen Kanälen offen. Sie können über externe Kanäle auf Ihren Instagram-Account aufmerksam machen, zum Beispiel auf Facebook dazu Posts absetzen oder den Link zu Instagram in die E-Mail-Signatur einbetten. Große Accounts bekommen ihre Follower vor allem über Mund-zu-Mund-Propaganda sowie über die Reichweite innerhalb Instagrams.

Auch Sie werden die meisten Follower innerhalb Instagrams aufbauen. Das gelingt vor allem durch **guten Content und Interaktionen,** sowohl von Ihnen als auch durch Ihre Follower. Nehmen Sie sich vor allem zu Anfang die Zeit und suchen Sie nach relevanten Accounts, denen Sie folgen oder deren Beiträge Sie liken können. Gehen Sie dabei eher selektiv vor, das spambotartige Liken/Folgen bringt keine nachhaltigen Ergebnisse. Kommentieren Sie auch gerne Posts, die Sie ansprechend finden. Durch diese Interaktionen werden die Account-Inhaber auf Sie aufmerksam und folgen Ihnen, Interesse vorausgesetzt, auch gern. Eine beliebte Strategie ist es auch, Nutzer dazu aufzurufen, Freunde in den Kommentaren zu markieren. Dadurch erfahren die Freunde ebenfalls von dem Account und die Chance auf neue Follower steigt.

Abb. 46: Vorschläge bei Instagram (Quelle: Instagram)

Weitere Follower kommen oft über die **Such- und Empfehlungsfunktion** bei Instagram. Zum einen suchen Nutzer aktiv nach Inhalten, die ihnen gefallen. Wenn Sie nun regelmäßig posten, tauchen Sie auch in den Suchergebnissen verstärkt auf und haben gute Chancen, die Suchenden als Follower zu gewinnen. Zum anderen schlägt Instagram auch passende Inhalte vor, basierend auf dem Verhalten des Nutzers und der Popularität der Beiträge. Wer nun zum Beispiel verschiedene Fitness-Accounts abonniert hat, bekommt weitere, aktuell beliebte Vorschläge aus diesem Themengebiet in den Vorschlägen angezeigt. Auch hierfür ist wieder Aktivität Ihrerseits notwendig. Dann können Sie damit jedoch neue Nutzer gewinnen und neue Zielgruppen erschließen.

Gewinnspiele werden ebenfalls häufig zur Steigerung der Interaktionsrate, Reichweite und Followerzahl eingesetzt. Hierbei sind die Regeln etwas lockerer als bei Facebook. Sie dürfen beispielsweise Nutzer aufrufen, eigene Posts mit bestimmten Hashtags abzusetzen, um am Gewinnspiel teilzunehmen. Die meisten Gewinnspiele werden auch hier per Like und/oder Kommentar durchgeführt.

Abb. 47: Gewinnspiel auf Instagram
(Quelle: https://www.instagram.com/p/BSJyZpigWzH/)

Eine weitere, häufig eingesetzte Methode zur Followergenerierung sind sogenannte **Shoutouts oder Features**. Wenn es Ihnen gelingt (sei es durch interessante Inhalte oder (bezahlte) Kooperationen), dass ein erfolgreicher

Account Sie empfiehlt oder Ihren Content verwendet und Sie dabei verlinkt, bekommen Sie die Reichweite bei dessen Fans, was bei entsprechender Überschneidung der Zielgruppen zu vielen neuer Followern führen kann. Es gibt in verschiedenen Themengebieten sogar garze Accounts, die nur andere Accounts featuren. Von einem solchen, oft sehr followerstarken Account empfohlen zu werden, kann den Durchbruch bei Instagram bedeuten. Manche Feature-Accounts bieten solche Empfehlungen auch gegen Bezahlung an.

Mittlerweile können Sie auf Instagram auch **Anzeigen** schalten. Dazu haben Sie prinzipiell zwei Möglichkeiten. Entweder Sie pushen Ihre Instagram-Posts gegen Bezahlung (das können Sie direkt in Ihrem Instagram-Account einrichten) oder Sie schalten komplette Instagram-Ad-Kampagnen. Das müssen Sie jedoch im Facebook-Anzeigenmanager initiieren. Dafür stehen Ihnen dann quasi alle Targetingmöglichkeiten offen, die Facebook anbietet. Momentan (Stand: März 2017) können Sie Bilder, Videos und Links zu Websites als Instagram Ad einrichten. Alle Arten von Instagram Ads können Ihre Followeranzahl erhöhen, das aber eher als Nebeneffekt. Richtige Like-Ads wie bei Facebook gibt es aktuell noch nicht.

Instagram ist sicher nicht für jedes Unternehmen der perfekte Kanal. Mehr noch als Facebook erfordert Instagram ein tiefes Verständnis für die Besonderheiten und Mechanismen, die dort herrschen. Auch ist eine direkte Messbarkeit der Erfolge noch schwierig. Und bei Zielgruppen über 35/40 sieht auch die Nutzung dünn aus. Wer allerdings in bestimmten Branchen tätig ist (insbesondere Mode, Fitness, Reisen, Lifestyle usw.) und jüngere Zielgruppen anspricht, kommt um Instagram nicht herum. Zumal der Kanal nach wie vor wächst und sich immer mehr zu einem zweiten Facebook entwickelt.

2.6.6   XING und LinkedIn für kleine Unternehmen

XING und LinkedIn werden als reine Business-Kanäle in vielen Social-Media-Publikationen kaum beachtet. Oft werden sie eher dem Vertrieb als dem Marketing zugerechnet. Dabei bieten beide Kanäle extrem viele Möglichkeiten, vor allem auch für das Arbeitgebermarketing, aber auch für Networking, Kundenbindung und eben Vertrieb. Wer im B2B-Bereich tätig ist, kommt um die beiden Kanäle ohnehin nicht herum.

a) Accounts und Seiten anlegen

Sowohl bei XING als auch bei LinkedIn gibt es die **persönlichen Profile und Unternehmensseiten**, die durch Personenprofile administriert werden. In beiden Kanälen sind die Basisversionen kostenlos, für viele Funktionen (z.B. Nachrichten schicken, Suchfunktion nutzen usw.) ist jedoch ein Premium-Profil notwendig. Für den professionellen Einsatz sollten auch Premium-Profile angelegt werden, zumal diese nur wenige Euro im Monat kosten.

Ein großer Teil der **Reichweite** entsteht durch persönliche Postings und persönliches Networking. Vor allem auf XING fristeten die Unternehmensseiten lange Zeit ein Schattendasein, wurden aber 2017 gründlich überarbeitet. Trotzdem bleibt es wichtig, dass Mitarbeiter sich gezielt und aktiv einbringen und ihr Netzwerk nutzen. Insbesondere Führungskräfte sollten auf XING und LinkedIn sichtbar sein und Inhalte teilen, um sich eine Positionierung als Meinungsführer zu sichern.

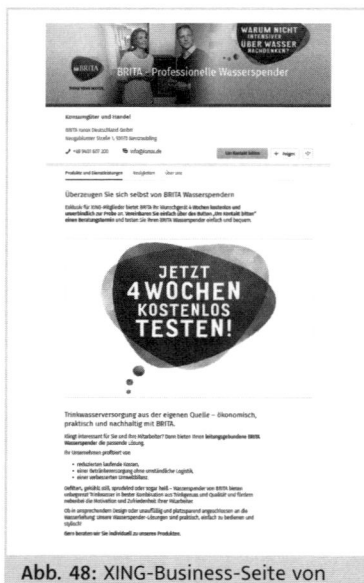

Abb. 48: XING-Business-Seite von BRITA (Ausschnitt) (Quelle: https://www.xing.com/xbp/pages/brita-io-nox-deutschland-gmbh?bp_id=3525)

Die **Unternehmensseiten** gehören zur »Grundausstattung« eines Unternehmens und sollten entsprechend gepflegt werden. XING unterscheidet mittlerweile zwischen **Employer-Branding-Seiten**, die dann auch direkt mit einem Kununu-Profil verknüpft sind, sowie **Business-Seiten**, die für Unternehmen, Produkte oder Dienstleistungen angelegt werden können. Beide Seitentypen sind in einer kostenlosen Basisversion, aber auch in relativ hochpreisigen Premiumausführungen erhältlich. Im Gegensatz zu Facebook lohnt es sich, die Gestaltungsmöglichkeiten der Unternehmensseiten bei XING und LinkedIn voll auszuschöpfen und die Seite ansprechend zu gestalten, da diese Seiten durchaus von Interessenten ge- und besucht werden, während Facebook fast ausschließlich im Newsfeed stattfindet.

Auch die persönlichen **Profile** sollten umfangreich ausgefüllt werden. Auf beiden Kanälen können Sie sowohl den bisherigen beruflichen Werdegang eintragen, als auch Bilder, Videos und Dokumente einbinden, die Ihre Kompetenz demonstrieren.

b) Networking und Marketing in Business-Netzwerken

Bauen Sie Ihr **persönliches Netzwerk** auf Ihren persönlichen Profilen auf. Das heißt nicht, dass Sie zum Kontakte-Sammler werden sollen (leider eine weit verbreitete Unart), sondern dass Sie Personen. die Sie im realen Leben kennen oder einmal kennengelernt haben, n Ihr Netzwerk aufnehmen. Dazu gehören zum Beispiel Kommilitonen, ehemalige und aktuelle Kollegen, Kunden und Lieferanten, Kontakte aus anderen (Offline-)Netzwerken, aber gern auch private Kontakte. Je umfangreicher das Netzwerk, desto stärker auch die Netzwerkeffekte, die sich daraus ergeben.

Posten Sie **Beiträge**. In Ihren Profilen, aber auch auf den Unternehmensseiten, können Sie ähnlich wie bei Facebook aktuelle Beiträge, Links und Kommentare posten, die dann bei den Personen in Ihrem Netzwerk in deren Newsfeed erscheinen. Je regelmäßiger Sie das tun, desto größer ist die Chance auf Sichtbarkeit und Traffic. Die Themen sollten hier allerdings deutlich business-lastiger ausfallen. Auf einer Fanpage bei Facebook oder auch bei Twitter sind beispielsweise lustige Posts zu bestimmten Gedenktagen (wie z. B. dem Weltsockentag oder dem Tag der Katze) gern gesehen und sorgen oft für viele Interaktionen. Bei XING und LinkedIn fallen Sie damit eher unangenehm auf. Konzentrieren Sie sich stattdessen lieber auf nutzwertige Inhalte, Links zu Artikeln, Ankündigungen usw.

Sowohl bei XING als auch bei LinkedIn gibt es **Gruppen**, die sich für das Networking und das Marketing eignen. Gruppen entsprechen im Wesentlichen den Foren des Vor-Social-Media-Zeitalters. Hier tauschen sich Menschen über berufliche, teilweise aber auch private Themen aus. Sie als Unternehmer können sich an den Diskussionen beteiligen, um Sichtbarkeit in dem Umfeld zu generieren und Ihre persönliche Reichweite zu steigern. Wo es passt, können Sie gern auch mal einen Link als Que le oder weiterführenden Inhalt posten – hüten Sie sich aber davor, Gruppen mit Links vollzuspammen. Wenn Sie sich für die Gruppenstrategie entscheiden, nehmen Sie das Thema ernst: Beantworten Sie offene Fragen, kommen Sie mit anderen Mitgliedern ins Gespräch und stiften Sie Nutzen. Viele Unternehmen generieren signifikant Geschäft aus dieser Vorgehensweise (die natürlich einen gewissen zeitlichen Einsatz erfordert).

Die Königsklasse der Gruppenstrategie ist das Anlegen und Pflegen einer eigenen Gruppe. Hier haben Sie die Hoheit über Mitglieder und Inhalte sowie vollen Einblick in das Geschehen. Sie bieten die Plattform und können bis zu einem gewissen Grad steuern oder besser moderieren, was in der Gruppe passiert. Gruppen können sowohl versteckt angelegt werden – dann sind sie nur für Eingeladene sichtbar, oder offen, dann sind sie auch über die Suche auffindbar und Interessenten können den Eintritt in die Gruppe beantragen. Eigene Gruppen sind eine tolle Möglichkeit der Kundenbindung oder der Reichweitensteigerung, je nach Zielsetzung. Allerdings ist der Arbeitsaufwand noch einmal deutlich höher, da Sie die Gruppe aktiv bekannt machen, Kontakte einladen, Neumitglieder begrüßen und aktivieren sowie ganz allgemein die Unterhaltungen am Leben erhalten müssen. Das kann relativ viel Zeit erfordern, aber auch gute Ergebnisse liefern.

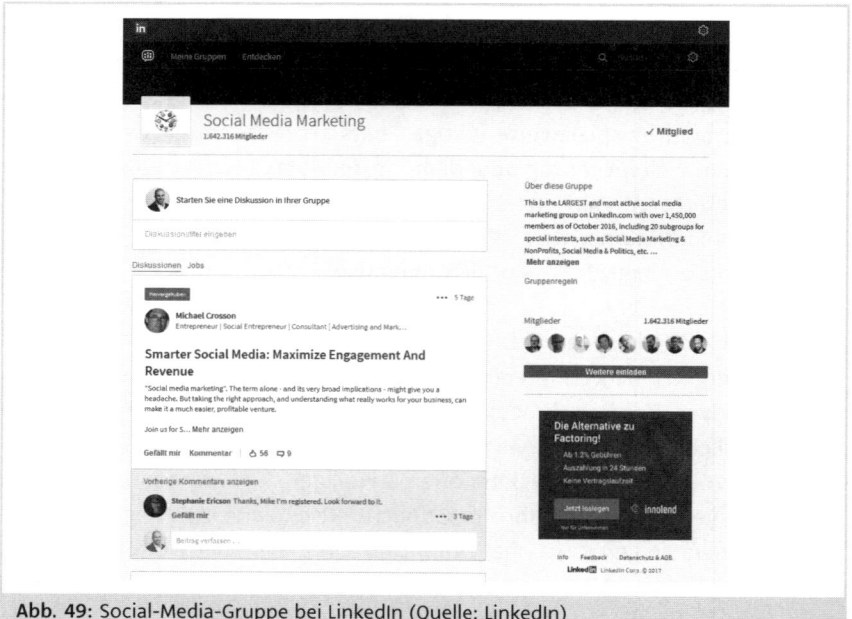

Abb. 49: Social-Media-Gruppe bei LinkedIn (Quelle: LinkedIn)

Eine Besonderheit von XING, die bei LinkedIn so nicht existiert, sind **Events**. Sie können prinzipiell jedes Ereignis kostenlos als Event bei XING anlegen. Hier kann eine ähnliche Strategie wie bei Facebook zum Einsatz kommen – wenn es ein Datum und einen Ort hat, wird es als Event angelegt. Nutzern werden passende Events vorgeschlagen, aber auch über die Suchfunktion können Interessenten auf Ihre Events aufmerksam werden. Über die kostenpflichtigen Premium-Events können Sie sogar direkt Tickets verkaufen und auf eine externe Website verlinken, beides ist mit der Gratis-Version nicht möglich.

Abb. 50: SlideShare-Präsentation zur Digitalisierung
(Quelle: https://www.slideshare.net/BirgitWintermann/digitalisierung-im-mittelstand)

Dafür bietet LinkedIn eine eigene, wertvolle Besonderheit: den Dienst SlideShare (www.slideshare.net). Dabei handelt es sich um eine Content-Sharing-Plattform, bei der Powerpoint-Dateien und PDFs sowie kurze Videos hochgeladen werden können. Nutzer können dann in den hochgeladenen Dokumenten suchen, sie online betrachten oder, sofern freigegeben, herunterladen. Präsentationen werden zu durchklickbaren PDFs umgestaltet. Als reine B2B-Plattform ist SlideShare vor allem bei Führungskräften beliebt, die Inspirationen für Vorträge und Präsentationen suchen, aber auch bei Studenten, Doktoranden oder Vertretern bestimmter Berufsgruppen, die dort regelmäßig nach Informationen suchen. Die hochgeladenen Unterlagen können wiederum auch in Ihr LinkedIn-Profil integriert werden, was das

Profil weiter aufwertet. Ähnlich wie YouTube-Videos lassen sich SlideShare-Dateien auch in Websites einbinden und erhöhen so den multimedialen Wert der Website sowie die Verweildauer und die Interaktion mit dem Inhalt.

Sowohl bei XING als auch bei LinkedIn können **Werbeanzeigen** im Self-Service-Verfahren geschaltet werden. Das Prinzip ist ähnlich wie bei Facebook-Werbung, die Möglichkeiten des Targetings aber entsprechend mehr auf Business ausgerichtet. So lassen sich zum Beispiel Branchen, Positionen und Erfahrungslevel als Targeting-Kriterium einstellen. Die Bezahlung erfolgt auf Klickbasis und lässt sich durch ein Tagesbudget deckeln. Anzeigen bei XING und LinkedIn sind deutlich teurer als bei anderen Social-Media-Kanälen, was sich aber durch die besondere Zielgruppe durchaus lohnen kann.

2.6.7 Snapchat für kleine Unternehmen

Snapchat war in den letzten Jahren eine der am stärksten gehypten und in den (Fach-)Medien diskutierten Social-Media-Apps überhaupt. Im Unternehmenskontext sind vor allem Newsmedien sowie große Marken bekannt geworden, die Snapchat für ihre Zwecke einsetzen. Für kleinere Unternehmen eignet sich die App jedoch nur eingeschränkt. Die Reichweite ist in Deutschland, mit Ausnahme von sehr jungen Zielgruppen, stark begrenzt. Der Kanal verlangt eine beständige und frische Kommunikation, die sich stark von der »üblichen« Unternehmenskommunikation unterscheidet und für viele Unternehmen schwer zu generieren ist. Übliche Erfolgsmessungskriterien wie Likes, Shares, Traffic oder Conversions fallen nahezu komplett weg.

Trotzdem existieren verschiedene Einsatzmöglichkeiten. Gerade wenn eine junge, medienaffine Zielgruppe angesprochen werden soll, kann Snapchat eine wertvolle Quelle für Branding und, mit ein bisschen Kreativität und Know-how, sogar Conversions sein. Die folgenden Tipps zeigen, worauf Sie achten sollten.

> **!** **Tipp: Wer bespielt den Kanal?**
>
> Für alle Social-Media-Kanäle gilt: Sie müssen den Kanal verstehen, um ihn erfolgreich zu nutzen. Für kaum einen Kanal ist das aber so schwierig wie für Snapchat. Ein guter Ratschlag ist daher: Suchen Sie im Unternehmen jemanden, der Snap-

chat privat aktiv nutzt und sich mit dem Kanal identifiziert. Entweder übergeben Sie ihm/ihr die Aufgabe, Snapchat im Marketing zu bespielen, oder Sie lassen sich intensiv von der Person schulen und beraten. Sie werden sehen, aktive Snapchat-Nutzer gehen mit anderen Augen an die App heran, finden andere Ideen und Anlässe für Content, generieren den Content anders und sind auch sonst anders auf der Plattform aktiv, als Sie es wahrscheinlich je wären. Lassen Sie sich darauf ein.

Snapchat lebt von **tagesaktuellem, kurzlebigem Content**. Sie müssen es schaffen, Ihre »Story« konstant in Bildern und kurzen Videos zu erzählen, und das regelmäßig. Das können zum Beispiel Hintergründe zu Events oder Unternehmensprozessen sein, spielerische Wissensvermittlung in kleinen »Häppchen« oder ähnliche Inhalte.

Damit Sie bei Snapchat auch gefunden werden können, sollten Sie einen möglichst einfachen **Nutzernamen** wählen. Verzichten Sie dafür auf Sonderzeichen oder zu viele Zahlen. Im besten Fall verwenden Sie in allen Netzwerken einen identischen oder – falls das nicht möglich ist – ähnlichen Nutzernamen. So können Sie deutlich einfacher gefunden werden.

Um Snapchat zu verstehen, ist es sehr wichtig, sich erst einmal eine Weile mit dem Kanal **vertraut zu machen**. Folgen Sie Influencern und Unternehmen auf Snapchat und sehen sie deren Snaps regelmäßig an, um ein Gefühl dafür zu bekommen, wie der Kanal »tickt«. Perfektionismus ist jedenfalls hinderlich, Ausprobieren und Herumspielen sind bei Snapchat zwei notwendige, aber auch völlig akzeptierte Prinzipien.

Snapchat-Inhalte werden oft **mit Elementen verziert**, zum Beispiel Geo-Filter (optisch ansprechende Ortsangaben, die für bestimmte Orte zur Verfügung stehen), Zeitstempel, Schriften, Zeichnungen oder Smileys. Das erweitert den Spielraum Ihrer Gestaltungsmöglichkeiten enorm und sollte auf jeden Fall zum Einsatz kommen.

Einige Beispiele von kleineren oder lokalen Unternehmen, die auf Snapchat aktiv sind:

- Rechtanwalt Thomas Schwenke: @thschwenke
- Kloster Hornbach: @klosterhornbach
- Susi Strickliesel: @susiknit

- Stoffbar Outfitters: @stoffbar
- Obststandl Didi: @obststandldidi
- Sparkasse Düren: @skdueren
- Flughafen Stuttgart: @str_flughafen
- Sushi Ninja Köln: @sushininjasnaps
- Schmuckwerk Fabelhaft: @stephanie.noro
- SMG Treppen: @smgtreppen
- Tropical Islands Resort: @tiresort
- Bits & Prezels: @bitsandpretzels
- Früh Kölsch: @frueh_koelsch
- Krones AG: @kronesag

Beispiele größerer und bekannter Marken auf Snapchat:
- SIXT: @sixtde
- H&M: @hmdeutschland
- Fanta: @fanta_de
- REWE Karriere: @rewekarriere
- ADAC: @adac_snap
- Lufthansa: @lufthansa
- Comdirect: @comdirectcareer
- Adidas Football: @adidasfootball
- Audi: @audi
- BILD: @hellobild
- Douglas: @douglas.de
- 1. FK Köln: @fckoeln
- FC Bayern: @fcbayernsnap

Die Snaps von Snapchat lassen sich am Smartphone **per Screenshot speichern**. Der Urheber wird darüber informiert. Dies können Sie sich zunutze
machen, um so zumindest ein wenig zu erfassen, wie oft Ihre Snaps abgerufen und gespeichert werden.

Video-Snaps sind generell auf zehn Sekunden Länge beschränkt. Am iPhone
können Sie dies allerdings umgehen. Dazu starten Sie eine Video-Aufnahme
und betätigen den Home-Button dann zwei Mal, so dass die Task-Ansicht
geöffnet wird. Die Aufnahme läuft weiter, bis Sie zu Snapchat zurückkehren.

Videos mit mehr als zehn Sekunden Länge können allerdings nur als Story gespeichert werden. Ein Versenden ist nicht möglich.

Anfangs ist es schwierig, Follower für Snapchat zu begeistern. Eine Möglichkeit, die Sie nutzen können: Bewerben Sie den (neuen) Snapchat-Kanal auf anderen Social-Media-Accounts, die Sie nutzen. Ein Post bei Facebook, Twitter oder auch Instagram kann beispielsweise schon helfen, erste Follower bei Snapchat zu erreichen.

Es kann lohnenswert sein, einem **Takeover** zuzustimmen. Dabei übernimmt ein Influencer einen Snapchat-Kanal und bespielt diesen für einen festen Zeitraum mit Inhalt. Dies kann insbesondere als Option für Kooperationen in Frage kommen.

Im Social-Media-Bereich kommt es viel auf die **Interaktionen** mit Fans und Followern an. Snapchat ist dabei keine Ausnahme. Lassen Sie sich daher auf Interaktionen ein und gehen Sie mit Ihren Followern in den Dialog. Das lockere und meist entspannte Publikum wird darauf sicherlich eingehen. Aber: Diese Art der Kundenbetreuung kostet Zeit. Planen Sie hierfür ausreichend Ressourcen ein.

Musik kann das Interesse wecken. Um einen Snap mit Musik zu hinterlegen, öffnen Sie die Musik-App auf dem Smartphone und starten den gewünschten Track. Danach kann der Snap einfach aufgenommen werden. Möchten Sie eine bestimmte Stelle im Snap aufnehmen, erfordert dies allerdings ein wenig Taktgefühl.

In Ihrer Story ist ein Snap, den Sie so nicht mehr öffentlich sichtbar halten möchten? Dann können Sie diesen einfach **löschen**! Dazu öffnen Sie die Story und warten, bis der entsprechende Snap erscheint. Durch eine Wischgeste können Sie ein Menü aufrufen. Verschieben Sie den Snap dann einfach in den Papierkorb, so dass er direkt gelöscht wird.

Wer Ihnen bei YouTube folgt und Ihre Videos ansieht, dürfte auch ein Interesse an Ihren Snaps haben. Daher können Sie die Abonnenten bei YouTube durchaus auch einmal dazu auffordern, Ihnen bei Snapchat zu folgen. Wie auch bei der Vermarktung in anderen sozialen Netzwerken sollten Sie aber auch hierbei mit Bedacht vorgehen und Ihre YouTube-Abonnenten nicht drängen oder belästigen.

Events und Veranstaltungen eignen sich wunderbar dazu, um Ihre Follower zu unterhalten. So können Sie einzelne Snaps von Events posten und geben Ihren Followern somit das Gefühl, direkt dabei zu sein. Das kann dazu beitragen, die Kundenbindung zu stärken, und erhöht oftmals auch das Interesse an Ihrem Unternehmen.

> **!**   **Beispiel: »Schnitzeljagd« auf Snapchat**
>
> Wie bereits angesprochen, sind klar messbare Conversions über Snapchat schwierig, da es keine klickbaren Links gibt, keine Möglichkeit der Datenerhebung und auch sonst keine wirklichen kommerziellen Funktionen. Da ist schon relativ viel Kreativität gefordert.
>
> Das Restaurant »Sushi Ninja« aus Köln versucht, Snapchat mit Offline-Conversions zu verbinden und nutzt dabei die Mechanismen des Social-, Local- und Mobile-Marketings optimal aus. In Köln-Ehrenfeld, dem Stadtteil des Restaurants, wurden Sushi-Gutscheine versteckt. Hinweise auf das Versteck gab das Restaurant vor allem auf Snapchat. Damit die Aktion auch genügend Reichweite erfährt, wurde sie auch über Facebook kommuniziert.
>
> So gelingen gleich mehrere Effekte auf einmal: Nutzer beschäftigen sich mit dem Unternehmen bzw. der Marke. Snapchat wird zum attraktiven Kanal mit echtem Mehrwert. Die Followerzahlen steigen über Mund-zu-Mund-Propaganda, aber auch über die Facebook-Kommunikation. Und vor allem zahlt die Aktion voll auf das Markenkonto ein und spricht nur potenzielle Kunden an, im Gegensatz zu so mancher iPad-Verlosung auf Facebook, die zwar höhere Reichweiten und mehr Teilnehmer generiert, aber eben vor allem Gewinnspieljäger anzieht, die am eigentlichen Unternehmen gar kein Interesse haben.

Abb. 51: Sushi Ninja veranstaltet eine »Schnitzejagd« über Snapchat (Quelle: Sushi Ninja)

2.6.8 Messenger-Marketing für kleine Unternehmen

Social Messenger wie der Facebook Messenger und WhatsApp, aber künftig auch andere Dienste wie Line oder WeChat gehören zu den am stärksten wachsenden Anwendungen und werden auch für das Marketing immer interessanter. Die Ansätze dazu stecken noch in den Kinderschuhen. Wir werden aber mehr und mehr Beispiele von Unternehmen sehen.

Da das ein rein mobiles Thema ist, behandeln wir Marketing mit WhatsApp und Messenger vertieft in Kapitel 4.5.

2.6.9 Podcasts für kleine Unternehmen

Als letzten Marketingkanal in dieser Tipp-Sammlung gehe ich noch auf Podcasts ein, in diesem Fall Audio-Podcasts (Video-Podcasts sind ebenso möglich, gehören dann aber eher zum YouTube-Marketing).

- Podcasts eignen sich hervorragend für kleine Unternehmen, da sowohl Aufwand als auch Kosten für das Equipment sehr gering ausfallen. Podcasts können gut zwischendurch produziert werden und lassen sich deutlich leichter erstellen als ein Video.

- Für einen Podcast benötigen Sie nur ein minimales Grund-**Equipment**: Ein ordentliches Mikrofon sowie eine Audio-Bearbeitungssoftware reichen für den Anfang völlig aus. Profis nutzen vor allem im Software-Bereich noch aufwendigere Anwendungen, für Einsteiger ist das jedoch nicht zwingend nötig. Die Ausrüstung zum Start können Sie schon für unter 100 Euro kaufen. Als Software eignet sich zum Beispiel das kostenlose Programm Audacity.

- Ein Podcast sollte in aller Regel ein klares **Thema** haben. Reine Plauder-Podcasts gibt es zwar auch, sind im Unternehmenskontext aber unüblich. Das Thema sollte sich auditiv wiedergeben lassen – Inhalte, die man unbedingt zeigen muss, um sie zu verstehen, sind dafür natürlich ungeeignet.

- Entscheiden Sie sich für ein festes **Format**. Möglich sind zum Beispiel Themenreihen, Aktuelles aus der Branche, Q&A-Podcasts, aber auch Interviewformate oder Gesprächsaufzeichnungen. In diesem Fall steigen die Anforderungen an Equipment und Verarbeitung etwas an, da Sie mit zwei Mikrofonen aufnehmen und die Tonspuren dann zusammenführen sollten.

- Ein guter Podcast braucht im Prinzip nur zwei einzukaufende Elemente: eine **Grafik**, quasi das Logo des Podcasts, sowie ein **Intro**. Für beides gibt es spezialisierte Dienstleister, falls Sie das nicht inhouse erstellen lassen wollen/können. Gerade das Intro ist als auditives Wiedererkennungsmerkmal wichtig, analog zum Vorspann einer TV-Serie. Im Intro sollte, idealerweise mit Musik untermalt, kurz der Name der Show genannt und erklärt werden, warum sich das Zuhörern lohnt – die wichtigsten ein bis drei Argumente.

- Der Podcast eignet sich auch zur **Zweitverwertung** von Inhalten (siehe Kapitel 2.5.5 c) »Content-Recycling und Reposting«). Wenn Ihre Videos vor allem aus Frontalsprechen bestehen, können Sie die Tonspur als Podcast verwenden und so ohne Mehraufwand einen zweiten Kanal bespielen. Manche Autoren verarbeiten auch ihr Hörbuch ganz oder teilweise als Podcast. Aber auch der umgekehrte Weg ist denkbar: Aus einem Podcast können Sie entweder durch einfaches Hinzufügen oder aber durch Mitfilmen der Aufnahme ein Video erstellen und dieses bei YouTube hochladen.

- Bezüglich der **Länge** des Podcasts gibt es keine Vorgaben. Manche Podcasts dauern nur wenige Minuten, andere hingegen bis zu zwei Stunden. Derartige Längen schrecken jedoch eher ab und sollten vermieden werden. Für Business-Podcasts ist eine Länge zwischen zehn und 45 Minuten ideal. Holen Sie hierfür am besten das Feedback Ihrer Hörer ein.

- Um einen Podcast zu veröffentlichen, müssen Sie die Audio-Dateien irgendwie **hosten**. Viele Podcaster nutzen dafür Dienste wie Soundcloud (www.soundcloud.com), die gratis sind oder nur wenige Euro kosten. Auch ein Selbsthosting ist möglich, aber aufwendiger.

- Der größte Verbreitungskanal des Podcasts ist sicherlich **iTunes**. Um dort gelistet zu werden, müssen Sie den Feed des Hosters, wo Sie Ihren Podcast verwalten, bei iTunes einreichen. Nach einer Prüfung wird dieser dann freigeschaltet und ist fortan auffindbar. ITunes ist deshalb so wichtig, weil sehr viele Nutzer in den Vorschlägen und vor allem den Podcast-Charts nach Inspiration suchen. Je mehr Hörer Sie haben, desto höher werden Sie dort gelistet und desto mehr Hörer finden Sie wiederum. Wer es schafft, mit seinem Podcast in die Download-Charts von iTunes und Co. zu kommen, kann auch in Deutschland teilweise mit sechsstelligen Abrufzahlen rechnen, je nach Thema und Konkurrenzdichte. Damit wird der Podcast zu einem wichtigen und starken Marketingkanal.

- Um den vollen Effekt auszuschöpfen, sollten Sie den Podcast auch bei verschiedenen anderen **Diensten und Verzeichnissen** anmelden. Aktuelle Listen solcher Dienste finden Sie über eine schnelle Google-Suche.

- Wichtig beim Podcast ist eine regelmäßige **Frequenz**. Viele Podcasts schlafen nach einigen Folgen wieder ein (ich selbst bin da leider auch kein glänzendes Vorbild), Konstanz wird aber belohnt. Erfolgreiche Podcaster veröffentlichen meist wöchentlich, teilweise sogar noch häufiger.

- Nutzen Sie zum Vermarkten des Podcasts auch wieder Ihre anderen Kanäle. Weisen Sie auf Facebook darauf hin, empfehlen Sie Ihren Podcast in Ihrem Newsletter, schreiben Sie einen Blogbeitrag zur neuen Episode, schalten Sie Werbeanzeigen dafür usw. Vor allem am Anfang ist es wichtig, den Podcast aktiv zu pushen, damit sich eine Stammhörerschaft etabliert.

2.7 Checkliste: Die ersten Schritte im Social-Media-Marketing

Sie haben nun eine ganze Menge an Tipps für die wichtigsten Social-Media-Kanäle erhalten und wissen, wie Sie eine Strategie aufbauen. Vielleicht fragen Sie sich jetzt, wo Sie anfangen sollen. Vielleicht sehen Sie vor lauter Bäumen den Wald nicht. Dann soll Ihnen diese Checkliste weiterhelfen. Gehen Sie diese Schritte der Reihe nach an und Sie werden schon bald die ersten Erfolge im Social Web verzeichnen können.

1. **Strategische Grundfragen:** Arbeiten Sie den Strategieplan aus Kapitel 2.5 ab. Klären Sie vor allem die Ausgangsbasis, die Ziele und die Zielgruppen. Definieren Sie die Kanäle und welche Inhalte Sie grundsätzlich posten wollen. Beantworten Sie für jeden Kanal konkret die Frage, welchen Nutzen Sie dort bieten, warum man Ihnen folgen sollte und inwiefern der Kanal auf Ihre Unternehmensziele einzahlt. Definieren Sie außerdem, woran Sie den Fortschritt und Erfolg Ihrer Maßnahmen definieren wollen.

2. **Ressourcen und Zuständigkeiten:** Klären Sie intern ab, welche Ressourcen für Social Media bereit stehen oder freigemacht werden können. Wer soll das Thema verantworten? Wird eine Agentur beauftragt oder soll alles inhouse erledigt werden? Wird ein Team zusammengestellt oder liegt alles in einer Hand? Können Mitarbeiter miteinbezogen werden?

3. **Social Media Guidelines:** Aber einer gewissen Größenklasse bzw. Komplexität sind Guidelines für Mitarbeiter wichtig. Diese Guidelines erklären, warum und wie das Unternehmen Social-Media-Kanäle einsetzt und was von den Mitarbeitern erwartet wird. Lassen Sie sich bei der Erstellung der Guidelines unbedingt von einem erfahrenen Anwalt beraten, da schnell arbeitsrechtliche oder sonstige Probleme auftreten können.

4. **Kanäle einrichten:** Wenn die Grundlagen geklärt und die Kanäle definiert sind, richten Sie die Kanäle ein (sofern noch nicht vorhanden). Achten Sie auf eine gewisse Einheitlichkeit und Wiedererkennbarkeit, aber natürlich auch auf eine optimale Anpassung an den jeweiligen Kanal.

5. **Kanäle befüllen:** Bei den Archiv-Kanälen ist es sinnvoll, bereits einige Inhalte vorrätig zu haben, bevor Sie mit der großen Promotion starten. Bei Newsfeed-Kanälen ist das nicht unbedingt erforderlich, schadet aber auch nicht. Laden Sie also zum Beispiel bereits bestehende Videos bei YouTube hoch, legen Sie Ihre ersten Pinnwände bei Pinterest an, füllen Sie Slideshare mit einigen Präsentationen oder Dokumenten.

6. **Kanäle bekannt machen:** Nutzen Sie die in diesem Kapitel angesprochenen Schritte, um die Kanäle bei den Kunden bekannt zu machen, allen voran die Website, den Newsletter, die E-Mail-Signatur, Pressekanäle und vielleicht einige Printmedien.

7. **Aktivität zeigen:** Starten Sie in einem Tempo, das Sie langfristig durchhalten können. Der Anfangsenthusiasmus verebbt oft schnell, die erste »Dürreperiode«, die fast immer eintritt, wenn die erhofften Reaktionen ausbleiben, müssen Sie aber überstehen. Sehen Sie die Social-Media-Kanäle von nun an als festen Bestandteil Ihres Marketingmixes und halten Sie durch. Mit der Zeit steigen Reichweiten und Reaktionen der Zielgruppen, eine gute strategische Arbeit Ihrerseits vorausgesetzt, fast immer an.

8. **Auswerten:** Legen Sie regelmäßige Intervalle zur Erfolgsmessung fest, beispielsweise anfangs einmal die Woche oder alle zwei Wochen. Was hat sich getan? Wie sind Aufrufzahlen, Fans/Abonnenten, Klicks usw. gewachsen? Sind bereits erste harte Business-Ziele erreicht worden? Was hat gut funktioniert, was weniger? Was können Sie daraus ableiten?

9. **Testen, probieren, experimentieren:** Bleiben Sie trotz vorgegebener Strategie flexibel. Achten Sie auf neue Trends und Themen. Probieren Sie einige mutige Ideen aus, haben Sie keine Angst vor Fehlern. Jeder muss Social-Media-Marketing erst lernen und fast alle Fehler lassen sich wieder gutmachen. Testen Sie vor allem fleißig – Anzeigentexte, Überschriften, Versprechen, Angebote, Inhalte.

10. **Vernetzen und Weitergeben:** Noch ein persönlicher Rat – vernetzen Sie sich mit anderen Social-Media-Aktiven. Besuchen Sie (oder schicken Sie einen Ihrer Mitarbeiter) mal ein Barcamp oder eine Konferenz. Lesen Sie etwas in Facebook-Gruppen mit. Teilen Sie auch Ihre eigenen Erfahrungen mit anderen. Kaum eine Branche ist so vernetzungsfreudig und hilfsbereit wie Social-Media-Verantwortliche. Lassen Sie Ihr Unternehmen Teil davon werden, Sie werden es nicht bereuen.

2.8 Interview mit Chris Dippold

! **Über Chris Dippold**

 Als Digital Native beschäftigt sich Chris Dippold seit Jahren mit sozialen Medien und unterstützt Unternehmen beim Aufbau und der Optimierung ihrer digitalen Strategien. Den Schwerpunkt legt der 25-jährige Bamberger hierbei vor allem auf Facebook-Marketing. In Beratungen, Workshops und Vorträgen zeigt er den Teilnehmern, welche Möglichkeiten es gibt und worauf es ankommt, um erfolgreicher zu werden.

1. Was waren für dich in den letzten Jahren die spannendsten Entwicklungen im Social-Media-Marketing, die für kleinere Unternehmen besondere Chancen bieten?

Für mich ist das ganz klar die Entwicklung von Facebook Inc. als Konzern mit seinen Plattformen Facebook, Facebook Messenger, Instagram und WhatsApp. Wir bekommen über diese Plattformen einen besseren Draht zum eigenen Kunden, können mit diesem viel einfacher kommunizieren und eine Beziehung aufbauen. Durch Bewegtbilder wie zum Beispiel Live-Videos können Unternehmen authentische Einblicke ins Unternehmen geben. Mit Facebook-Gruppen lassen sich eigenständige Communitys aufbauen, und das Thema Chatbots wird uns in den nächsten Jahren sicher auch noch begleiten. Es gibt unzählige Chancen, die besonders kleinere Unternehmen haben, um erfolgreich im Social-Media-Marketing zu werden.

2. Wenn ein KMU neu mit Social-Media-Marketing starten will – worauf kommt es an? Wie sollten die ersten Schritte aussehen? Und welche Fehler sollten vermieden werden?

Zunächst einmal sollte sich das Unternehmen fragen, welches Ziel es über Social-Media-Marketing überhaupt verfolgen möchte. Danach, wer die Zielgruppe für dieses Ziel ist und auf welchen Plattformen sich das Ziel am sinnvollsten erreichen lässt.

Der größte Fehler, den viele Unternehmen machen, besteht darin, ohne ein Ziel und einer Strategie an das Thema Social Media heranzugehen. Der zweitgrößte Fehler ist es, keinen Fokus auf eine Plattform zu haben, sondern zu denken, man müsse überall präsent sein Nur weil ein Unternehmen ein Profil auf Facebook, Instagram, WhatsApp, Twitter, YouTube, XING, LinkedIn, Pinterest und Google Plus hat, ist es noch lange nicht erfolgreich. Ganz im Gegenteil. Diese Profile sind aufgrund von Ressourcen-Mangel oftmals veraltet und meistens nicht aktiv genug, um überhaupt jemals erfolgreich zu werden.

Am Anfang sollte sich daher ein KMU auf eine Plattform fokussieren und diese richtig nutzen. Wer schon am Anfarg Schwierigkeiten hat, der sollte sich einen Experten mit ins Boot holen, der den Aufbau und die Strategie begleitet. So können viele Fehler vermieden werden.

3. Stichwort Facebook Ads: Was sollten KMU unbedingt testen? Womit lässt sich bei kleinem Budget besonders viel rausholen?
Ich bin der festen Überzeugung, dass eine Unternehmensseite auf Facebook ohne das regelmäßige Schalten von Werbeanzeigen weniger Sinn macht. Ohne bezahlte Reichweite erreichen wir in der Regel nur einen Teil unserer eigenen Fans, aber nicht die Menschen, die uns noch gar nicht kennen. Wer Zeit und somit Geld in Facebook investiert, sollte auch Geld in Reichweite investieren, damit auch wirklich die richtigen Menschen erreicht werden.

Egal ob kleines oder großes Budget: Um möglichst viel herauszuholen, empfehle ich, sich mit dem Thema Werbeanzeigen mehr auseinanderzusetzen. Ich fokussiere mich seit mehreren Jahren auf das Thema Facebook Ads und mir fällt immer wieder auf, dass viele Unternehmen, die Geld in Facebook-Werbung investieren, wenig Ahnung davon haben. Da passieren dann die einfachsten Fehler, die dann dafür sorgen, das Tausende von Euros verbrannt werden.

Mein Tipp: Beschäftigt euch mit dem Werbeanzeigenmanager und dem richtigen Zielgruppen-Targeting. Geeignete Interessen, die ihr als Zielgruppe auswählen könnt, könnt ihr vor allem mit den Zielgruppenstatistiken (Audience Insights) auf Facebook herausfinden. Dazu solltet ihr bei jeder Kampagne verschiedene Zielgruppen, Platzierungen, Anzeigenbilder und Texte ausprobieren – und eure eigenen Erfahrungen sammeln.

4. Welche Möglichkeiten bieten soziale Medien insbesondere für lokale Unternehmen?

Facebook hat mit seinen Local Awareness Ads eine spannende Möglichkeit vor allem für lokale Unternehmen ins Leben gerufen. So können wir mit Facebook-Werbung fast auf den Meter genau bestimmen, wer unsere Anzeigen sehen soll. Wir können Touristen in einer Stadt ansprechen und sie auf unser lokales Unternehmen aufmerksam machen, aber auch den jahrelangen Kunden im Umkreis immer wieder mit neuen Informationen ansprechen.

Auch Plattformen wie Yelp & Co. sind nicht zu unterschätzen. Wenn ein Restaurant zum Beispiel nicht auf Yelp zu finden ist, dann wird es bei der Spracherkennung von Apple Siri nicht gefunden. Daher ist meine Empfehlung für lokale Unternehmen, sich Plattformen wie Yelp, aber auch Google My Business und weitere Plattformen näher anzusehen.

5. Welche kleineren Unternehmen sind im Bereich SoLoMo besonders gut aufgestellt? Was sind deine Lieblingsbeispiele und was machen die richtig?

Karin Eminger Friseure ist ein perfektes Beispiel für das Prinzip SoLoMo. Karin Eminger ist eine selbstständige Friseurmeisterin mit fünf eigenen Angestellten in einer kleinen Stadt namens Baunach. Wenn wir uns das Prinzip SoLoMo näher ansehen, dann gibt es dort drei Aktivitäten, die im Mittelpunkt stehen: sozial, lokal und mobil.

Der soziale Aspekt bildet bei Karin Eminger Friseure die Facebook-Seite, bei der vor allem die Kommunikation mit den Kunden im Vordergrund steht. Das Friseurgeschäft präsentiert dort neue Aktionen, Angebote und Ergebnisse der einzelnen Dienstleistungen, wie zum Beispiel Fotos von Haarverlängerungen. Die Kunden interagieren dort mit Kommentaren und Bewertungen zu den Dienstleistungen oder dem Unternehmen selbst. Die potenziellen Neukunden können sich dort vorab informieren, erste Meinungen und Kundenbewertungen über das Friseurgeschäft einholen. Über die Nachrichten-Funktionen können sie außerdem erste Fragen stellen und einen Termin vereinbaren.

Im Bereich lokal fokussiert sich Karin Eminger Friseure auf das Thema Google My Business, Yelp, Facebook und Facebook-Werbung mit Local-Awareness-Ads-Kampagnen.

Und das Schöne am mobilen Prinzip: Die Kunden können sich über ihre mobilen Geräte, ganz egal ob Smartphone, Tablet oder sogar Sprachassistenten wie Apple Siri oder Amazon Alexa, über das Friseurgeschäft informieren oder sogar direkt in Kontakt treten. Sie können sich mit Google Maps direkt ins Geschäft navigieren lassen, über Facebook einen Termin vereinbaren oder sogar Siri nach den Öffnungszeiten fragen.

Und auch hier sind den Ideen noch lange keine Grenzen gesetzt. In einer eigenen App könnte zum Beispiel die Terminvereinbarung mit einer Kalender-Funktion ausgestattet werden, damit der Kunde nicht anrufen muss. Die App könnte mit einer Mitgliederkarte oder sogar einer Bezahlfunktion gekoppelt werden. Mit Push-Benachrichtigungen kann an Termine oder bestimmte Aktionen erinnert werden. Aber auch auf Facebook könnte ein Chatbot die Arbeit bei eingehenden Nachrichten unterstützen. So könnten bei häufig gestellte Fragen zum Beispiel vordefinierte Antworten verschickt werden oder bei Terminanfragen automatisch freie Termine des gewünschten Friseurs vorgeschlagen werden.

Ich denke, an diesem Beispiel kann man gut erkennen, in welche Richtung das Thema gehen kann. Wir müssen uns intensiver mit unseren eigenen Kunden auseinandersetzen und ihnen vor allem als lokales Unternehmen mehr smarte Lösungen anbieten, um sie langfristig zu überzeugen und glücklich zu machen.

3 Local – Lokales Online-Marketing

Lange Zeit galt das Internet eher als interessant für große, bekannte Marken und Unternehmen, die weltweit ihre Zielgruppen erreichen wollten. Kleine Unternehmen entdeckten das Internet erst nach und nach für sich und taten auch nur zögerlich die ersten Schritte: eine eigene Website, eher als Visitenkarte denn als umsatzrelevante Plattform, später dann vielleicht noch ein Einblick ins Ladenlokal, die Vorstellung des Teams oder die Angabe von Anfahrt und Öffnungszeiten.

Mittlerweile haben sich diese Zeiten natürich geändert. Gerade für kleinere Unternehmen hat sich das Internet als kostengünstiger und hochrelevanter Marketingkanal herausgestellt. In spezifischen Nischen können sie hervorragend gegen die Großen bestehen.

Um lokales Online-Marketing geht es daher in diesem Abschnitt des Buches. Und Sie werden feststellen, dass es viele Möglichkeiten gibt, die Sie noch lange nicht ausgeschöpft haben.

3.1 Definition und Abgrenzung

Unter den Begriff »Local« fallen alle Maßnahmen, die einen regionalen Bezug haben, soweit keine Überraschung. Dabei ergeben sich natürlich Schnittmengen mit den Bereichen Social und Mobile (deshalb konvergieren diese drei Bereiche so stark). Auch viele andere Marketingmaßnahmen, die eigentlich keinen regionalen Bezug haben, lassen sich lokal denken und nutzen. Nehmen wir als Beispiel Google AdWords, ein Marketingkanal, der für fast alle größeren Unternehmen eine wichtige Rolle spielt. Die Anzeigen können entweder weltweit (global) oder bundesweit (national) geschaltet werden, oder auch in verschiedenen ausgewählten Ländern (multinational). Gleichzeitig aber auch sehr spezifisch nur in einer Stadt, in einer Region oder sogar in einzelnen Stadtteilen bzw. in einem sehr engen Radius um einen bestimmten Punkt. Damit werden die Anzeigen sogar für Unternehmen spannend, die ihre Kundschaft prinzipiell überwiegend nur in einem einzelnen Viertel finden (z. B. der Schneider, der Bäcker oder der Friseur).

Damit ist Local-Marketing also nicht unbedingt ein eigener Bereich des Marketings, sondern eher eine Mischung aus vielen Marketingmethoden, die eben speziell für lokale Zielgruppen eingesetzt werden.

In diesem Buch konzentrieren wir uns auf die Formen, die Ihnen schnelle Ergebnisse und den größtmöglichen Nutzen bei geringem Budget bringen können. Das sind vor allem:

- Lokale Anzeigen in Suchmaschinen
- Lokale Suchmaschinenoptimierung
- Lokale Bewertungsplattformen
- Lokales Social-Media-Marketing (sofern nicht bereits in Kapitel 2 behandelt)
- Sowie einige Ansätze aus dem Bereich »Proximity-Marketing«, die entweder schon heute für Sie relevant sein können oder die sie auf dem Schirm haben sollten.

Übrigens sind auch die Schnittmengen zum **lokalen Offline-Marketing** fließend. Sofern Sie also hier verstärkt aktiv sind, sollten Sie unbedingt die Online-Marketing-Aktivitäten miteinbeziehen. Das kann sich zum Beispiel wie folgt äußern:

- Wenn Sie lokal **Plakatwerbung** buchen, nennen Sie die Website, die Social-Media-Kanäle oder einen speziellen Hashtag gut sichtbar auf dem Plakat.
- Gleiches gilt für die oft noch obligatorischen **Zeitungsanzeigen**. Auch hier sollte zumindest immer die Website genannt werden oder aber eine spezielle **Landingpage**.
- Für viele kleine Unternehmen sind zum Beispiel die **Firmenfahrzeuge** wichtige Werbeflächen. Auch hier muss die Firmenwebsite groß und gut sichtbar angebracht sein.
- Auch **Aktionen vor Ort** (im Unternehmen/Laden, auf Festen oder lokalen Messen, auf dem Weihnachtsmarkt) sollten online verlängert werden. Das fängt mit Hinweisen auf die Aktion zum Beispiel über soziale Medien oder lokale Bannerwerbung an und geht bis hin zu speziellen Maßnahmen vor Ort, zum Beispiel über ein Gewinnspiel, bei dem unter allen, die ein Bild auf Instagram posten, etwas verlost wird.

Offline-Marketing ohne Einbeziehung der Online-Kanäle verschenkt Budget und lässt Chancen ungenutzt liegen. Diesen Fehler sollten Sie vermeiden.

3.2 Bedeutung des Local-Marketings

Um zu verdeutlichen, wie relevant lokales Online-Marketing mittlerweile ist, eignen sich einige Zahlen und Statistiken. Teilweise sind diese Zahlen schon einige Jahre alt, weshalb wird davon ausgehen dürfen, dass die Entwicklung mittlerweile schon deutlich weiter ist.

- Drei von vier Deutschen suchen regelmäßig nach lokalen Informationen vor Ort (Google 2015, https://storage.googleapis.com/think-v2-emea/docs/research_study/Report_Google_Local_Search_Behavior_DE_1.pdf).
- 51 % der befragten Personen in einer Google-Studie suchten unterwegs mobil nach Informationen (Google 2014, https://www.locafox.de/blog/neue-google-studie-wie-nutzen-kunden-das-web-fuer-lokale-suchanfragen/).
- Personen, die mobil und lokal eine Suchanfrage durchgeführt haben, handelten zu 78 % innerhalb weniger Stunden (z. B. Besuch im Laden, Bestellung oder Anruf) (Comscore 2014).
- 18 % der lokalen Smartphone-Suchen führten direkt zu einem Kauf im Ladenlokal am gleichen Tag (Google 2014).
- Überhaupt sind lokale Händler bei vielen Nutzern nicht abgeschrieben: 30 % der Kunden würden den Kauf im Laden vorziehen, wenn sich ein Geschäft in der Nähe befindet (das natürlich auch online auffindbar sein muss, um überhaupt relevant zu werden). 35 % sehen in der sofortigen Produktverfügbarkeit im Laden einen großen Vorteil gegenüber dem Internet. (Google 2014).
- 70 % der Online-Nutzer wünschen sich mehr lokale Anzeigen (Google 2014).
- 9 von 10 befragten Personen suchen nach lokalen Angeboten über ihr Smartphone. Im Vordergrund stehen dabei Öffnungszeiten, Anfahrtsbeschreibungen sowie Angebote (Google 2015).
- 27 % der Befragten verwendeten bereits den Anruf-Button in einer Google-Anzeige, 35 % den Link zur Anfahrtsbeschreibung (Google 2015).
- Ein Drittel der Internetnutzer liest lokale Blogs als Ergänzung zu Regionalmedien. Die Verteilung ist dabei in allen Altersklassen relativ ähn-

lich, sogar in der Gruppe der Über-65-Jährigen sind es noch 26 % (https://www.bitkom.org//Presse/Presseinformation/Ein-Drittel-der-Internet-nutzer-liest-lokale-Blogs.html).

Besonders interessant in diesem Zusammenhang ist die »Local Consumer Review Survey« von BrightLocal, deren aktuellste Auflage aus dem Jahr 2016 stammt. Die Kernergebnisse dieser Studie, die sich zwar auf die USA bezieht, aber mit wenigen Abstrichen auch hierzulande übertragbar sein dürfte:

- Nur 5 % haben in den letzten 12 Monaten nicht nach lokalen Geschäften online gesucht, 11 % suchen sogar täglich, 53 % immerhin mindestens monatlich (ein deutliches Wachstum gegenüber 2014).
- 91 % der Konsumenten lesen Online-Bewertungen von lokalen Unternehmen.
- Diese Bewertungen werden überwiegend über Suchmaschinen gefunden (63 %), 37 % finden diese aber auch direkt auf Bewertungsplattformen. Das zeigt, dass es wichtig ist, in »beiden Welten« präsent zu sein – sowohl bei Google und Co, aber auch auf lokalen Bewertungsplattformen wie Yelp oder Tripadvisor.
- Die Unternehmen, bei denen Bewertungen die größte Rolle spielen, sind Restaurants, Cafés, Hotels, Unternehmen der Gesundheitsbranche, Bekleidungsgeschäfte, Friseure und Beauty-Salons, Lebensmittelgeschäfte sowie Automobilwerkstätten/Autohändler usw.
- 90 % der Befragten lesen nur zehn Bewertungen oder weniger, um sich eine Meinung zu bilden. Allerdings nutzen 59 % immerhin zwei bis drei Bewertungsseiten, um sich einen umfassenderen Überblick zu verschaffen. Nur 20 % geben sich mit einer einzigen Bewertungsseite zufrieden.
- Das Sternerating ist bei lokalen Geschäften der wichtigste vertrauensbildende Faktor. Auch die Aktualität der Bewertungen spielt eine Rolle.
- Drei von fünf Sternen sollten es dabei allerdings schon sein. Für 42 % reicht das aus, 37 % wollen mindestens vier Sterne sehen. Nur 8 % verlangen die vollen fünf Sterne.
- 74 % geben an, dass positive Bewertungen das Vertrauen in das Unternehmen steigern, 60 % lassen sich durch negative Bewertungen zum Zweifeln bringen.
- 84 % der Befragten vertrauen Online-Bewertungen genauso wie persönlichen Empfehlungen.

- 54% besuchen nach dem Lesen von positiven Bewertungen die Website des Unternehmen, 19% besuchen das Unternehmen lokal und 17% suchen nach weiteren Bewertungen, um ihre Meinung zu validieren.
- 7 von 10 Befragten würden eine Bewertung hinterlassen, wenn sie danach gefragt würden.
- 47% haben in den letzten 12 Monaten Unternehmen auf Facebook empfohlen, 25% auf Google, 16% auf Yelp.

Ich empfehle Ihnen, diese Studie einmal durchzulesen, die Ergebnisse sind sehr aufschlussreich für lokale Unternehmen (https://www.brightlocal.com/learn/local-consumer-review-survey/).

Abb. 1: Die allermeisten Menschen suchen regelmäßig nach lokalen Unternehmen (Quelle: BrightLocal)

3.3 Lokale Suchmaschinenwerbung

Anzeigen in Suchmaschinen gehören insgesamt zu den interessantesten Werbeformaten, die uns zur Verfügung stehen. Der Grund: Als eine der wenigen Werbeformen handelt es sich bei diesen Anzeigen nicht um die üblichen Unterbrecher, die uns bei dem stören, was wir eigentlich gerade tun.

Wann begegnet uns Werbung normalerweise? Wir wollen einen Film im Fernsehen anschauen und erdulden die Werbung, damit wir den Film weitergucken können. Im Radio erdulden wir die Werbung, weil danach die Nachrichten kommen oder die Musik weitergeht. Aus der Zeitung werden erst einmal jede Menge Beilagen rausgeworfen, bevor wir die Inhalte lesen können. Aus dem Briefkasten müssen wir die erwünschten Briefe aus einem Wust von Werbung herausfischen. Wir besuchen Websites und ärgern uns, dass die Banner uns ablenken oder sich sogar über die Inhalte legen. In jedem Fall aber stört uns die Werbung bei dem, was wir gerade tun.

Bei Suchwortanzeigen sieht das anders aus: Wir haben ein aktuelles Suchbedürfnis und finden Treffer, die zu unserem Bedürfnis passen – und dazu eben auch bezahlte Treffer, die aber ebenfalls sehr genau zu unserem Wunsch passen. Dazu kommt, dass diese Werbung nicht blinkt, sich nicht über den Inhalt legt, den Browser nicht zum Einsturz bringt, sondern sich relativ dezent über, unter oder neben den Inhalten befindet. Und zwar auch nicht in nerviger Bannerform, sondern als schlichte Text-Anzeigen. Tests und Erfahrungen zeigen, dass viele Menschen solche Suchanzeigen auch gar nicht als Werbung wahrnehmen, sondern sie zum Beispiel als weiterführende oder hervorgehobene Ergebnisse einstufen. Das erklärt auch, warum die Klickraten auf solche Werbeanzeigen im Vergleich zu normaler Online-Werbung noch sehr hoch ausfallen: Klickraten im ein- oder sogar zweistelligen Prozentbereich sind keine Besonderheit, während die Klickraten auf Werbebanner meist bei deutlich unter einem Prozent liegen, oft sogar im Promillebereich.

3.3.1 Vorteile und Prinzipien der Suchwortanzeigen

Die Hauptvorteile der Suchwortanzeigen wie zum Beispiel bei Google Ad-Words sind also: hohe Akzeptanz bei den Zielkunden und vor allem die Ansprache des Kunden genau im richtigen Moment, nämlich genau dann, wenn er gerade etwas Entsprechendes sucht. Einen besseren Zeitpunkt lässt sich momentan noch nicht abpassen. (Das wird erst funktionieren, wenn wir direkt auf das Gehirn des Suchenden zugreifen können, aber das wird hoffentlich noch eine Weile dauern ...)

Aber auch darüber hinaus haben solche Anzeigen enorme **Vorteile** gegenüber anderen Formen der Online-Werbung (auf normale Bannerwerbung gehen wir deshalb in diesem Buch nicht näher ein).

- Das **Budget** lässt sich sehr **dynamisch verwalten, gezielt einsetzen und nach Wunsch deckeln.** Sie entscheiden, wie viel Sie maximal pro Tag ausgeben wollen und was Ihnen ein Klick auf diese Anzeige wert ist. Sie entscheiden auch, wie lange die Anzeige laufen soll. Und wenn Sie morgen im Laufe des Tages feststellen, dass Sie das Ganze doch lieber beenden wollen, können Sie das sofort tun. Stellen Sie dagegen fest, dass die Anzeige Ihnen Anfragen wie verrückt beschert, erhöhen Sie das Tagesbudget einfach. Das Risiko, eines Tages mit einem Schuldenberg durch zu hohe Werbeausgaben aufzuwachen, ist dank des von Ihnen gedeckelten Tagesbudgets auf jeden Fall ausgeschlossen.

- Gerade ist es bereits angeklungen: Die Bezahlung erfolgt auf Klickbasis (Cost-per-Click oder CPC). Das bedeutet, nur wenn tatsächlich ein Besucher für Ihre Website gewonnen wurde, fallen Kosten an. Das ist eines der fairsten Abrechnungsmodelle. Bei klassischer Online-Werbung wird oft immer noch pro Tausend Bannereinblendungen abgerechnet – ob Sie daraus auch nur einen einzigen Besucher generiert haben, ist völlig offen. Der maximale Klickpreis, den Sie zu bezahlen bereit sind, definieren Sie. Es kann zwar sein, dass Ihre Anzeigen dann nicht mehr geschaltet werden, wenn Ihr Maximalgebot zu gering ist, Ihr Kostenrisiko ist aber in jedem Fall gedeckt. Mehr als den maximalen Klickpreis (MaxCPC) bezahlen Sie nicht.

- Für das lokale Marketing lässt sich der **geografische Schaltungsbereich** der Anzeigen sehr genau eingrenzen. Sie können im AdWords-Backend (und analog auch beispielsweise bei Bing-Anzeigen oder Facebook-Ads) zum Beispiel ein Bundesland, eine Stadt oder einen selbst definierten geografischen Bereich auswählen, in dem die Anzeigen erscheinen sollen. Google ermittelt den Aufenthaltsort der Person zum Beispiel via IP-Adresse und Einwahlknoten, per GPS oder durch ähnliche Verfahren, wenn die Anzeige auf dem Smartphone erscheinen soll. Sie können also genau Ihr Vertriebsgebiet auswählen, ohne die sonst häufigen Streuverluste in Kauf nehmen zu müssen.

- Ein enormer Vorteil dieser Werbeform ist die genaue **Kontrolle**. Mal ehrlich, wenn Sie eine Anzeige in der lokalen Tageszeitung schalten, was wissen Sie dann über den Erfolg? Sie kennen die Auflage der Zeitung und eine theoretische Zahl von Personen, die Ihre Anzeige zumindest wahrgenommen haben könnten (ob das so ist, steht auf einem völlig anderen Blatt). Und dann können Sie natürlich die erkennbar über die Anzeige ausgelösten Anfragen, Käufe oder Website-Besuche messen (wenn Sie eine spezielle Landingpage oder Tracking-URL verwendet haben). Das war's. Bei den lokalen Suchanzeigen sind Sie dagegen sehr viel weiter: Sie sehen, wie oft die Anzeige tatsächlich ausgelöst wurde, also wie viele Menschen sie gesehen haben. Sie sehen die Klicks auf die Anzeige, also wie viele Website-Besucher Sie wirklich generiert haben, und was Sie das insgesamt sowie pro Besucher gekostet hat (natürlich ohnehin gedeckelt auf Ihren maximalen Klickpreis). Wenn Sie das entsprechend eingestellt haben, erfahren Sie auch, wie viele Conversions (also z. B. Anfragen, Käufe oder Anrufe) Sie durch die Anzeigen erhalten haben und was Sie dafür bezahlen mussten. Und das alles runtergebrochen bis auf das einzelne Keyword. Und natürlich alles fast in Echtzeit. Viel besser geht es nicht mehr.

- Die **Reichweite** der Suchanzeigenwerbung via Google ist durch kein anderes Medium zu erzielen. Google nutzen weit über 80 % der Onliner regelmäßig, Sie erreichen also einen Großteil der Deutschen. Darüber hinaus können Sie die Anzeigen aber nicht nur bei Google, sondern auch bei diversen Suchpartnern wie T-Online.de, GMX.net, Freenet.de oder Web. de schalten. Kunden, die dort suchen, können Ihre Anzeigen ebenfalls eingeblendet bekommen. Zusammen haben diese Suchdienste einen Marktanteil von über 95 % in Deutschland.

- Und wenn Sie sich doch entscheiden, auch **Banner-Werbung** zu schalten, können Sie das ebenfalls über die gleiche Oberfläche tun. Denn in Google AdWords lassen sich nicht nur die Suchanzeigen verwalten, sondern auch das Google-Display-Werbenetzwerk, das größte Werbenetzwerk der Welt. Dort sind fast alle relevanten Websites angeschlossen: allgemeine Portale wie YouTube, Spiegel.de oder Zeit.de, Spezialportale wie Chefkoch.de, Handelsblatt.de oder Kicker.de, aber auch Hunderttausende von kleineren oder sehr speziellen Websites, Blogs, Foren und Portalen. Auch hier wird i. d. R. auf Klickbasis abgerechnet. Und natürlich können Sie auch hier alles lokal einstellen – die Banner werden also nur eingeblendet, wenn sich der Betrachter in Ihrem geografischen Zielbereich befindet.

- Grundsätzlich stehen Ihnen auch sehr viele fortgeschrittene Marketingmethoden wie zum Beispiel **Retargeting** zur Verfügung. Das bedeutet, Sie können erfassen, welche Besucher auf Ihrer Website, in Ihrem Shop oder in Ihrer App aktiv waren, aber zum Beispiel keinen Kaufabschluss oder keine Anfrage getätigt haben. Diese Besucher können Sie dann über die Anzeigen und Banner im Suchnetzwerk gezielt erneut ansprechen und so viele eben doch noch zum Kauf oder zumindest zum Wiederbesuchen der Website bewegen.

- Der wahrscheinlich größte Vorteil: Laut diverser Untersuchungen spielen AdWords-Anzeigen im Schnitt zwei Euro Umsatz pro eingesetztem Euro ein, generieren also einen **Return on invest** von 100%, was auf jeden Fall einen starken Wert darstellt (https://www.haufe.de/marketing-vertrieb/online-marketing/15-google-adwords-fakten-zum-geburtstag-infografik_132_325196.html). Der (geringe, aber durchaus vorhandene) Branding-Effekt, wenn jemand die Anzeige zwar sieht, aber nicht anklickt, bleibt dabei kostenlos.

Diese Vorteile und Möglichkeiten der lokalen Suchanzeigen sollten Sie überzeugen. In den folgenden Ausführungen werden wir uns auf Google AdWords konzentrieren, da Google, wie bereits angesprochen, mit enormem Abstand den größten Marktanteil und damit auch die größte Reichweite aufweist. Viele der Prinzipien lassen sich auch auf Bing Ads des Konkurrenten Microsoft übertragen. Bing kommt 2016 immerhin noch auf 4% Marktanteil in Deutschland, weltweit liegt der Anteil im niedrigen zweistelligen Bereich. Grund genug, einen Versuch mit Bing Ads zu starten, zumal die Klickpreise meist unter denen von Google liegen. Den großen Erfolg darf man sich jedoch aufgrund der geringen absoluten Reichweite nicht erwarten.

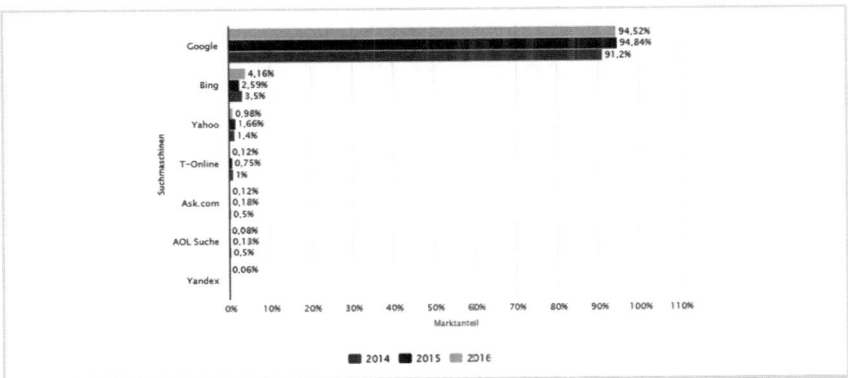

Abb. 2: Entwicklung der Marktanteile der großen Suchmaschinen in Deutschland (Quelle: https://de.statista.com/statistik/daten/studie/16784/umfrage/marktanteile-ausgewaehlter-suchmaschinen-in-deutschland/)

3.3.2 Google AdWords – Die ersten Schritte

Google AdWords ist das Anzeigensystem des Suchmaschinengiganten und gleichzeitig eines der größten und reichweitenstärksten Werbesysteme der Welt (2015 hat Google mit AdWords einen Umsatz von 44,46 Milliarden Euro erzielt). Alle oben beschriebenen Vorteile und Prinzipien gelten auch für Ad-Words.

Um Google AdWords nutzen zu können, benötigen Sie ein Google-Konto sowie einen AdWords-Account. Ersteres haben Sie vermutlich ohnehin schon, da darüber auch zum Beispiel Googlemail, Google Analytics oder Google+ läuft. Das AdWords-Konto müssen Sie nun in diesem Google-Konto anlegen. Das lässt sich relativ schnell unter https://adwords.google.com/ erledigen. Im Anzeigenkonto geben Sie unter anderem die Bezahlweise (z. B. per Kreditkarte oder Bankeinzug) sowie die Sprache des Kontos an, also allgemeine Angaben.

Sobald das erledigt ist, steht Ihnen das Google-AdWords-Konto zur Verfügung und Sie können mit der ersten Kampagne loslegen.

3.3.3 Eine lokale Kampagne anlegen

Als Beispiel soll uns hier eine einfache AdWords-Kampagne für ein lokales Unternehmen dienen, das seinen Einflussbereich vorwiegend in Köln und Teilen von Düsseldorf hat. Im ersten Schritt der Kampagne findet die Auswahl statt, welche Art von Kampagne überhaupt geschaltet werden soll: Suche + Display (also Bannerwerbung auf Partnerwebsites), nur Suche, nur Display oder Spezialformen wie Shopping-Kampagnen (für Online-Shops), Video-Werbung (bei YouTube) oder für Apps. Wir wählen hier als Beispiel eine reine Suchkampagne aus.

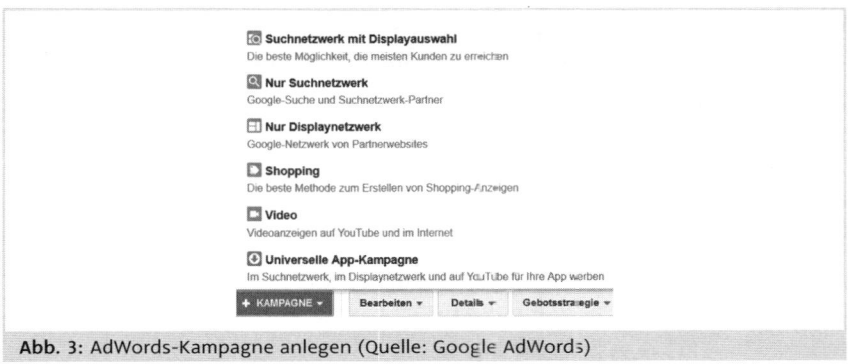

Abb. 3: AdWords-Kampagne anlegen (Quelle: Google AdWords)

Geben Sie der Kampagne einen eindeutigen Namen. Die Bezeichnungen sind nur für Sie intern, helfen Ihnen aber bei der Verwaltung des Kontos und beim Wiederfinden von Kampagnen.

Auf der folgenden Seite können Sie alle wichtigen Einstellungen für die Kampagne vornehmen. Für uns ist besonders die lokale Eingrenzung wichtig, die bei Google unter dem Punkt »Standorte« zu finden ist. Standardmäßig ist »Deutschland« ausgewählt, Sie können hier aber beliebige Städte, Postleitzahlen, Bundesländer oder andere Eingrenzungen vornehmen.

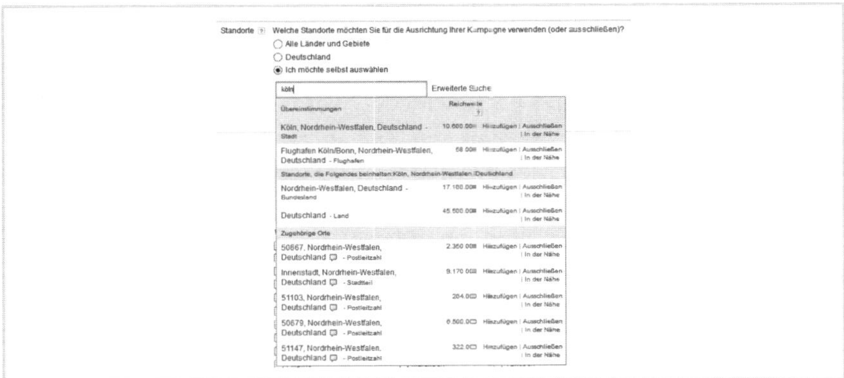

Abb. 4: Standort-Auswahl bei Google AdWords (Quelle: Google AdWords)

Für unser Beispiel wählen wir Köln, schließen aber Köln-Kalk aus. Zusätzlich wählen wir zwei Teile von Düsseldorf aus (die Stadtbezirke 1 und 3). In der Auswahl können Sie beliebig viele Orte kombinieren. Neben jedem Ort sehen Sie die ungefähre Anzahl an Personen, die über die Anzeigen in diesem Ort maximal erreicht werden können. Dabei handelt es sich um die theoretische Reichweite, also alle Menschen, die sich in diesem Umkreis aufhalten und Google nutzen. Ob diese Personen natürlich auch nach unseren Suchbegriffen suchen, wissen wir erst einmal nicht.

Abb. 5: Mehrere Standorte bei AdWords auswählen (Quelle: Google AdWords)

In einem der nächsten Schritte werden Sie nun aufgefordert, Ihren **maximalen Klickpreis** und das **maximale Tagesbudget** zu definieren. Da wir noch keine Anzeigen erstellt und noch keine Keywords ausgewählt haben, fällt es durchaus schwer, hier bereits einen sinnvollen Klickpreis zu definieren. Überlegungen, die dabei trotzdem schon helfen können, sind: Aus wie vielen Besuchern schaffe ich es im Durchschnitt, einen Kunden zu gewinnen? Wie viel Euro gibt ein Kunde im Durchschnitt bei uns aus? Daraus lässt sich ganz grob ermitteln, wie viel ein Klick maximal kosten darf. Diese Werte lassen sich später jederzeit anpassen.

Wir bieten für unseren Goldschmied einen maximalen Klickpreis von 2 Euro und definieren ein Tagesbudget von maximal 30 Euro. Vorgaben gibt es hier so gut wie keine. Der 2-Euro-Klickpreis bedeutet auch nicht, dass jeder Klick zwei Euro kosten wird. Es handelt sich ja nur um den maximalen Klickpreis, der nicht überschritten werden darf. Es ist sehr gut möglich, dass ein Klick später nur 20 oder 30 Cent kostet.

Besonders wichtig ist die nun folgende Auswahl der Anzeigenerweiterungen. Dabei handelt es sich um Angaben, die zusätzlich zu dem normalen Anzeigentext in der Anzeige auftauchen können. Je nach Anzeigentyp und -platzierung bietet Google hier verschiedene Möglichkeiten an. Für lokale Unternehmen spielen insbesondere die Erweiterungen »Standort« und »Anruf« eine große Rolle.

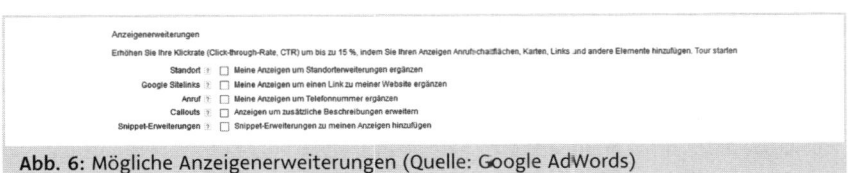

Abb. 6: Mögliche Anzeigenerweiterungen (Quelle: Google AdWords)

Die **Standorterweiterungen** ergänzen die Anzeige um einen Link zum Google-MyBusiness-Account und geben direkt die Adresse des Unternehmens sowie ggf. die Öffnungszeiten in der Anzeige an. Für lokale Unternehmen ist diese Erweiterung unverzichtbar, denn sie zeigt dem Kunden die räumliche Nähe zum Geschäft an und steigert die Interaktionsraten mit der Anzeige bzw. mit dem Unternehmen.

Wir kommen an späterer Stelle in diesem Kapitel auf das Google-MyBusiness-Center zurück. Sobald dieses angelegt ist, können Sie hier den Eintrag auswählen, den Sie mit der Anzeige verknüpfen wollen.

Die **Anruferweiterung** bietet die Möglichkeit, der Anzeige eine Telefonnummer hinzuzufügen. Das kann Ihre eigene Telefonnummer sein oder auch eine von Google vergebene Tracking-Nummer. Wenn Sie diese auswählen, wird der Anrufer auf die von Ihnen hinterlegte Telefonnummer weitergeleitet, der Anruf wird aber im System gemessen und analog zu einem Klick behandelt und abgerechnet. Dadurch können Sie einfacher auswerten, wie viele Anrufe Sie über die Anzeigen erzielt haben.

! Tipp: Anruferweiterung

Wenn Sie Ihre eigene Telefonnummer als Anzeigenerweiterung auswählen und jemand diese Nummer anruft, bleibt das für Sie kostenfrei! Sie erhalten also kostenlos Anfragen über Anzeigen, die per Klick eigentlich Geld kosten. Dafür fällt es schwer, den Erfolg zu messen. Eine Möglichkeit wäre, eine spezielle Durchwahl zu nutzen, die Sie nur für die Anzeigen nutzen. Dann wissen Sie, dass jeder Anrufer, der diese Nummer nutzt, über die Google-AdWords-Anzeige kam. Wenn Sie direkt die Google-Nummer verwenden, wird dieses Tracking einfach, der Anruf wird dann aber wie ein Klick bei Google verrechnet. Auf dem Smartphone lassen sich die Nummern in Anruferweiterungen übrigens direkt anklicken, wodurch das Anrufen sehr einfach wird.

! Wichtig: Keine Garantie

Sie sollten so viele Anzeigenerweiterungen wie möglich einbauen, denn Sie bezahlen dafür nicht mehr, erhalten aber eine größere und auffälligere Anzeige mit deutlich größerem Erfolgspotenzial. Trotzdem haben Sie keine Garantie, ob Google alle ausgewählten Erweiterungen oder auch nur eine einzige davon anzeigt. Google wählt die Anzeigenerweiterungen sehr dynamisch aus und definiert selbst, wann sie dem Suchenden am meisten Nutzen bieten, eine Garantie für die Darstellung gibt es nicht. Sehen Sie die Anzeigenerweiterungen also eher als eine Chance, mehr aus den Anzeigen herauszuholen als eine »Buchung« auf die Sie einen Anspruch haben.

In Abbildung 7 sind drei beispielhafte Anzeigen für den Suchbegriff »Goldschmied Köln« abgebildet. Alle drei enthalten die Standort-Erweiterung sowie Sitelinks. Die oberste darüber hinaus noch die Anruferweiterung, während die zweite noch sogenannte Callouts enthält, also eine weitere Textzeile, in der sich kurze Eigenschaften oder Argumente ergänzen lassen.

Abb. 7: Drei Anzeigen für den Suchbegriff »Goldschmied Köln« (Beispiel) (Quelle: Google AdWords)

Mit dem Abspeichern ist die Kampagne nun angelegt und kann mit Anzeigengruppen befüllt werden. Sie können übrigens nahezu beliebig viele Kampagnen anlegen (das Limit liegt bei 500 Kampagnen, das werden Sie aber so schnell nicht erreichen).

3.3.4 Anzeigengruppen in der Kampagne anlegen

Die Anzeigengruppen beherbergen die Anzeigen und die ausgewählten Keywords. Pro Kampagne können Sie 20.000 Anzeigengruppen anlegen, aber auch das werden Sie in der Praxis nie ausschöpfen. Es ist auch nur selten sinnvoll, sehr viele Anzeigengruppen in eine Kampagne zu legen, da sich alle Anzeigengruppen ja das gemeinsame Kampagnen-Tagesbudget teilen müssen und so eben pro Anzeige nur noch wenig Budget übrig bleibt.

Um also die erste Anzeigengruppe zu erstellen, müssen Sie als Erstes die Zielseite definieren, also die Seite, auf die Sie den Besucher leiten wollen.

> **Tipp: Landingpages** !
>
> Sie können als Zielseite natürlich eine normale Seite Ihres Web-Auftritts verwenden, zum Beispiel die Startseite oder eine Unterseite. Viele kleine Unternehmen fangen aus Kapazitätsgründen erst einmal so an. Besser wäre es jedoch, spezielle Landingpages zu bauen, die genau das Thema der Anzeige aufgreifen und ein konkretes Ziel haben, zum Beispiel eine Anfrage oder einen Anruf zu generieren. Die Landingpages sind nicht in der normalen Seitenstruktur zu finden, wodurch auch häufige Wechsel und Tests den normalen Besucher nicht verwirren – die Landingpage ist ausschließlich über die Anzeige aufrufbar.

Für diese Zielseite definieren Sie nun die Suchbegriffe, für die die Anzeige ausgelöst werden soll. Hier ist es prinzipiell sinnvoll, nicht zu viele Begriffe auszuwählen, denn die Suchbegriffe müssen hochrelevant für die Anzeige und die Zielseite sein. Für wie viele Begriffe kann eine Seite relevant sein? Für zwei? Sicher. Für fünf? Vermutlich auch noch, wenn sich die Begriffe ähneln. Für 30? Das dürfte schon sehr schwierig werden. Und wenn die Konkurrenz relevantere Zielseiten hat als Sie, werden Sie im Anzeigenranking nach hinten rutschen und höhere Klickpreise bezahlen müssen.

Erstellen Sie also eine kleine, eng umgrenzte Gruppe von Suchbegriffen, die sich genau auf die Zielseite (und das Suchbedürfnis des Kunden) beziehen und auf der Zielseite auch wiederzufinden sind. Auch hier gilt: Sie können später jederzeit einzelne Suchbegriffe rauslöschen oder neue hinzufügen. Aber starten Sie erst einmal mit einer Handvoll Begriffen. Bei lokalen Unternehmen ist es durchaus sinnvoll, als Option auch den Stadtnamen hinzuzufügen. Google wählt aus der Gruppe von Suchbegriffen, die Sie eingebucht haben, immer den aus, der am besten zur Suchanfrage des Kunden passt.

! Beispiel: Suchbegriffe

Angenommen, Sie haben »Goldschmied Köln« und »Goldschmied« als Suchbegriffe eingebucht und die Auslieferung der Anzeigen auf Köln eingegrenzt. Folgendes könnte nun eintreten:

- Der Suchende befindet sich in Köln und gibt »Goldschmied Köln« ein.
- Der Suchende befindet sich in Köln und gibt »Goldschmied« ein.
- Der Suchende befindet sich außerhalb von Köln.

Im letzten Fall erhält er die Anzeige ohnehin nicht ausgespielt, da wir die geografische Ausbreitung ja auf Köln eingeschränkt haben. Für eine Anzeigenschaltung kommen also nur die ersten beiden Fälle in Frage.

Wenn Sie nun sowohl »Goldschmied Köln« als auch »Goldschmied« eingebucht haben, kann Google auswählen, welcher Suchbegriff die Anzeige auslösen soll. Für die Anfrage »Goldschmied Köln« wird Google auch genau dieses eingebuchte Anzeigen-Keyword heranziehen und nicht das ebenfalls eingebuchte »Goldschmied«, da die Deckung zwischen Anfrage und eingebuchtem Begriff größer ist, also eine höhere Relevanz herrscht. Der Klickpreis wird für Sie günstiger und/oder Ihre Anzeige rutscht weiter nach oben. Googelt der Suchende dagegen nur »Goldschmied«, zieht Google entsprechend Ihr eingebuchtes »Goldschmied« heran. Es macht also Sinn, durchaus beide Versionen einzubuchen, auch wenn sie im Prinzip das Gleiche aussagen oder sich auf die gleiche Zielgruppe und Situation beziehen.

Ein wichtiger Punkt beim Einbuchen der Keywords ist auch das Verwenden von **Keyword-Optionen**. Denn wenn wir wie im Beispiel den Suchbegriff »Trauringe in Köln kaufen« einbuchen, verwenden wir automatisch die Suchoption »weitestgehend passend«. Das bedeutet, Google ist sehr frei darin, zu entscheiden, wann die Anzeige ausgelöst werden soll. Das kann zum Beispiel der Fall sein, wenn jemand nur einen Teil dieser Suchphrase eingibt. Oder Synonyme. Oder sonst etwas, was Google für passend hält. Wenn also, um in unserem Beispiel zu bleiben, jemand »Trauringe« sucht (ohne den Rest der eingebuchten Keyword-Phrase), könnte die Anzeige ausgelöst werden (was immerhin noch passend wäre). Aber auch zum Beispiel bei »Trauringe einschmelzen« oder sogar bei »Wo kann man Ringe gebraucht kaufen« und vielleicht sogar »Club Ringe Köln«, was sich auf die Kölner Partymeile bezieht und komplett zu Streuverlusten führt. Es ist also sinnvoll, diese extrem weite Passung etwas einzugrenzen. Genau dafür bietet Google die Keyword-Optionen an.

Eine Möglichkeit ist, den Suchbegriff in Gänsefüßchen einzubuchen. Dann müssen zumindest alle eingebuchten Begriffe in der Suchanfrage enthalten sein, damit die Anzeige auslöst. Nur »Ringe« würde also nicht auslösen. Es können in der Anfrage aber durchaus weitere Suchbegriffe enthalten sein, zum Beispiel vor oder nach dem eingebuchten Begriff.

Noch genauer wird die Passung, wenn man die Keywords in eckige Klammern einbucht. Diese als »exact match« bezeichnete Option bedeutet, dass nur, wenn genau die eingebuchten Begriffe (und sehr enge Varianten davon) gesucht werden, auch eine Anzeigenschaltung stattfindet. Das Keyword [Trauringe Köln] löst also keine Anzeige aus, wenn jemand nach »billige Trauringe Köln« sucht. Unter sehr engen Varianten versteht Google zum Beispiel Worte des gleichen Wortstamms (kaufen, Kauf, gekauft), Abkürzungen, aber mittlerweile auch sehr enge Synonyme. Trotz dieser nach und nach eingeführten »Aufweichung« des Exact-match-Prinzips lohnt sich diese Option nach wie vor vor allem bei eingeschränkten Budgets, wenn auch nach exakt dem Suchbegriff oft genug gesucht wird und zu viele, ähnliche Suchanfragen das Budget vorzeitig aufbrauchen würden.

Buchen Sie gern alle drei Optionen ein, dann entscheidet Google jeweils, welche Option zur aktuellen Suchanfrage am besten passt. Das kann in der Praxis zu geringeren Klickpreisen und höheren Klickraten führen. Unpassende Varianten können Sie dann selbst entfernen.

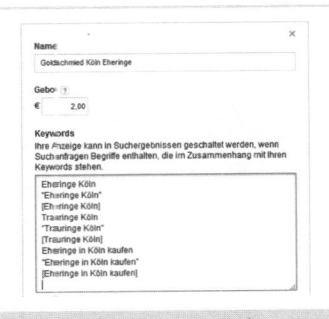

Abb. 8: Keywords mit Optionen einbuchen (Quelle: Google AdWords)

! **Beispiel: Fehlende Keyword-Optionen und Suchbegriff-Report**

Das Deutsche Institut für Marketing in Köln bietet unter anderem eine Ausbildung zum DiSG-Trainer an. Dabei handelt es sich um ein psychologisches Persönlichkeitsmodell, das auch im Coaching, in Führungskräfteschulungen, Teamtrainings oder im Verkauf eingesetzt wird. Im Englischen heißt das Modell »DiSC«.

Für die Google-AdWords-Kampagne wurde also auch das Keyword »Disc« eingebucht, ohne entsprechende Keyword-Optionen. Das kann anfangs durchaus sinnvoll sein, um zu prüfen, bei welchen Suchanfragen genau Google die Anzeige auslöst, um so auf weitere Keyword-Ideen zu stoßen (das lässt sich im Suchbegriffe-Report der AdWords-Kampagne auswerten).

Eine Analyse der Suchbegriffe, die für dieses Keyword zu Anzeigenklicks geführt haben, ergab nun, dass unter anderem Begriffe wie »Herr der Ringe Extended Blue Ray« die Anzeigenschaltung ausgelöst und Klicks generiert hatten. Da automatisch die Option »weitestgehend passend« verwendet wurde, war Google offenbar der Meinung, »Disc« (das eingebuchte Keyword) und »Blue Ray« (in der Suchanfrage) seien weitestgehend das Gleiche und das Auslösen der Anzeige daher eine gute Idee.

Da diese Anfrage natürlich überhaupt nichts mit dem eigentlichen Produkt zu tun hatte, handelte es sich um einen klassischen Streuverlust. Gut gemeint von Google, aber eben nicht im Sinne »des Erfinders«.

Es lohnt sich also, regelmäßig diesen Suchbegriff-Report zu prüfen, um herauszufinden, was die Menschen denn tatsächlich bei Google eingegeben haben, bevor sie auf die Anzeige klickten. Finden sich dort unpassende Begriffe, können diese als ausschließende Keywords in die Kampagne hinzugefügt werden, so dass Anfragen mit diesen Begriffen künftig keine Anzeigenschaltung mehr auslösen.

3.3.5 Anzeige erstellen

Nachdem Sie nun die Kampagne und die Anzeigengruppe angelegt haben, wird es Zeit, die erste Anzeige anzulegen (die dann automatisch in der erstellten Anzeigengruppe abgelegt wird). Hierfür liefert Google Ihnen eine Vorlage, die Sie nur noch ausfüllen müssen. Die Zeichenanzahl der Anzeigen wurde in den letzten Jahren stark erweitert, so dass Sie deutlich mehr Platz für einen überzeugenden Anzeigentext haben – knapp ist der Platz aber natürlich immer noch.

Eine **Anzeige** besteht aus einer URL, zwei Überschriften zu je 30 Zeichen und einem Beschreibungstext zu 80 Zeichen (und natürlich den bereits angesprochenen Anzeigenerweiterungen).

Einen guten **Anzeigentext** zu schreiben ist gar nicht so einfach. Werbetexter wissen, dass es viel schwieriger ist, einen kurzen Text zu schreiben als einen langen. Zusätzlich müssen Sie ja immer hochrelevant für die Suchbegriffe und die Landingpage schreiben. Das erfordert durchaus ein bisschen Übung.

Wichtig ist, in der Anzeige immer Produktnutzen, USPs oder Argumente zu formulieren, warum der Suchende jetzt auf diese Anzeige klicken sollte. Das können zum Beispiel Preisaktionen und Rabatte, besondere Qualitätsversprechen oder ähnliche Verstärker sein.

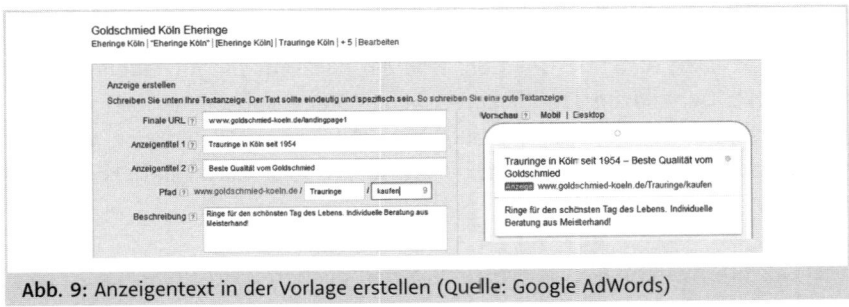

Abb. 9: Anzeigentext in der Vorlage erstellen (Quelle: Google AdWords)

Wortwiederholungen, Worte in Großbuchstaben oder mehrmals das gleiche Satzzeichen (z.B. »NEU NEU NEU« oder »Jetzt kaufen!!!«) sind übrigens nicht erlaubt. Wenn Sie diese Elemente verwenden, wird die Anzeige entweder sofort abgelehnt oder nach einer Überprüfung nicht mehr geschaltet und muss dann angepasst werden.

Eine Besonderheit ergibt sich noch bei der **URL**. Die angezeigte URL muss nicht die gleiche sein, auf die Sie die Besucher tatsächlich weiterleiten. Die Domain muss zwar übereinstimmen, aber der danach folgende Teil kann aus zwei frei wählbaren Worten bestehen. Dabei bietet es sich an, einen Pfad zu erstellen, der wieder die gewählten Keywords enthält, um eine höhere Relevanz zu signalisieren und die Klickrate steigen zu lassen. Wenn Sie mal etwas in den AdWords-Anzeigen bekannter Unternehmen herumklicken, werden Sie sehen, dass viele genau das machen – sie zeigen einen Pfad an, der Suchbegriffe enthält, leiten den Besucher aber auf eine anderslautende Landingpage weiter.

Wenn Sie die Anzeige nun abspeichern, prüft Google, ob Sie die Regeln (wie eben zum Beispiel keine Wortwiederholungen) eingehalten oder keine fremden Markenrechte in der Anzeige verletzt haben. Wenn alles o. k. ist, wird die Anzeige geschaltet, oft schon innerhalb weniger Minuten, fast immer aber innerhalb von ein bis zwei Stunden. Und schon können Sie lokal bei Google ganz oben stehen. Zumindest so lange, wie Sie die Anzeige live haben und für jeden Klick bezahlen.

3.3.6 Was kostet ein Klick?

Wir haben noch nicht besprochen, was ein Klick auf die Anzeige letztendlich kostet. Den maximalen Klickpreis haben Sie ja selbst definiert, aber der reale Klickpreis hängt von verschiedenen Faktoren ab. Die Formel, nach der Google die Preise und Positionen berechnet, ist grundsätzlich bekannt und lässt sich online einsehen.

Drei Faktoren wirken sich vor allem auf den Klickpreis aus: Was Sie zu zahlen bereit sind (also wie in einer Art Gebotsverfahren oder Auktion), was die Wettbewerber zu zahlen bereit sind (deshalb sind manche Suchbegriffe extrem teuer, weil alle eben sehr viel bieten und sich die Preise hochgeschaukelt haben), aber auch, wie gut Ihre Anzeigen und Ihr gesamtes Vorgehen sind. Der letzte Punkt ist der entscheidende. Mit dem sogenannten **Qualitätsfaktor** berechnet Google unter anderem, wie gut Ihre Anzeige zur den gewählten Keywords und den tatsächlich eingegebenen Suchbegriffen passt (überwiegend durch die erzielte Klickrate ermittelt) oder auch, wie gut Ihre Zielseite zur Anzeige und zu den Keywords passt. Je besser Sie daher die Anzeige formulieren und je genauer Sie Keywords, Anzeige und Zielseite aufeinander zuschneiden, desto günstiger wird für Sie ein Klick. Um zu ermitteln, ob Sie alles richtig machen, stellen Sie sich einfach regelmäßig die Frage, die Google auch stellt:

»Findet der Suchende seine Suchintention in der Anzeige wieder und die Lösung für sein Suchbedürfnis auf der Lancingpage vor?«

Google bezieht über 90% seiner Umsätze aus dem AdWords-System. Damit das weiter so gut läuft, müssen beide Parteien zufrieden sein. Der Suchende muss lernen, dass er über die Anzeigen hochrelevante und sehr hilfreiche Angebote findet und der Anzeigenkunde muss merken, dass er über Ad-Words passende Kunden bekommt.

Je nach Konkurrenzdichte und Thema kann es also sein, dass ein Klick nur wenige Cent kostet. Ein Klick kann aber auch mehrere Euro kosten. Extrembeispiele sind Keywords wie »Wirtschaftsdetektei Frankfurt« (über 80 Euro pro Klick) oder »Schlüsseldienst + Stadt« mit über 50 Euro pro Klick. Das sind aber wirklich die Ausnahmen. Je mehr Geld mit einem Thema zu verdienen ist und je höher die Konkurrenzdichte, desto teurer wird es prinzipiell auch. Letztendlich ist es eine reine Rechenfrage, ob sich das Spiel für Sie noch lohnt. Wenn Sie mit einem Besucher via AdWords im Schnitt mehr verdienen (zumindest über die Kundenlebenszeit hinweg), als Sie für die Akquise per Anzeige ausgegeben haben, bleibt AdWords interessant. Das bedeutet aber auch, dass die Klickkosten und die Anzeigen nur ein Teil der Gleichung sind. Mindestens ebenso wichtig ist, wie gut Sie den Kunden auf der Website oder in der App abholen. Website-Optimierung und Conversion Rate Optimization (CRO) spielen also auch hier eine wichtige Rolle.

Übrigens kann sich der Algorithmus tatsächlich auch so auswirken, dass der Erstplatzierte weniger für einen Klick bezahlt als der Zweit- oder Drittplatzierte, weil sein Qualitätsfaktor deutlich höher ausfällt (z.B. aufgrund besser formulierter Anzeigen oder eines deutlicheren »roten Fadens« zwischen Keyword, Anzeige und Landingpage). Es lohnt sich also, Zeit und Mühe in die Optimierung von Kampagnen zu stecken und/oder fachkundige Beratung einzuholen.

3.3.7 Ergebnisse bei Google AdWords messen

Ein wesentlicher Vorteil des AdWords-Systems (aber auch anderer rein online- und klickbasierter Werbesysteme) ist die völlige Transparenz, die Sie bekommen. Sie können zu jeder Zeit alle Kennzahlen einsehen und ebenfalls jederzeit Änderungen vornehmen. Google zeigt die Kennzahlen (wie z.B. Klicks, Impressionen, Klickrate, Preise usw.) auf aggregierter Kampagnenebene, aber auch auf Anzeigengruppenebene, auf Anzeigenebene und sogar für jedes einzelne Keyword an. So sehen Sie genau, welcher Suchbegriff wie viel kostet und wie viele Conversions geliefert hat und können zeitnah Änderungen vornehmen (z.B. den maximalen Klickpreis erhöhen oder senken, das Tagesbudget anpassen oder einen unrentablen Suchbegriff komplett rausschmeißen).

Schauen Sie regelmäßig in Ihre Auswertungen. Täglich ist sicher nicht notwendig, aber einmal in der Woche einen Blick in die Kennzahlen zu werfen ist sinnvoll. Sie haben auch die Möglichkeit, Google AdWords mit Google Analytics zu verknüpfen, um direkt die AdWords-Besucher und Kostendaten in Analytics einsehen zu können. Allein diese Möglichkeiten beinhalten Stoff für ein weiteres Buch, aber sich die Verknüpfung einrichten und die wichtigsten Kennzahlen und Auswertungen zeigen zu lassen, können Sie bei jedem anständigen Online-Marketer für kleines Geld machen lassen. Damit tappen Sie nicht länger im Dunkeln, sondern haben den ersten Schritt gemacht für ein professionelles Erfolgsmonitoring Ihrer Marketingbemühungen.

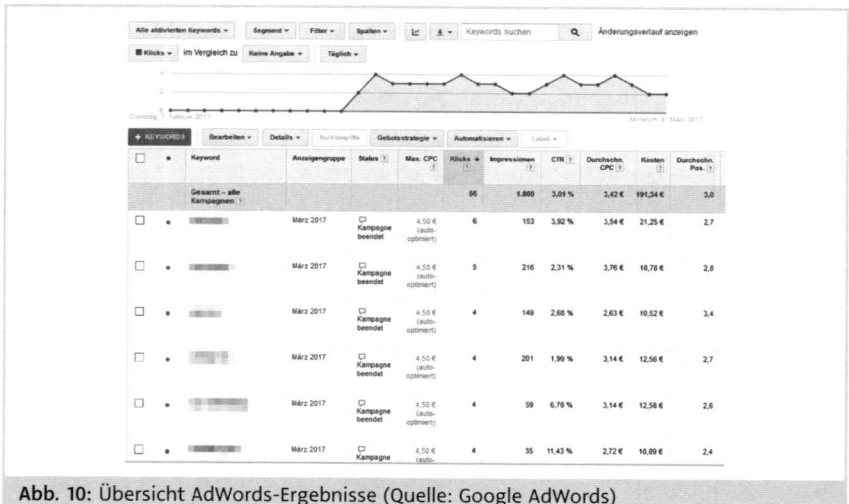

Abb. 10: Übersicht AdWords-Ergebnisse (Quelle: Google AdWords)

3.4 Lokale Suchmaschinenoptimierung

Das gerade vorgestellte Prinzip der lokalen Suchwortanzeigen hat einige entscheidende Vorteile, beispielsweise die enorme Schnelligkeit, mit der die ersten Klicks produziert werden können, und die gute Planbarkeit. Das System hat allerdings einen entscheidenden Nachteil: Sie bezahlen für jeden Klick Geld.

Sie können über Suchmaschinen jedoch auch, ohne Geld an den Suchanbieter zu bezahlen, Klicks generieren. Das funktioniert über die organischen Suchergebnisse, also die unbezahlten, durch einen Algorithmus ausgewählten Treffer. Um dort nach oben zu kommen, hat sich in den letzten 20 Jahren die Kunst der **Suchmaschinenoptimierung** (SEO), vom englischen *Search Engine Optimization*) etabliert.

Die »normalen« organischen Trefferlisten sind mittlerweile teilweise sehr umkämpft. Bei allgemeinen Begriffen, hinter denen stark umkämpfte Geschäftsmodelle stecken, wie zum Beispiel »Kredit ohne Schufa«, »Handyvertrag« oder »Versicherungsvergleich« arbeiten ganze Teams von Suchmaschinenoptimierern tagein tagaus mit allen erlaubten und oft auch sehr grenzwertigen Methoden daran, die eigene Seite ganz nach oben zu schieben. Wer da heute neu einsteigt, kann sich kaum Chancen ausrechnen, ohne signifikantes Budget, enorme Manpower und massives Know-how überhaupt auf die erste Seite zu kommen.

Lokale Unternehmen haben da aber einen enormen Vorteil: Die Konkurrenzdichte ist weitaus geringer. Google lokalisiert Suchanfragen mittlerweile sehr stark. Das bedeutet, für alle Anfragen, die einen lokalen Bezug haben, werden überwiegend oder ausschließlich auch Treffer aus der räumlichen Nähe ausgespielt. Das gilt sogar, wenn jemand einen einfachen Begriff wie »Autowerkstatt« oder »Chinarestaurant« eingibt, ohne dahinter einen Stadtnamen anzufügen. Google hat über die Unmenge an Daten gelernt, welche Begriffe lokalen Bezug haben und wo auch lokale Treffer vorteilhaft wären.

Um diesem lokalen Suchbedürfnis gerecht zu werden, liefert Google drei Arten von lokalen Treffern aus:

1. Lokale Suchwortanzeigen (wie in Kapitel 3.3 besprochen)
2. Lokalisierte Treffer in den organischen Suchergebnissen
3. Lokale Rankings in einem abgegrenzten Bereich der Suchergebnisliste

Die zweite und dritte Option sind für uns hier relevant. Sie können entweder in den normalen organischen, aber lokalisierten Listings auftauchen oder in den speziellen lokalen Ergebnissen, die meist als Dreier- oder Siebener-Pack dargestellt werden – oder auch in beiden Bereichen. Wer lokales SEO gut macht, kann die erste Suchergebnisseite tatsächlich stark dominieren.

Ob Google die »Local Packs« darstellt und wenn ja, ob es ein Dreier- oder Siebener-Pack ist, obliegt wieder Google und lässt sich nicht beeinflussen. Ob Sie dann dort aber auftauchen, können Sie mit den in diesem Kapitel beschriebenen Tipps sehr wohl beeinflussen.

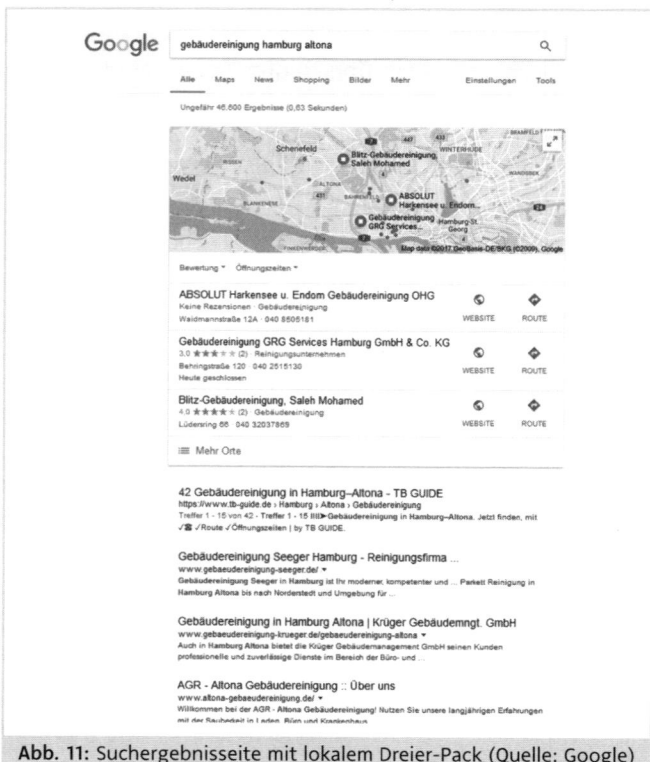

Abb. 11: Suchergebnisseite mit lokalem Dreier-Pack (Quelle: Google)

3.4.1 Wichtige SEO-Prinzipien

Bevor wir uns konkret dem lokalen Ranking zuwenden, sollten Sie einige wichtige, allgemeine SEO-Prinzipien kennen, die Ihnen bei Ihrer Arbeit weiterhelfen. Sie müssen gar nicht zum totalen SEO-Nerd werden, um Ihrer Website einen Boost zu verschaffen. Aber die Grundlagen zu kennen, sollte heute für jeden Webmaster und jeden Marketer zum Handwerkszeug gehören.

Zuerst einmal müssen Sie wissen, dass fast alle Menschen nur die erste Google-Suchseite aufrufen. Auf Seite zwei klicken vielleicht noch ein paar Hartnäckige, Seiten drei und folgende sind komplett tot. Es gibt in der SEO-Szene einen passenden Witz: »Wo würdest du eine Leiche verstecken? Bei Google auf Seite zwei, da findet sie nie jemand.«

Das bedeutet für Sie: Nur wenn Sie für Ihre Suchbegriffe auf der ersten Suchergebnisseite (beim jeweiligen Suchenden, die Trefferlisten können sich nämlich durchaus unterscheiden) auftauchen, haben Sie eine Chance wahrgenommen zu werden.

Wer konkret auf welchem Platz steht, legt der ominöse **Google-Algorithmus** fest. Dieser Algorithmus ist im Detail nicht bekannt. Einzelne Elemente sind jedoch durchgesickert oder gezielt von Google bekannt gegeben worden. Andere haben sich durch SEO-Tests als wahrscheinlich oder sicher erwiesen. Tool-Anbieter, die enorme Datenmengen analysieren, veröffentlichen regelmäßig Ergebnisse, die auf den Einfluss bestimmter Faktoren auf die Suchergebnislisten schließen lassen. Vieles ist darüber hinaus aber auch einfach Vermutung, Logik oder schlicht Gerücht.

SEO hat das Ziel, die Seite für die wichtigsten Suchbegriffe so weit wie möglich oben in den Suchergebnislisten zu platzieren und damit die Besucherzahl und letztlich auch die Zahl der Conversions zu steigern. Um das zu bewerkstelligen, versucht man, sich so gut wie möglich an die Anforderungen des Google-Algorithmus anzupassen. SEO-Maßnahmen versuchen also, Google Signale zu senden, die das Vertrauen in die Qualität der Website, die Relevanz für die Suchanfrage und überhaupt die Nutzerfreundlichkeit und Wertigkeit der Seite bestätigen. Teilweise wird dazu in die Programmierung eingegriffen, teilweise wird der Content der Seite angepasst, teilweise wird versucht, Verlinkungen von anderen Seiten zu erhalten, da eingehende Links (Backlinks) von Google als Qualitätskriterium gewertet werden können.

Nicht alle Maßnahmen, die man potenziell zur Verbesserung der Rankings ergreifen könnte, sind auch tatsächlich von Google gewollt oder erlaubt. Natürlich haben sich in den letzten fast 20 Jahren auch unzählige Spam-Methoden entwickelt, die das Ziel verfolgen, möglichst schnell für umkämpfte Begriffe zu ranken. Google hat **Guidelines** veröffentlicht, welche Maßnahmen sie als Spam klassifizieren. Solche Maßnahmen können, wenn sie von Google entdeckt werden, dazu führen, dass eine Website ihr Ranking verliert oder sogar ganz bei Google rausfliegt. SEO-Maßnahmen sollten sich daher immer im Rahmen dieser Grenzen bewegen. Auch wenn Sie eine SEO-Agentur oder einen Freelancer beauftragen – lassen Sie sich das Einhalten dieser Regeln vertraglich versichern. Sonst besteht immer die Gefahr, dass Ihre Website bei Google in Ungnade fällt und Sie dafür letztendlich niemanden verantwortlich machen können. Die Google-Guidelines können online eingesehen werden: https://support.google.com/webmasters/answer/35769?hl=de.

! **Beispiel: Verbotene SEO-Methoden**

Google benennt auch ganz konkret Maßnahmen, die »verboten« sind. Dazu gehört zum Beispiel, Text in den Quelltext einzubauen, der auf der Website nicht sichtbar, also versteckt ist. Diese Maßnahme wurde lange Zeit von Webmastern genutzt, die eine sehr designorientierte Website betreiben, wo zu viel Text als störend empfunden wurde. Um trotzdem genügend Text für die Suchmaschine einzubauen (ohne den Besucher aber damit zu »belästigen«), wurde der Text eben versteckt. Entweder durch Schriftfarbe in Hintergrundfarbe, durch Schriftgröße 1, durch Platzieren weit außerhalb des sichtbaren Bereiches oder durch andere Maßnahmen. Diese Methode ist längst überholt, da Google relativ schnell mitbekommt, ob ein Text für den Besucher sichtbar ist oder nicht. Trotzdem sieht man gerade bei kleineren, lokalen Unternehmen immer noch häufig Seiten, die diesen »Trick« einsetzen.

In diesem Beispiel versucht ein Autoaufbereiter, den Google-Algorithmus auszutricksen. Ein Blick in den Quellcode der Seite zeigt eine ganze Menge Text, der auf der Website nicht sichtbar ist (er wurde mit einer sogenannten span class einfach auf unsichtbar gestellt). Der Google-Bot soll den Text jedoch trotzdem auslesen, die vielen Suchbegriffe finden und mächtig beeindruckt ob der hohen Keyword-

Dichte sein. Um das Ganze noch zu verstärken, wurde der Text sogar noch als Überschrift erster Ordnung und damit als besonders wichtig markiert.
Bringt das nun etwas für das Ranking? Nein. Im besten Fall sieht Google, was hier gemacht wurde, und ignoriert es einfach. Im schlimmsten Fall erhält die Website eine Abstrafung und wird künftig nur noch jenseits des Platzes 100 ihr Dasein fristen dürfen. Einen Vorteil sollte sich das Unternehmen davon jedoch keinesfalls erhoffen.

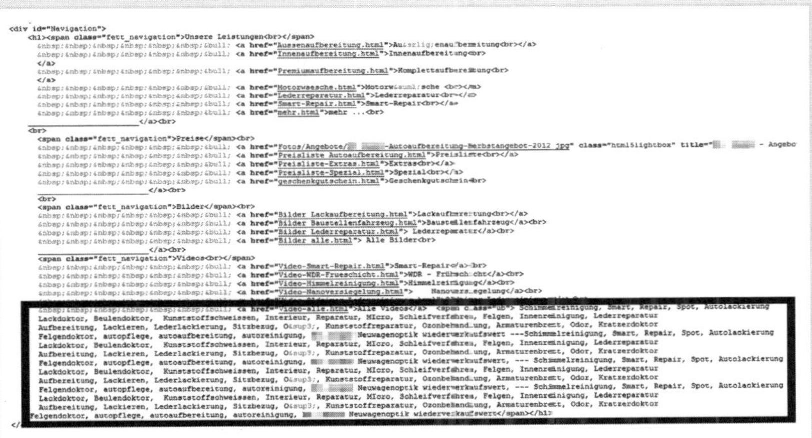

```
<div id="Navigation">
  <h1><span class="fett_navigation">Unsere Leistungen<br></span>
         &bull; <a href="Aussenaufbereitung.html">Au&szlig;enaufbereitung<br></a>
         &bull; <a href="Innenaufbereitung.html">Innenaufbereitung<br>
   </a>
         &bull; <a href="Premiumaufbereitung.html">Komplettaufbereitung<br>
   </a>
         &bull; <a href="Motorwaesche.html">Motorw&auml;sche <br></a>
         &bull; <a href="Lederreparatur.html">Lederreparatur<br></a>
         &bull; <a href="Smart-Repair.html">Smart-Repair<br></a>
         &bull; <a href="mehr.html">mehr ...<br>
  ____________________</a><br>
  <br>
   <span class="fett_navigation">Preise</span><br>
         &bull; <a href="Fotos/Angebote/[illegible]-Autoaufbereitung-Herbstangebot-2012 jpg" class="html5lightbox" title="[illegible] - Angebo
         &bull; <a href="Preisliste Autoaufbereitung.html">Preisliste<br></a>
         &bull; <a href="Preisliste-Extras.html">Extras<br></a>
         &bull; <a href="Preisliste-Spezial.html">Spezial<br></a>
         &bull; <a href="geschenkgutschein.html">Geschenkgutschein<br>
   ____________________</a><br>
   <br>
   <span class="fett_navigation">Bilder</span><br>
         &bull; <a href="Bilder Lackaufbereitung.html">Lackaufbereitung<br></a>
         &bull; <a href="Bilder Baustellenfahrzeug.html">Baustellenfahrzeug</a><br>
         &bull; <a href="Bilder Lederreparatur.html"> Lederreparatur</a><br>
         &bull; <a href="Bilder alle.html"> Alle Bilder<br>
   ____________________</a><br>
   <span class="fett_navigation">Videos<br></span>
         &bull; <a href="Video-Smart-Repair.html">Smart-Repair</a><br>
         &bull; <a href="Video-NDR-Frueschicht.html">WDR - Frühschicht</a><br>
         &bull; <a href="Video-Himmelreinigung.html">Himmelreinigung</a><br>
         &bull; <a href="Video-Nanoversiegelung.html">    Nanoversiegelung</a><br>
   [illegible]
         &bull; <a href="Video-alle.html">Alle Videos</a>  <span class="ub"> Schimmelreinigung, Smart, Repair, Spot, Autolackierung
   Lackdoktor, Beulendoktor,  Kunststoffschweissen, Interieur, Reparatur, MIcro, Schleifverfahren, Felgen, Innenreinigung, Lederreparatur
   Aufbereitung, Lackieren, Lederlackierung, Sitzbezug, O&sup3;, Kunststoffreparatur, Ozonbehandlung, Armaturenbrett, Odor, Kratzerdoktor
   Felgendoktor, autopflege, autoaufbereitung, autoreinigung, [illegible] Neuwagenoptik wiederverkaufswert ---Schimmelreinigung, Smart, Repair, Spot, Autolackierung
   Lackdoktor, Beulendoktor,  Kunststoffschweissen, Interieur, Reparatur, MIcro, Schleifverfahren, Felgen, Innenreinigung, Lederreparatur
   Aufbereitung, Lackieren, Lederlackierung, Sitzbezug, O&sup3;, Kunststoffreparatur, Ozonbehandlung, Armaturenbrett, Odor, Kratzerdoktor
   Felgendoktor, autopflege, autoaufbereitung, autoreinigung, [illegible] Neuwagenoptik wiederverkaufswert, --- Schimmelreinigung, Smart, Repair, Spot, Autolackierung
   Lackdoktor, Beulendoktor,  Kunststoffschweissen, Interieur, Reparatur, MIcro, Schleifverfahren, Felgen, Innenreinigung, Lederreparatur
   Aufbereitung, Lackieren, Lederlackierung, Sitzbezug, O&sup3;, Kunststoffreparatur, Ozonbehandlung, Armaturenbrett, Odor, Kratzerdoktor
   Felgendoktor, autopflege, autoaufbereitung, autoreinigung, [illegible] Neuwagenoptik wiederverkaufswert, --- Schimmelreinigung, Smart, Repair, Spot, Autolackierung
   Lackdoktor, Beulendoktor,  Kunststoffschweissen, Interieur, Reparatur, MIcro, Schleifverfahren, Felgen, Innenreinigung, Lederreparatur
   Aufbereitung, Lackieren, Lederlackierung, Sitzbezug, O&sup3;, Kunststoffreparatur, Ozonbehandlung, Armaturenbrett, Odor, Kratzerdoktor
Felgendoktor, autopflege, autoaufbereitung, autoreinigung, [illegible] Neuwagenoptik wiederverkaufswert</span></h1>
</
```

Abb. 12: Versteckter Text im Quellcode eines lokalen Unternehmens (ohne Quelle)

Wie bereits erwähnt, bezieht der Google-Algorithmus (der übrigens ständig aktualisiert, verbessert und erweitert wird) verschiedene Aspekte für seine Relevanz- und Vertrauensermittlungen mit ein. Manche dieser Faktoren liegen auf der Website selbst. Man spricht daher von der **»Onpage-Optimierung«**, wenn die Website für Google optimiert wird. Darunter fallen beispielsweise Dinge wie eine möglichst Google-freundliche Programmierung, eine Verbesserung der Ladezeit, das Ausräumen von Programmierfehlern, aber auch das Platzieren von Keywords in Überschriften und Meta-Tags sowie das Optimieren des Seitentextes.

Auch die Verlinkungsstruktur wird von Google miteinbezogen. Jeder Link auf eine Website ist quasi eine Empfehlung für diese Website. Möglichst viele Links von relevanten, vertrauenswürdigen und angesehenen Websites zu bekommen, ist daher das Ziel der **»Offpage-Optimierung«**. Auch hier wird massiv Schindluder getrieben. Linkkauf, Linktausch, Linkspam und ähnliche

Maßnahmen gehören ebenfalls zu den verbotenen Maßnahmen, die häufig von Google bestraft werden.

Für das lokale Ranking gelten darüber hinaus noch weitere Rankingfaktoren, auf die wir in Kürze eingehen werden.

In letzter Zeit hat Google vermehrt auch das **Nutzerverhalten** miteinbezogen. Wir dürfen also davon ausgehen, dass eine Website, die eine sehr hohe Rücksprungrate zu Google, verbunden mit einer sehr kurzen Verweildauer aufweist, langfristig auch nur schwer auf den obersten Plätzen ranken wird, einfach weil sie für Google nicht die passenden Relevanzsignale sendet.

Grundsätzlich bedeutet SEO also: Erschaffen Sie eine tolle Website, auf der sich der Googlebot, aber auch die Nutzer einfach und problemlos zurecht finden, und erstellen Sie auf der Website hervorragende Inhalte, die sowohl Nutzer als auch Googlebot begeistern. Das ist oft leichter gesagt als getan, bringt aber langfristig deutlich mehr als jeder vermeintlich noch so tolle SEO-Trick.

3.4.2 Ist-Situation prüfen

Bevor wir mit den SEO-Maßnahmen starten, sollten Sie überprüfen, wie ihre aktuelle Situation aussieht. Dafür sollten Sie folgende Fragen stellen und beantworten (bzw. von einer Agentur beantworten lassen):
- Für welche lokalen Suchbegriffe ranken wir aktuell schon?
- Wie sehen unsere Rankings für unsere wichtigen Keywords aus?
- Wie sieht der Suchtreffer für unseren Firmennamen aus?

Für die ersten beiden Fragen benötigen Sie ein SEO-Tool, da solche Anfragen von Hand kaum oder gar nicht machbar sind. Professionelle Tools wie XOVI (www.xovi.net) oder SISTRIX (www.sistrix.net) beantworten diese Fragen in wenigen Arbeitsschritten. Zwar kosten beide Tools Geld, beide können aber auch kostenlos getestet werden. Das lohnt sich auf jeden Fall, selbst wenn Sie sich hinterher gegen einen Einsatz eines solchen Tools entscheiden.

In XOVI können Sie alle aktuellen Rankings Ihrer Website abfragen und dann zum Beispiel diejenigen selektieren, die ebenfalls den Stadtnamen enthalten. So sehen Sie auf einen Blick, wo bereits gute Rankings vorhanden sind und wo es sich lohnen könnte, stärker zu optimieren. In Abbildung 13 sehen Sie einen Ausschnitt der Rankings der Domain www.frueh.de. Im Filter wurde das Wort »Köln« ausgewählt. Das bedeutet, die Liste enthält nur Suchbegriffe, die das Wort Köln enthalten und zu denen frueh.de bei Google auffindbar ist. So zeigt sich, dass die Domain für »Brauereibesichtigung Köln« bereits auf Platz 2 steht, für »Brauerei Köln« allerdings nur auf Platz 10. Das Tool zeigt sowohl die aktuelle Rankingposition als auch das Suchvolumen (pro Monat im Durchschnitt) sowie weitere Kennzahlen an.

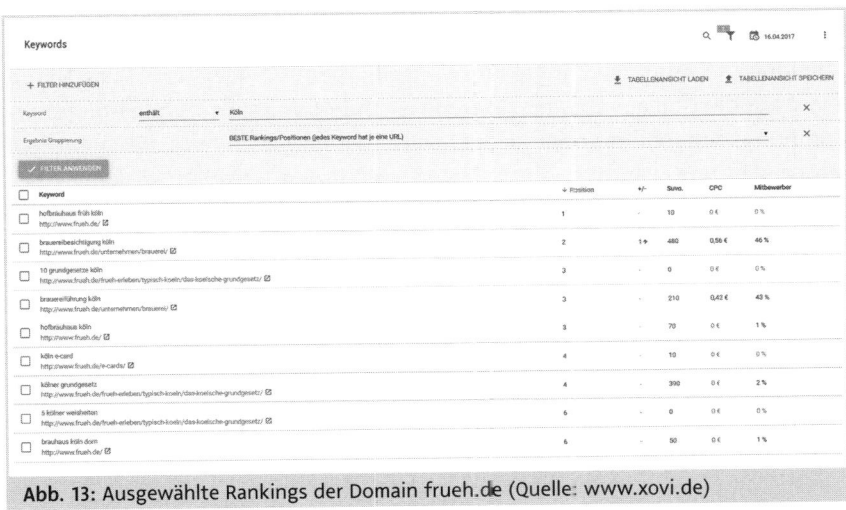

Abb. 13: Ausgewählte Rankings der Domain frueh.de (Quelle: www.xovi.de)

Wenn Sie bereits wissen, wofür Sie gerne ranken möchten, benötigen Sie ebenfalls ein Tool, um zu prüfen, ob Sie zu den Wunsch-Keywords bereits Rankings haben. Mit Tools wie XOVI lässt sich das Ranking sogar von unterschiedlichen Standorten aus abfragen. Sie können also prüfen, auf welcher Platzierung jemand in Dresden Ihre Webste zu einem bestimmten Suchbegriff findet, aber ebenso auch jemand in Hamburg, München, Frankfurt oder Stuttgart (oder eine ganze Reihe weiterer Städte). Für das lokale Ranking kann das entscheidend sein, da die Suchergebnislisten sich teilweise deutlich unterscheiden. Meine Website www.seo-seminar.de steht beispielsweise für »SEO Seminar« in Köln auf Platz 1, in Frankfurt auf Platz 2, aber in München nur auf Platz 12. Das lässt sich allerdings nur mit einem Tool herausfinden und dann professionell optimieren (wie genau erfahren Sie auf den nächsten Seiten).

Die dritte Frage nach dem Google-Treffer zu Ihrem Firmennamen ist besonders dann wichtig, wenn Menschen direkt nach Ihrem Firmennamen suchen, Sie also schon kennen. Dann sollte Ihr Treffer auch sofort zum Klicken anregen. Es sollten keine fremden Anzeigen über Ihrem Treffer stehen und auch die weiteren Suchtreffer sollten positiv und markenfördernd aussehen. Hier spielt auch Online-Reputation-Management eine Rolle – eventuelle negative Treffer sollten durch positive verdrängt werden.

Abbildung 14 zeigt den Treffer für die Hamburger SEO-Agentur artaxo. Natürlich steht die Domain auf Platz 1 (wenn es anders wäre, bestünde dringender Handlungsbedarf). Der oberste Suchtreffer verrät gleich, was das Unternehmen macht und warum es sich lohnt, auch auf den Treffer zu klicken.

Der Treffer enthält sogenannte Sitelinks, also von Google ausgewählte Unterseiten der Domain. Diese lassen sich leider nicht mehr aktiv bestimmten, Google wählt aus, was der Algorithmus für passend und relevant hält. Darunter folgen weitere Treffer von Drittwebsites und Portalen wie Kununu (eine Arbeitgeberbewertungsplattform) oder XING, aber auch Profile auf Gruenderszene.de sowie die Facebook-Seite der Agentur. Die gelben Bewertungssterne vermitteln einen einheitlichen positiven Eindruck.

Auf der rechten Seite zieht sich Google hier Ergebnisse aus Google MyBusiness (später dazu mehr). Es sind auch einige Bewertungen von Google und sogar die aggregierten Bewertungen der Facebook-Fanpage im Treffer enthalten.

Alles in allem hat die Agentur die Hoheit über die erste Suchergebnisseite übernommen und vermittelt dem Suchenden ein positives Bild. So in der Art sollte Ihr Suchtreffer ebenfalls aussehen.

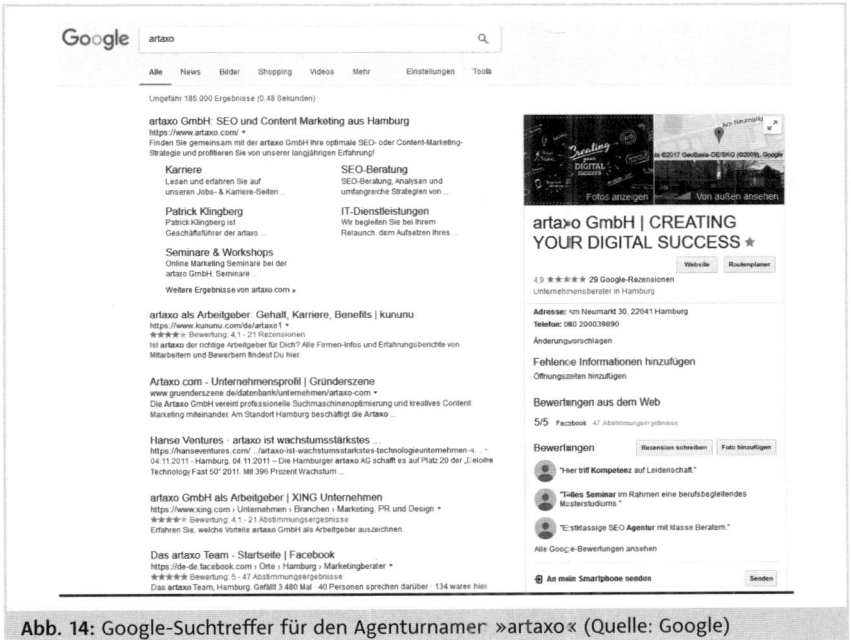

Abb. 14: Google-Suchtreffer für den Agenturnamen »artaxo« (Quelle: Google)

3.4.3   Keyword-Recherche

Einer der ersten Schritte jeder SEO-Strategie (egal ob lokal, national oder global) ist die Definition der Suchbegriffe, für die die Website überhaupt auffindbar gemacht werden soll. Dabei handelt es sich um die Worte, die die potenziellen Kunden in den Google-Suchschlitz eingeben. Um die richtigen Begriffe zu finden, gibt es eine Menge Methoden:

- **Brainstorming:** Vermutlich haben Sie selbst bereits Erkenntnisse darüber oder Ideen, wonach Ihre Zielgruppen suchen. Einige der Suchbegriffe sind ja naheliegend, zum Beispiel »Geschäftsbezeichnung + Stadtname«, also »Friseur München« oder »Fahrradgeschäft Friedrichshain«. Eine Keyword-Recherche startet daher immer mit einem Brainstorming, endet aber nicht da. Denn letztlich sind Sie immer durch Ihre unternehmensinterne Sichtweise eingeschränkt, während die Kunden vielleicht ganz andere Begriffe verwenden: Miele stellt »Waschvollautomaten« her, während der Kunde nach »Waschmaschinen« sucht.

- **Kunden fragen:** Deshalb ist es extrem hilfreich, Kunden einfach mal zu fragen, wonach sie denn so suchen. Fragen Sie im Kundenkreis einfach mal herum, vor allem bei Neukunden, deren Suchanfrage noch nicht allzu lange zurückliegt. Viele werden auf die Frage »Was haben Sie denn bei Google genau eingegeben?« keine Antwort mehr wissen, manche aber eben schon. Und diese Antworten können für Ihre Keyword-Liste unheimlich wertvoll sein.
- **Tools nutzen:** Es gibt auch eine ganze Reihe an kostenlosen oder kostenpflichtigen Tools zur Keword-Recherche. Die oben bereits angesprochenen XOVI oder SISTRIX gehören zu den Profi-Tools. Aber auch Google Trends (www.google.de/trends) oder der Google-Keyword-Planer (im AdWords-Konto) helfen oft weiter. Leider liefern diese Tools bei lokalen Keywords mit geringerem Suchvolumen oft keine Ergebnisse aus, so dass sie manchmal nur eingeschränkt nutzbar sind. Ein Blick lohnt sich aber auf jeden Fall.

Am Ende Ihrer Keyword-Recherche haben Sie eine Liste mit verschiedenen Suchbegriffen. Um zu verstehen, was der Suchende eigentlich genau wollte und welche Art von Treffer er erwartet, ist eine Einteilung in Suchbegriffskategorien sinnvoll. Grundsätzlich lassen sich drei Arten von Keywords unterscheiden:

- **Informationale Suchbegriffe (»Know«):** Der Suchende will sich informieren, erwartet vermutlich ausführlichere Informationen, vielleicht eine Anleitung, ein Video, ein How-to. Beispiele für informationale Keywords sind »Wie putzt man Wildlederschuhe?«, »Stadtgeschichte Köln« oder »Unterschied E-Bike und Pedelec«.
- **Navigationale Suchbegriffe (»Go«):** Der Suchende weiß bereits, wo er hin will, nur noch nicht genau, wie er dorthin kommt, zum Beispiel weil er die konkrete URL nicht (mehr) im Kopf hat oder er sich den Weg dorthin abkürzen will. Beispiele sind »Zalando Damenschuhe«, »GMX« oder »Onlinebanking Sparkasse Fulda«.
- **Transaktionale Suchbegriffe (»Do«):** Der Suchende will konkret etwas tun. Die Transaktion kann ein Kauf sein, aber auch eine andere Handlung. Beispiele sind »iPhone 7 in Köln kaufen«, »Tickets Maimarkt« oder »Ebook Kundengewinnung«.

Manchmal ist nicht ganz klar zu erkennen, welche Intention hinter einem Suchbegriff steckt. Die Anfrage »Samsung Galaxy S8« zum Beispiel kann informationalen Hintergrund haben (Wann kommt das Gerät auf den Markt? Was für Eigenschaften hat es?), navigationalen (Wo finde ich die Produktseite von Samsung?) oder auch transaktionalen (Suche nach Bezugsquellen oder Preisen). In diesen Fällen hilft es, sich anzuschauen, welche Seiten bei Google auf der ersten Seite ranken. Finden sich dort überwiegend Online-Shops und Preisvergleiche? Dann stuft Google den Begriff wohl transaktional ein (und Sie werden es mit einer Info-Seite oder einem Blogbeitrag wohl nicht dorthin schaffen, weil das nicht der von Google vermuteten Suchintention der Nutzer entspricht). Oder ranken überwiegend Artikel aus Blogs, Portalen und Zeitungen? Dann werden Sie ebenfalls einen (umfangreichen) Beitrag erstellen müssen.

Manchmal sind die Suchergebnisse auch bunt gemischt, zum Beispiel Wikipedia, zwei Online-Shops, drei Artikel, zwei Unternehmensseiten und zwei YouTube-Videos. Dann hat Google offenbar keine klare Suchintention zugeordnet und Sie sind relativ frei in der Art des Contents, den Sie zu diesem Begriff erstellen wollen.

Tipp: AdWords für Keyword-Recherche nutzen   **!**

Die Keyword-Recherche für AdWords und das organische (lokale) Ranking läuft grundsätzlich nach den gleichen Prinzipien ab. Bei AdWords haben Sie aber einen entscheidenden Vorteil: Sie sehen für jeden Suchbegriff die Anzahl der Besucher sowie auch die Conversions, die der Begriff produziert hat. Diese Daten bekommen Sie über das organische Ranking in Google Analytics nicht mehr.
Sie können die Daten aber natürlich nutzen. Analysieren Sie, welche Begriffe über AdWords besonders gut laufen, also viel Traffic produzieren oder besonders hohe Conversion-Raten haben. Das können wertvolle Hinweise darauf sein, welche Begriffe Sie auch organisch über Suchmaschinenoptimierung fokussieren sollten.

Nun haben Sie also eine Liste mit Begriffen, für die Sie gern gefunden werden möchten und wissen auch grob, welche Suchintention dahinter steckt, also welche Unterseiten Ihrer Website dafür geeignet sind (Startseite, Kategorieseiten, Produktseiten, Artikel, FAQ, Wiki usw.). Dieses Zuordnen von Keywords zu Unterseiten nennt man in der Fachsprache übrigens »Keyword Mapping«.

Doch was müssen Sie jetzt konkret tun?
Sie haben jetzt zwei Chancen: Rankings in den lokalisierten organischen Ergebnissen und Ranking in den abgesetzten Dreier- oder Siebener-Packs der lokalen Unternehmen. Beides sollten Sie anstreben, um eine möglichst hohe Abdeckung zu erzielen.

3.4.4 SEO für die lokalen organischen Rankings

Wie angesprochen versucht Google nun neben den allgemeinen Relevanz- und Vertrauenskriterien auch lokale Faktoren mit einzubeziehen. Immer dann, wenn Google vermutet, dass die Suchanfrage lokalen Bezug hat, werden auch die Suchergebnislisten personalisiert. Das geht mitunter auch so weit, dass auch bei völlig unpassenden Gelegenheiten personalisiert wird. Eine Suche nach dem Wort »Marketing« etwa bringt bei mir zum Beispiel die Stadtmarketing-Agentur der Stadt Köln auf einer der ersten Plätze hervor. Wie viele Nutzer, die in Köln »Marketing« googeln, werden wohl Interesse am Stadtmarketing der Domstadt haben? Da übertreibt es Google ein wenig mit der Lokalisierung. Aber in den meisten Fällen treffen die Ergebnisse ganz gut die Situation des Suchenden.

Um in den »normalen« Suchergebnissen, die lediglich auf den jeweiligen Ort zugeschnitten sind, aufzutauchen, müssen Sie vor allem die Website bzw. die spezifischen Unterseiten optimieren.

Dabei hilft es, wenn Sie die konkreten Keywords, zu denen Sie gefunden werden wollen, in folgenden Elementen unterbringen:
- **Seitentitel (Meta Title):** Dort haben Sie pro Seite ca. 75 Zeichen Platz, einen guten und griffigen Titel zu platzieren, der an Google wichtige Relevanzsignale sendet und den Nutzer zum Klicken bewegt (der Titel wird auch in den Google Suchergebnissen als Überschrift des Treffers dargestellt). Abbildung 15 zeigt den Titel der Seite www.billiger-mietwagen.de. Idealtypisch ist das Haupt-Keyword für diese Seite ganz vorne enthalten (»Autovermietung Köln-Deutz«), gefolgt von einem Argument oder Verstärker (»ab 13 EUR«) und schließlich am Ende der Brand bzw. die Unternehmensbezeichnung. Perfekt.

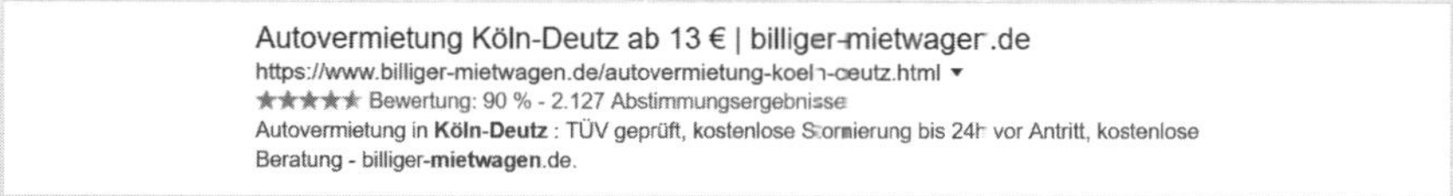

Autovermietung Köln-Deutz ab 13 € | billiger-mietwagen.de
https://www.billiger-mietwagen.de/autovermietung-koeln-deutz.html ▼
★★★★★ Bewertung: 90 % - 2.127 Abstimmungsergebnisse
Autovermietung in **Köln-Deutz** : TÜV geprüft, kostenlose Stornierung bis 24h vor Antritt, kostenlose
Beratung - billiger-**mietwagen**.de.

Abb. 15: Ansprechender SEO-Titel (Quelle: Google)

- **Meta-Description:** Die Meta-Description ist nicht wie der Titel ein direkter Rankingfaktor, wirkt sich aber mass v auf die Klickrate aus (Google zeigt die Meta-Description in den meisten Fällen als Beschreibungstext im Suchtreffer an) und sollte daher unbedingt optimiert werden. Der Autovermieter SIXT zeigt in seinen lokalen Seiten sehr gut, wie das aussehen kann (Abb. 16). Die Beschreibung enthält wieder das gesuchte Keyword, kurze starke Argumente, einige Sonderzeichen, die sofort ins Auge fallen und den Firmennamen.

Mietwagen Köln Deutz günstig - Sixt Autovermietung
https://www.sixt.de › Weltweit › Deutschland › Mietwagen Köln ▼
★★★★★ Bewertung: 2,8 - 2 Abstimmungsergebnisse
Mietwagen Köln Deutz - Top-Service 24/7✓ Mehrfach Tests-eger✓ Top-Preise✓ Günstige ANGEBOTE
➤ Sixt Autovermietung.

Abb. 16: Gut optimierte Meta-Description (Quelle: Google)

- **Rich Snippets/Schema.org:** Bei den beiden vorangegangenen Abbildungen sind Ihnen wahrscheinlich die gelben Bewertungssterne aufgefallen. Diese kommen direkt von der Website, da dort im Quellcode spezielle Angaben zu den Bewertungen enthalten sind. Durch die Auszeichnung (durch Schema.org-Code oder Data-Vocabulary-Angaben) erkennt Google, dass es sich bei den Zahlen und Buchstaben nicht um irgendwelche Inhalte, sondern eben um ein Rating handelt und kann so die Ergebnisse des Ratings auch in den Suchergebnissen anzeigen. Es gibt verschiedene Möglichkeiten, die Suchergebnisse auf diese Weise »zu pimpen«, was zu mehr Auffälligkeit und höheren Klickraten führen kann. Fragen Sie Ihren Programmierer oder Ihre Web-Agentur, was sich davon für Sie eignet.
- **URL:** Auch die Adresse sollte deutlich auf den Ort hindeuten, für den die Seite gefunden werden soll. Die im Folgenden analysierte Seite von SIXT verwendet die Adresse https://www.sixt.de/mietwagen/deutschland/koeln/koeln-deutz-bahnhof. Damit ist sowohl klar, dass es um Mietwagen geht, als auch, dass der Standort Köln Deutz am Bahnhof ist. Damit

können sowohl Google als auch der Besucher mehr anfangen als mit einer URL nach dem Muster »domain.de/index.php?id=4454«. Die von SIXT verwendeten sogenannten »sprechenden URLs« sind eine der Grundbausteine der Suchmaschinenoptimierung.

- **Optimierung der Detailseite:** Schließlich muss auch die lokale Unterseite, die für den lokalen Suchbegriff ranken soll, optimiert werden. Neben Title und Meta-Description spielen vor allem Überschriften, interne Links, Bildbezeichnungen und Alternativtexte sowie der Fließtext eine große Rolle. Hier gelten die gleichen Regeln wie für »normales« SEO, mit dem Unterschied, dass Sie den Ortsnamen immer wieder mit auftauchen lassen sollten.

> **!**
>
> **Beispiel: Optimierung einer lokalen Unterseite**
>
> Am Beispiel der Köln-Deutzer Seite von SIXT lässt sich gut demonstrieren, wie eine lokale Detail- bzw. Unterseite optimiert werden kann. Alle Maßnahmen sollen für Google das Signal liefern »Ja, diese Seite ist wirklich für »Autovermietung Köln-Deutz« hochrelevant und sollte unbedingt auf den ersten Plätzen auftauchen« und dem Besucher eine positive, zu seiner Suchintention passende Nutzererfahrung bieten. Wenn beides übereinstimmt, sind Top-Rankings in greifbarer Nähe.
>
> SIXT verwendet gleich oben auf der Detailseite ein eingängiges Foto, dass klaren Bezug zum Standort hat. So weiß der Besucher sofort, dass er hier richtig ist.
>
> Auch die erste Überschrift (»H1« in der HTML-Auszeichnungssprache) verwendet ähnlich wie der Title die Begriffe »Autovermietung« (Haupt-Keyword) sowie die Standortbezeichnung. Damit senden bereits Title, Meta-Description, URL sowie die H1-Überschrift ein einheitliches Signal an Google, wofür die Seite offensichtlich relevant ist.
>
> Direkt darunter kann der Besucher seine Mietwagensuche starten (Conversion-Ziel). Er wird also nicht erst durch eine Textwüste gequält oder mit irrelevanten Elementen abgelenkt, sondern kann seiner Suchintention sofort nachgehen, was auch für Google positive Nutzersignale liefert.

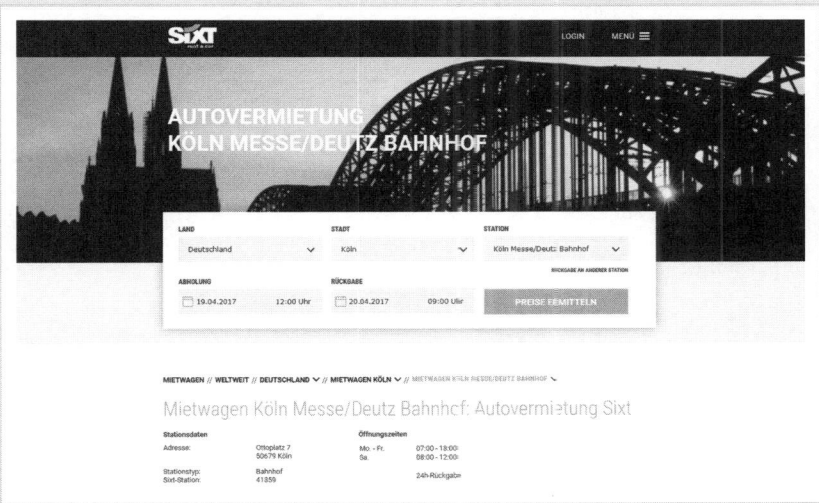

Abb. 17: Detailseite von SIXT (Quelle: https://www.sixt.de/mietwagen/deutschland/koeln/koeln-deutz-bahnhof)

Darunter sind dann weitere wichtige Angaben über die Station enthalten. Auch hier sind wieder die Suchbegriffe eingebaut, zum Beispiel in der »Breadcrumb-Navigation« (die den Pfad auf der Website bis zur aktuellen Seite anzeigt«) als auch in der zweiten Überschrift (»H2«). Wichtige Ortsdaten wie die Adresse und die Öffnungszeiten gehören ebenfalls zu den Faktoren, die sowohl für das lokale Google-Ranking als auch für den Besucher wichtig sind.

Abb. 18: Auch der weitere Verlauf der Detailseite ist hochoptimiert (Quelle: https://www.sixt.de/mietwagen/deutschland/koeln/koeln-deutz-bahnhof)

Auch die darunter folgenden Bereiche der Website sind perfekt auf das lokale Ranking ausgerichtet. Um der lokalen Seite mehr »Futter« zu verleihen, wurde ein Fließtext mit einigen Kölner Besonderheiten sowie weiteren Informationen über den speziellen Standort eingefügt. Die Suchbegriffe »Autovermietung« und »Mietwagen« in verschiedenen Variationen sowie der Standortname sind immer wieder im Text enthalten. Die Herausforderung, für jeden Standort einen einzigartigen und wirklich sinnvollen Text zu schreiben, der nicht nur leeres »SEO-Bla-Bla« enthält, wurde hier recht gut gemeistert.

Darunter erfolgt eine Einbettung der Google Maps-Karte mit diesem sowie weiteren Kölner Standorten. Auch das gibt für Google wieder klare Relevanzsignale.

Die Seite schließt mit einer zusammenfassenden Auflistung der wichtigsten Daten und Fakten zum Standort in einer nutzerfreundlichen Aufklapp-Tabulatur.

Viel besser kann man eine lokale Detailseite nicht optimieren. Etwa so können Sie auch Ihre lokalen Unterseiten aufbauen, wenn Sie verschiedene Standorte oder Dependancen haben.

Wichtig ist in diesem Fall jedoch, dass die Unterseiten wirklich sinnvollen Inhalt haben. Einen Standardtext zu erstellen, den Sie auf Dutzenden von Unterseiten verwenden, und nur durch das Austauschen des Ortsnamens den lokalen Bezug zu verwenden, wird Sie heute nicht mehr voranbringen (früher hat das hingegen gut funktioniert, aber Google hat in den letzten Jahren rasant dazugelernt ...).

Damit Ihre lokale Detailseite einzigartig, wertvoll und relevant ist, können Sie sie zum Beispiel mit folgenden Elementen ergänzen:

- Angaben zum Standort (Adresse, Telefonnummer, Öffnungszeiten, Anfahrt usw.) sollten immer enthalten sein
- Wissenswertes und Kurioses zum Standort
- Bilder und Vorstellung der Mitarbeiter
- Interview mit dem Geschäftsführer/Filialleiter
- Kundenstimmen/Testimonials zum jeweiligen Standort
- Pressestimmen, Medienberichte
- Spezielle Angebote des Standorts
- Google Maps-Einbettung mit Routenplaner
- usw.

Neben diesen Onpage-Faktoren spielen auch im lokalen Ranking Offpage-Faktoren eine wichtige Rolle. Allen voran sind hier **Backlinks** von anderen Seiten zu nennen. Sie müssen es also schaffen, von anderen hochwertigen und idealerweise thematisch verwandten Seiten verlinkt zu werden. Das gelingt Ihnen aber fast ausschließlich, indem Sie auf der Detailseite oder einer anderen speziell dafür erstellten Unterseite außergewöhnlichen Content bereitstellen und diesen bekannt machen, so dass andere Unternehmen oder Website-Betreiber sich geradezu gezwungen fühlen, darauf zu verlinken. Ideen für derartige Inhalte gibt es haufenweise, aber natürlich erfordert ein solcher Content einiges an Aufwand, finanziell oder in Zeit und Arbeitskraft gemessen. Eine Unterseite mit hochwertigen Inhalten auszustatten, kann schon mal mehrere Tausend Euro kosten. Wenn dann dafür aber auch eine Handvoll Backlinks zustande kommen (oder sogar mehr, wenn es richtig gut läuft) und das Google-Ranking dauerhaft steigt, kann sich das sehr schnell amortisieren. Idealerweise nutzen Sie den Content dann auch nicht nur für dieses Linkbuilding, sondern zum Beispiel auch für Social-Media-Reichweite, für Pressearbeit oder als Futter für Ihren Newsletter. Dann lohnt sich der Aufwand deutlich schneller.

! **Beispiel: Backlinks von Feuerwehr-Websites**

Kaufda.de ist in der Einleitung bereits mit einem Content-Marketing-Beispiel vertreten gewesen. Da das dortige Team aber auch SEO und Linkbuilding versteht, nehme ich an dieser Stelle noch mal ein Beispiel der Plattform.

Auf Kaufda.de befinden sich Unterseiten zum Beispiel über Rauchmelder, Feuerlöscher und Funkrauchmelder. Diese Unterseiten sollen natürlich auch für die entsprechenden Begriffe ranken. Damit das funktioniert, sind neben der Onpage-Optimierung, wie wir sie oben beschrieben haben, aber auch zahlreiche Backlinks notwendig. Diese Backlinks sollten von vertrauenswürdigen, relevanten und spam-unverdächtigen Websites kommen.

Das Problem ist nur: Die Produkt-Unterseiten bieten wenig Anreiz für eine Verlinkung. Es handelt sich um Übersichtsseiten mit relativ wenig eigenen Inhalten außer einigen Produktangeboten und etwas SEO-Text. Nicht gerade das, was in der Branche als »Linkmagnet« bekannt ist.

Also ging Kaufda einen anderen Weg. Die erste Frage, die man sich diesbezüglich gestellt hat, war: »Wer soll uns denn verlinken?« Woher könnten hochwertige, thematisch passende Links kommen? Nun, bei Rauchmeldern und Feuerlöschern kommt man relativ schnell auf Feuerwehren. Davon gibt es eine ganze Menge (ca. 24.000 freiwillige Feuerwehren in Deutschland). Die allermeisten haben auch eigene Websites und sind sicher dankbar für Hinweise auf interessanten Content, den sie ihren Besuchern empfehlen können. Damit sind Feuerwehren für diesen Fall also eine tolle Linkquelle.

Doch was würde denn eine Feuerwehr gerne verlinken? Die relativ unspektakulären und komplett werblichen Produktseiten jedenfalls sicher nicht. Also stellt sich Kaufda die zweite Frage: »Welchen Inhalt würden diese Linkquellen freiwillig verlinken?« Das kann zum Beispiel ein ratgeberischer Inhalt sein, aber auch ein lustiger oder sonst wie nützlicher. In diesem Fall entschied man sich, einen Ratgeber mit Brandschutztipps zu erstellen. Also gab man ein PDF-Dokument in Auftrag. Als Ergebnis entstand eine Broschüre mit knapp 40 Seiten prallvoll mit Brandschutztipps für Privatpersonen.

Nun erstellte Kaufda eine neue Unterseite, auf der dieser Ratgeber zum Download angeboten wurde. Hier wurde darauf geachtet, jeglichen werblichen Ansatz zu vermeiden. Diese Unterseite ist ausschließlich dem Content vorbehalten, es finden sich keine Hinweise auf Kaufdas tolle Produktwelten oder andere werbliche Inhalte.

Nun wurden flächendeckend Feuerwehren angeschrieben, angerufen oder angemailt und auf den nützlichen Inhalt, der sich ideal für eine Empfehlung auf der Feuerwehr-Website eignen würde, hingewiesen. Hier lohnt es sich durchaus, etwas kreativ zu sein, was die Ansprache angeht. In der Fachsprache nennt man das Ansprechen potenzieller Linkgeber »Outreach«. Diese Phase gilt als unverzichtbarer Bestandteil der Strategie, denn der Content kann noch so toll sein, wenn niemand davon erfährt, wird auch niemand darauf verlinken.

In diesem Fall war die Aktion ein Erfolg: Weit über 200 Feuerwehren setzten auf ihren Websites einen Link zum PDF-Ratgeber oder der Landingpage. Soweit so gut. Doch wie ranken nun die Brandmelder- und Feuerlöscherseiten dadurch besser? Da die Links nicht direkt für die Produktseiten, sondern nur für die Contentseite generiert werden konnten, musste Kaufda auf diese Contentseite noch interne Links zu den Produktseiten einbauen. Über diese Links wird ein großer Teil der »Linkpower« der externen Backlinks weitervererbt. Natürlich wäre eine Direktverlinkung besser, aber auch so lässt sich noch ein erheblicher Boost für die Zielseiten generieren. Da es sich um schlichte Links im Text handelt, stören diese auch den werbefreien Charakter der Contentseite kaum.

Auf diese Weise generierte Kaufda Hunderte von Backlinks, die sich nun auf die relevanten Zielseiten auswirken sowie die gesamte Domain für Google stärken. Die Aktion kann beliebig oft mit neuen Feuerwehrseiten wiederholt oder das Prinzip auf andere Themen übertragen werden. Grandios!

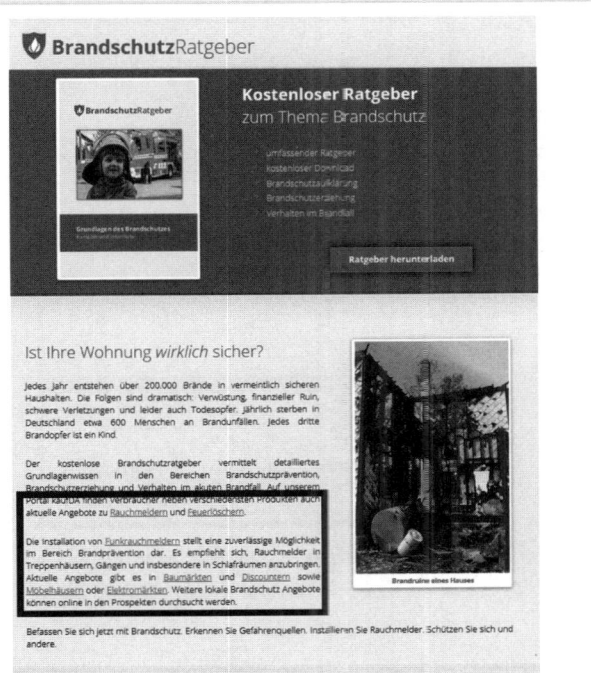

Abb. 19: Contentseite mit Linkmagnet und interner Verlinkung aus dem Fließtext (Quelle: http://www.kaufda.de/brandschutz/)

3.4.5 SEO für die speziellen lokalen Rankings

Was wir bisher angesprochen haben, bezog sich auf die organischen Google-Rankings. Diese lokalisierten Ergebnisse bilden die »normalen« Trefferlisten von Google. Inwieweit Google die Listen lokalisiert, ist sehr unterschiedlich.

In den meisten Fällen baut Google aber zusätzlich zu den lokalisierten Rankings auch noch Ergebnisse mit Google-Maps-Verknüpfung, also »richtige« lokale Rankings ein. Das ist tatsächlich nicht bei allen lokalen Suchanfragen der Fall, ein wirkliches Muster lässt sich kaum erkennen. Aber bei der überwiegenden Mehrheit der lokalen Anfragen werden drei oder sieben lokale Ergebnisse angezeigt.

Abb. 20: Die Tischlerei Jugelt rankt sowohl in den lokalen Treffern als auch organisch auf Platz 1 (Quelle: Google)

Sie können durchaus in beiden Listen auftauchen, in den lokalen Rankings und den organischen Treffern (und natürlich zusätzlich noch per AdWords-Anzeige). Abbildung 20 zeigt einen Tischler in Gera, der gleich zwei Mal unter den ersten Treffern vertreten ist, sowohl organisch als auch lokal. Das ist natürlich sehr erstrebenswert, da die Chance auf Traffic sich so vervielfacht und die Konkurrenz auf die hinteren Plätze verdrängt wird. Wie Sie das hinbekommen, darum geht es in den folgenden Abschnitten.

Für die lokalen Rankings gelten etwas andere **Rankingfaktoren** als für die organischen Treffer. Gutes SEO hilft natürlich auch hier, besser gefunden zu werden, aber Google zieht weitere Faktoren heran. Leider ist Google (wie so oft) relativ sparsam mit Informationen, was Unternehmen für ein besseres Ranking tun können.

Google selbst beschränkt sich auf die Kriterien »Relevanz, Entfernung« und »Bekanntheit/Bedeutung«, die für das Ranking in den lokalen Treffern herangezogen werden.

Die folgenden Hinweise stehen in der Google-Hilfe zum lokalen Ranking (https://support.google.com/business/answer/7091?hl=de):

Aus der Google-Hilfe zum lokalen Ranking   **!**

Relevanz
Der Begriff »Relevanz« bezieht sich darauf, inwieweit ein lokaler Eintrag mit dem Gesuchten übereinstimmt. Wenn Sie lückenlose und ausführliche Informationen bereitstellen, wissen wir besser über Ihr Unternehmen Bescheid. Dadurch lässt sich Ihr Eintrag leichter relevanten Suchanfragen zuordnen.

Entfernung
Hierbei handelt es sich um die jeweilige Entfernung der Orte in den potenziellen Suchergebnissen von dem in der Suchanfrage genannten Ort. Wenn die Suchanfrage keine Ortsangabe enthält, wird die Entfernung anhand der über den Standort des Nutzers bekannten Informationen ermittelt.

Bekanntheit/Bedeutung
Damit ist der Bekanntheitsgrad eines Unternehmens gemeint. Manche Orte oder Dinge sind bekannter als andere. Dies wird im Ranking der lokalen Suchergebnisse berücksichtigt. So erscheinen beispielsweise berühmte Museen, Hotels oder Handelsmarken, die vielen Nutzern ein Begriff sind, auch in den lokalen Suchergebnissen sehr wahrscheinlich an herausragender Stelle.
Die Bekanntheit bzw. Bedeutung ergibt sich darüber hinaus aus Informationen, die wir aus dem Web – beispielsweise über Links, aus Artikeln oder aus Verzeichnissen – über ein Unternehmen beziehen. Auch Google-Rezensionen fließen in

das Ranking der lokalen Suchergebnisse ein: Je mehr Rezensionen und positive Bewertungen ein Unternehmen erhält, desto besser ist das Ranking. Außerdem spielt die Position Ihres Unternehmens in den Websuchergebnissen eine Rolle. Die Best Practices für die Suchmaschinenoptimierung (SEO) gelten also auch im Hinblick auf die Optimierung der lokalen Suchergebnisse.

Das ist im Wesentlichen auch schon alles, was Google dazu sagt. »Fülle die Informationen vollständig aus, sorge für gute Bewertungen, arbeite am Bekanntheitsgrad, dann rankst du gut, wenn der Suchende sich in deiner Nähe befindet.« Konkretere Handlungsempfehlungen bleiben leider aus. Interessant ist lediglich, dass Google konkret sagt, dass Links und sonstige SEO-Faktoren (also alles, was wir weiter oben besprochen haben) auch für das lokale Ranking herangezogen werden. SEO lohnt sich also gleich doppelt.

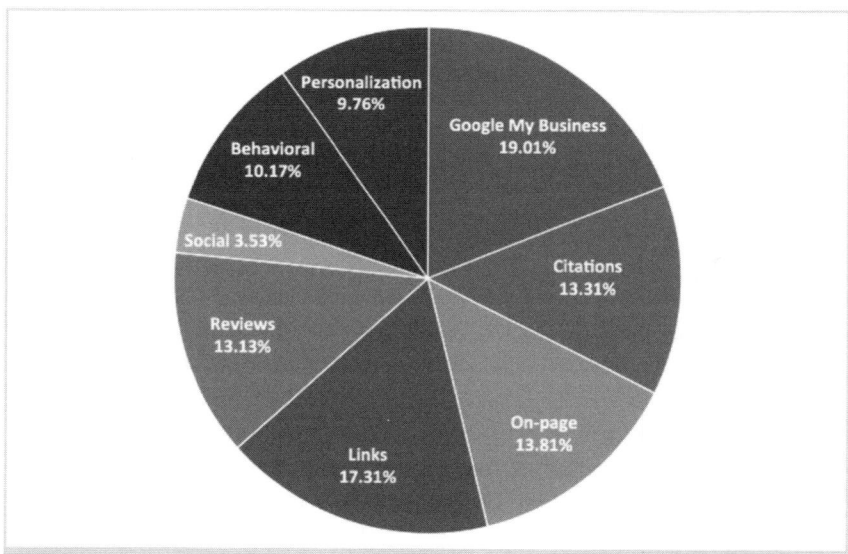

Abb. 21: Lokale Rankingfaktoren 2017 (Quelle: http://t3n.de/news/local-seo-ranking-faktoren-2017-814514/local-seo-lokale-suche-ranking-faktoren-2017/)

Um diese dürftige Informationslage zu verbessern, haben sich in den letzten Jahren an verschiedenen Stellen SEOs zusammengetan und ihre Erfahrungen zum lokalen SEO zusammengetragen. Die weltweit wohl größte Informationssammlung dazu stammt vom amerikanischen Marketing-Toolanbieter

Moz.com. Das Unternehmen führt jedes Jahr eine weltweite Umfrage unter SEO-Spezialisten zu ihren Einschätzungen bezüglich der lokalen Ranking-Faktoren durch. Obwohl es sich dabei »nur« um eine Umfrage und keine Bestätigung seitens Google handelt, kommen dabei sehr wertvolle Informationen heraus, die sich sehr gut im Online-Marketing umsetzen lassen. Die 2017er-Version der Umfrage wurde im April veröffentlicht und zeigte folgende Aufteilung der Wichtigkeit der lokalen Rankingfaktoren.

Die Faktoren **Personalisierung, Userverhalten und Social Signals** werden im Folgenden nicht weiter vertieft. Personalisierung bezieht sich darauf, wie Google die Suchergebnisse auf den einzelnen Nutzer zuschneidet, und kann nicht aktiv beeinflusst werden. Das Userverhalten (Behavioral) hängt stark mit einer nutzerfreundlichen Website zusammen, die zum Beispiel responsiv, nützlich, hilfreich und einfach zu navigieren ist. Das ist keine primäre SEO-Aufgabe, auch wenn die Grenzen mittlerweile fließend sind. Und die Social Signals wie Facebook Likes, Tweets oder Shares gehören zum Social-Media-Bereich und wurden dort bereits ausführlich behandelt.

Auch die **Links**, deren Einfluss laut Meinung der Experten in der letzten Zeit wieder zugenommen haben, haben wir bereits oben behandelt.

Den größten, aktiv steuerbaren Einfluss auf das lokale Ranking haben laut Meinung der Experten die **Faktoren Google My Business, Zitierungen (Citations), OnPage-Optimierung und Bewertungen (Reviews)**. Diese Faktoren sehen wir uns im Folgenden genauer an.

a) Google My Business
Die Geschichte der lokalen Plattformen bei Google ist mittlerweile kaum noch zu überblicken. Früher war alles unter Google Maps zusammengefasst, dann gab es mal das »lokale Google Branchencenter«, dann wurde der Begriff Google Places verwendet, bevor Google+ Local eingeführt wurde. Aktuell ist **Google My Business** Stand der Dinge. Bis Sie das Buch in Händen halten, kann sich das natürlich schon wieder geändert haben ...

Google My Business ist der zentrale Ort für Ihren lokalen Unternehmenseintrag und auch die Quelle, woraus sich Google wichtige Informationen für das lokale Ranking zieht. Sie sollten daher unbedingt einen Eintrag für Ihr Unternehmen in My Business anlegen, sofern Sie noch keinen haben. Mit My Business erhalten Sie dann eine Google+-Local-Seite sowie den Eintrag in Google Maps. Auch Bewertungen werden darüber abgegeben. Schließlich ist Google My Business auch für die Standorterweiterungen in Google AdWords nötig. Sobald Sie einen Eintrag angelegt und bestätigt haben, können Sie diesen als Standort in Ihrer AdWords-Kampagne auswählen und so die Anzeige um Standortangaben erweitern.

Einen Eintrag in My Business können Sie unter https://www.google.de/business anlegen. Achten Sie darauf, dass Sie mit Ihrem übergreifenden Google-Konto eingeloggt sind, um alle Zugänge zentral zu verwalten.

Wenn Sie Ihre Unternehmensdaten eintragen, prüft Google zuerst einmal, ob mit diesen Daten bereits ein Eintrag besteht. Denn Google legt auch selbstständig Einträge an, die Daten hierzu werden zum Beispiel aus anderen Branchenbüchern gewonnen.

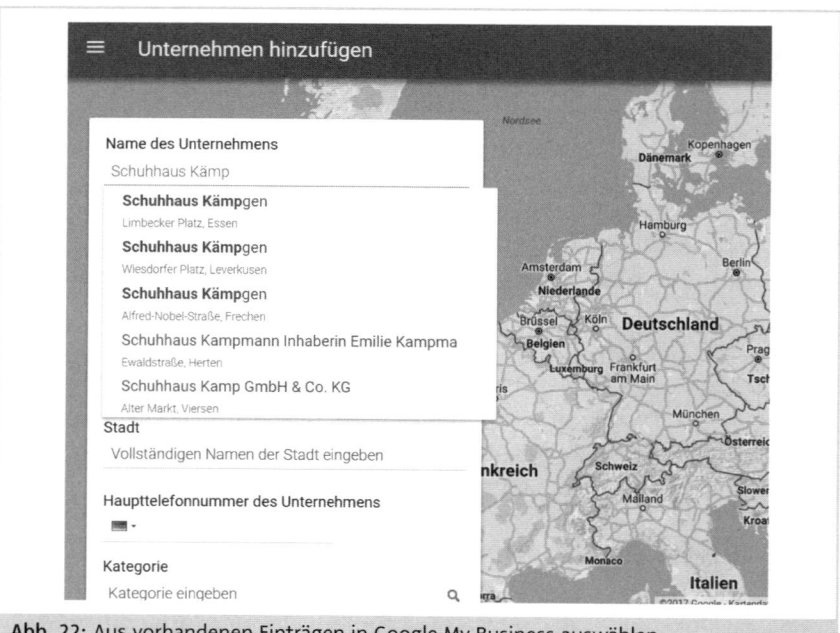

Abb. 22: Aus vorhandenen Einträgen in Google My Business auswählen (Quelle: Google MyBusiness)

Wenn bereits ein Eintrag vorliegt, können Sie diesen Eintrag als Ihren angeben. In beiden Fällen – also wenn Sie einen neuen Eintrag anlegen oder einen bestehenden als Ihren bestätigen möchten – müssen Sie den Eintrag bestätigen/verifizieren. Dazu sendet Google Ihnen an diese Adresse eine Postkarte mit einem Pincode zu, den Sie in My Business eintragen müssen. Dann weiß Google, dass Sie tatsächlich zumindest mal Zugriff auf die Post des Unternehmens haben.

Während des Anlegens des Standorts werden Sie aufgefordert, verschiedene Angaben zu machen. Füllen Sie auf jeden Fall soviel wie möglich aus. Google bevorzugt vollständig ausgefüllte Auftritte und zieht sich wichtige Daten aus diesen Angaben. Besonders wichtig sind:

- **Adresse:** Ohne Adresse kein Eintrag. Sie können für jede Filiale einen eigenen Eintrag anlegen und sogar eine Liste mit fertigen Daten hochladen, falls es zu viele Standorte sind, um sie eigenhändig anzulegen.
- **Telefonnummer:** Verwenden Sie unbedingt eine Nummer mit Vorwahl aus dem Ort, keine Handynummer oder Mehrwertrufnummer. Und verwenden Sie eine einheitliche Telefonnummer hier im Eintrag, in allen Webverzeichnissen und auf der Website.
- **Kategorie:** Wählen Sie die Kategorie aus, die am besten passt.
- **Website**

Wenn Sie den vorgegebenen Schritten gefolgt sind, bietet Google Ihnen an, den Bestätigungscode per Post zu senden. Den Code können Sie entweder sofort oder später anfordern.

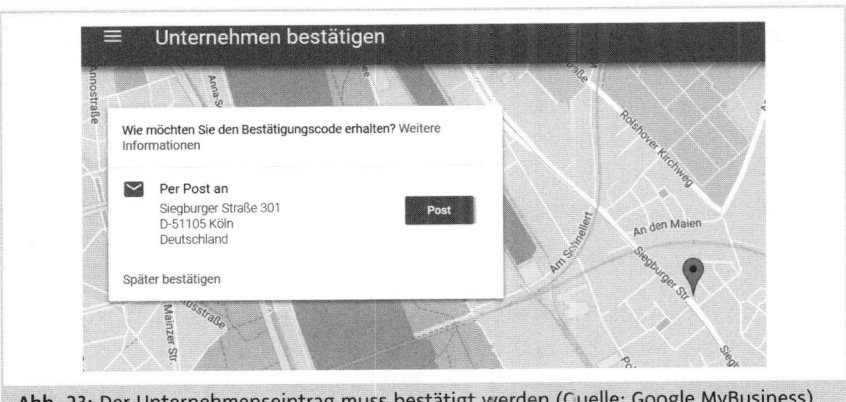

Abb. 23: Der Unternehmenseintrag muss bestätigt werden (Quelle: Google MyBusiness)

Auch ohne die Bestätigung bereits durchgeführt zu haben, können Sie den Eintrag sofort bearbeiten. Sie können (und sollten) die Öffnungszeiten angeben, bis zu drei weitere Kategorien auswählen, Attribute (wie z. B. »Rollstuhlgerechter Eingang« oder »Debitkarten«) ergänzen und Fotos hochladen. Diese Angaben finden Sie später sowohl in der Google-Suche wieder als auch in Google Maps und in ihrem Google+-Local-Auftritt, den Google automatisch aus My Business heraus anlegt.

> **!** **Tipp: Fotos hinzufügen**
>
> Fotos spielen für das lokale Google-Ranking eine erhebliche Rolle, vor allem aber dafür, wie Kunden Ihren Auftritt wahrnehmen. Google selbst hat ermittelt, dass Unternehmen, die Fotos zum Eintrag hinzugefügt haben, 35% mehr Klicks auf die Unternehmenswebsites und sogar 42% Anfragen nach Anfahrtsbeschreibungen in Google Maps generieren.
>
> Bei Fotos können Sie recht kreativ sein. Verzichten Sie nur auf langweilige Stockfotos oder offensichtlich gestellte Szenen. Stattdessen bieten sich an:
>
> - Bilder Ihrer Mitarbeiter
> - Bilder der Geschäftsräume
> - Einblicke in den Arbeitsalltag
> - Bilder toller Produkte oder Inszenierungen
> - Erfolgreiche Projekte und Aktionen
> - usw.

Der zentrale Rankingfaktor, den Sie nicht wirklich beeinflussen können, ist die **Nähe des Suchenden (Standort)** zu Ihrem Unternehmen (gemäß der Adresse aus My Business). Je näher, desto tendenziell höher zeigt Google Sie im Ranking an. Das einzige, was Sie tun können, ist für wirklich jeden Standort einen My-Business-Eintrag anzulegen. Und natürlich die anderen Rankingfaktoren so gut wie möglich zu erfüllen. Aber in einer Stadt, in der Sie keinen My-Business-Eintrag haben, werden Sie kaum in den lokalen Rankings erscheinen.

Eine Besonderheit, die Google in My Business zur Verfügung stellt, ist **Google Business View**. Dabei handelt es sich um 360-Grad-Aufnahmen Ihrer Unternehmensräume bzw. einen sogar virtuellen Rundgang, bei dem sich der Nutzer per Mausklick durch die Räume bewegen kann. Für diesen Rundgang benötigen Sie die Hilfe eines von Google zertifizierten Fotografen (Anbieter in Ihrer Stadt finden Sie über eine Google-Suche). Die erstellten Aufnahmen werden in Ihren My-Business-Eintrag eingefügt und können dann bei Google Maps, Google Street View und an einigen anderen Stellen eingesehen werden.

Abb. 24: Business View – Inneneinsichten des Outdoor-Geschäfts Extratour aus Hamburg (Quelle: Google My Business Extratour GmbH & Co. KG)

Mit Business View zeigen Sie eine unvergleichliche Kundennähe. Der Kunde kann sich bereits vor dem Besuch bei Ihnen umsehen, sich von der Attraktivität Ihres Angebots überzeugen und sich einen positiven Eindruck verschaffen. Da die Aufnahmen durch einen zertifizierten Fotografen je nach Größe des Ladenlokals oft nur wenige hundert Euro kosten und das Hochladen zu Google komplett kostenlos ist, sollten Sie diese Option auf jeden Fall in Betracht ziehen.

b) Onpage-Signale
Für die organischen Rankings haben wir oben bereits über Onpage-Optimierung gesprochen. Aber auch für die Aufnahme in die »Local Packs«, also das organische Listing, spielen diese Faktoren eine Rolle.

Neben den bereits genannten Faktoren (Keywords und Stadtnamen in Titel, Überschriften usw.) geht es hier vor allem um die sogenannten NAP-Daten. NAP steht als Abkürzung für »Name, Adress, Phone«, also Unternehmensname, Adressdaten, Telefonnummer. Diese Daten sollten auf Ihrer Website häufig vorkommen und immer exakt gleich geschrieben werden.

> **! Wichtig: Exakte NAP-Daten**
>
> Experten werden nicht müde zu betonen, wie wichtig eine konsistente Verwendung von Adresse, Unternehmensnamen und Telefonnummer ist. So fällt es Google wesentlich leichter, alle Angaben korrekt zuzuordnen.
>
> Dabei geht es nicht nur um die Angaben auf der Unternehmenswebsite. Auch bei jedem Eintrag in lokale Branchenbücher und Adressverzeichnisse sowie in allen Social-Media-Kanälen sollten diese Daten einheitlich sein.
>
> Einheitlich bedeutet dabei: sowohl in der Schreibweise als auch in der Art gleich. Wenn Ihre Firma also »Christian Müller Maschinenbau GmbH & Co. KG« heißt, verwenden Sie diese Bezeichnung auch einheitlich. »Christian Müller Maschinenbau« oder »Chr. Müller Maschinenbau GmbH & Co. KG« sind für Google andere Unternehmen und zahlen nicht auf Ihr »Markenkonto« ein.
>
> Wenn Ihre Firma übrigens nur »Müller GmbH« heißt, kann es sinnvoll sein, noch einen Suchbegriff hinzuzufügen, also zum Beispiel »Müller GmbH – Treppenbau in Darmstadt«. Dann aber auch wieder konsistent überall.
>
> Gleiches gilt für Adresse und Telefonnummer. »Siegburger Straße« könnte auch »Siegburgerstraße«, »Siegburger Strasse« oder »Siegburger Str.« geschrieben werden (und wird es trotz faktischer Inkorrektheit zumindest der ersten beiden Varianten auch häufig). Auch hier wird Google nur unnötig verwirrt. Vermeiden Sie solche Varianten oder Abkürzungen.
>
> Wählen Sie auch bei der Telefonnummer eine einheitliche Variante. Empfohlen wird dabei die DIN 5008 Norm, also zum Beispiel: »+49 30 111 222 33«. Vermeiden Sie dann aber Variationen wie »030-11122233« oder »0049 – 30 – 111222-0«.
>
> Überall, wo Sie Ihre Adress-, Namens- und Telefondaten verwenden, verwenden Sie sie konsistent und einheitlich.

Oft wird empfohlen, die NAP-Daten (auch) im Footer der Seite einzubauen, dann sind sie automatisch auf jeder Unterseite vorhanden und immer einheitlich.

Auch eine Google-Maps-Integration, wie oben bereits im SIXT-Beispiel gesehen, schadet sicher nicht.

Ein letzter, hilfreicher Schritt bei der Onpage-Optimierung ist das Verwenden von Schema.org-Auszeichnungen. Wir haben über Schema.org bereits kurz in Kapitel 3.4.4 gesprochen (dabei handelt es sich um das Schema »Aggregate Rating« oder »Review«). Speziell für lokale Unternehmen gibt es ein eigenes Datenschema, das in die Website integriert werden kann und Suchmaschinen das Zuordnen zu einem bestimmten Ort vereinfachen soll. Welche Möglichkeiten es dabei gibt, ist (für Programmierer verständlich) hier festgehalten: http://0.3-2e.schemaorgae.appspot.com/LocalBusiness.

Eine mögliche Schema.org-Auszeichnung, die unter anderem den Unternehmensnamen, die Adresse, sowie den geografischen Breiten- und Längengrad enthält, sieht in der Vorlage aus wie in Abbildung 25 gezeigt.

```
<div itemscope itemtype="http://schema.org/LocalBusiness">
<span itemprop="name">Unternehmensname</span>
<span itemprop="description">kurze Beschreibung</span>
<div itemprop="address" itemscope itemtype="http://schema.org/PostalAddress">
<p itemprop="streetAddress">Straße und Hausnummer</p>
<p itemprop="addressLocality">Stadt</p>
<p itemprop="addressRegion">Region</p>
<p itemprop="postalCode">Postleitzahl</p>
<p itemprop="telephone">Telefonnummer</p>
<meta itemprop="latitude" content="geografische Breite" />
<meta itemprop="longitude" content="geografische Länge" />
</div>
</div>
```

Abb. 25: Schema.org-Auszeichnung für lokale Unternehmen
(Quelle: https://onlinemarketing.de/news/ultimatives-how-to-local-seo)

c) Citations/Zitierungen

Was für die organischen Rankings die Backlinks sind, sind für die lokalen Rankings die Citations. Dabei handelt es sich um Erwähnungen Ihres Unternehmens auf bestimmten Websites. Ein Link muss dazu nicht unbedingt gesetzt werden, es genügt, wenn Firmenname, Adresse und idealerweise Telefonnummer genannt werden.

Google sieht es als Relevanz- und Bekanntheitskriterium an, wenn Ihre Adressdaten häufiger im Netz auftauchen. Die Anzahl der Citations hat einen klar erkennbaren Einfluss auf das lokale Ranking, weswegen es zu den grundlegenden SEO-Hausaufgaben gehört, für genügend Citations zu sorgen.

Das können Sie selbst in die Hand nehmen, indem Sie nach und nach Einträge bei den bekannten Branchenbüchern und Verzeichnisdiensten vornehmen.

Wählen Sie dabei aber nur diejenigen aus, die eine wirkliche lokale Relevanz haben. Zu Linkbuilding-Zwecken wurden nämlich auch Tausende von völlig unnötigen Webverzeichnissen (entweder allgemein oder themen/branchenspezifisch) erstellt. Links von dort schaden Ihnen eher, als sie nutzen.

Grundsätzlich sinnvoll sind (kostenlose) Einträge in diese Verzeichnisse:
- gelbeseiten.de
- dasoertliche.de
- meinestadt.de
- yelp.de
- goyellow.de
- klicktel.de
- kennstdueinen.de
- cylex.de
- city-map.de
- hotfrog.de
- 11880.com
- way2business.de
- pointoo.de
- yellowmap.de
- branchen-info.net
- stadtbranchenbuch.com
- golocal.de
- Apple Maps
- Bingplaces.com

(Quelle: http://www.onlinemarketing-praxis.de/suchmaschinenoptimierung/local-seo-grundlagen-tipps-fuer-lokale-unternehmen)

Zusätzlich sollten und können Sie nach weiteren Lokal- oder Branchenverzeichnissen recherchieren, indem Sie Begriffe wie »Verzeichnis« oder »Branchenbuch« in Verbindung mit Ihrem Stadtnamen googeln.

Die Einträge müssen dabei nicht kostenpflichtig sein. Auch ein Link von den Verzeichnissen ist für diese Zwecke nicht nötig. Es genügt, dass Ihre Firma und Ihre Adressdaten in diesen Verzeichnissen auftauchen.

Achten Sie vor allem auch hier auf die Konsistenz der NAP-Daten wie oben angesprochen.

d) Bewertungen

Bewertungen (Reviews) sind aus vielen Gründen mittlerweile ein wesentlicher Faktor im Online-Marketing. Nutzer vertrauen Kundenbewertungen immer mehr, für viele sind positive Bewertungen ein unverzichtbares Vertrauenskriterium. Einige Statistiken dazu habe ich Ihnen in diesem Kapitel bereits geliefert.

Uns geht es hier vor allem um Bewertungen, die das lokale Ranking bei Google verbessern sollen. Durch Bewertungen erkennt Google, dass es Ihr Unternehmen tatsächlich gibt und Sie offenbar gute Arbeit leisten. Für den Kunden sind 4,x Sterne ein wichtiges Merkmal, was wiederum die Klickrate steigert und damit ein weiteres Usersignal als Relevanzkriterium an Google sendet.

Aus Sicht der Experten spielt neben der Anzahl der Bewertungen (möglichst hoch) und der Tonalität (gut, nicht unbedingt durchgehend fünf Sterne) auch die zeitliche Verteilung eine Rolle. Sorgen Sie regelmäßig dafür, dass neue Bewertungen eingehen, um Aktivität und Wachstum Ihres Unternehmens zu signalisieren.

In der Vergangenheit hat Google mehrmals die einbezogenen Bewertungen gewechselt. Eine Zeit lang waren nur Bewertungen bei Google selbst, also auf der Google+ Local Page bzw. in Google Maps, für das Sterneranking relevant. Dann hat Google auch externe Bewertungen zum Beispiel von yelp.com oder anderen Portalen miteinbezogen. Momentan sieht es so aus, als ob wieder nur Google-Bewertungen direkt zählen (auch wenn Google Facebook-Bewertungen zumindest auf der lokalen Übersichtsseite als Zahlen-Rating anzeigt).

Zu warten, bis Kunden von selbst bewerten, ist allerdings eher selten von Erfolg gekrönt. Progressive Unternehmen bitten ihre Kunden aktiv um Bewertungen auf Google (oder anderen Portalen). Das kann auf unterschiedlichste Art und Weise geschehen, zum Beispiel:

- Aushang oder Aufsteller im Ladenlokal
- Ausgelegte Flyer
- Kärtchen in der Einkaufstüte

- Nachfass-E-Mail
- Hinweis oder Bewertungs-Widget auf der Firmenwebsite
- Posts mit der Bitte um Bewertung in den Social Media

Eine besonders clevere Strategie ist es übrigens, positive Bewertungen aktiv zum Beispiel auf Facebook zu posten und sich dafür zu bedanken. Für manch einen Follower wird das ein Anreiz sein, auch zu bewerten, um vielleicht selbst einmal als »Bewertung der Woche« vorgestellt zu werden oder einfach ein öffentliches Dankeschön von Ihnen zu erhalten.

Abb. 26: Indisches Restaurant bittet mit einem dem Essen beigelegten Flyer um Bewertungen (Quelle: eigenes Foto)

Manche Unternehmen legen auch direkt vor Ort iPads mit aufgerufenem Google-Eintrag auf und bitten die Kunden direkt nach dem Kauf um eine kurze Bewertung. Die Erfolgswahrscheinlichkeit ist hier um einiges höher, da der Kunde (hoffentlich) gerade erst eine positive Erfahrung gemacht hat. Bis er zuhause ist, hat sich nicht nur die Begeisterung wieder etwas gelegt, sondern der Alltag hat ihn bereits wieder »verschluckt«.

Beim Blutspenden in Köln

Ein eindrückliches Erlebnis hatte ich, als ich einmal beim Blutspenden in Köln war. Als ich »angezapft« auf der Liege lag, kam der Leiter der Station zu mir und fragte »Alles gut bei Ihnen?«. Als ich das bejahte, drückte er mir ein Tablet in die freie Hand und meinte »Schön, dann können Sie uns doch jetzt eine kurze Bewertung hinterlassen.« Ich war zwar etwas baff, aber da mir die direkte Art gefiel und ich schon aus beruflichen Gründen diesen Ehrgeiz unterstützen muss, habe ich natürlich eine Bewertung hinterlassen. Das gleiche Prinzip hat die Blutspendestation später auch angewendet, um Facebook-Fans zu generieren.

Übrigens ist es rechtlich problematisch, für das Abgeben einer Bewertung (egal wo) einen Vorteil zu versprechen, auch wenn dies in der Praxis oft so gehandhabt wird (z. B. in Form eines Gutscheins oder der Teilnahme an einer Verlosung). Da ein Nutzer, wenn er sich einen Vorteil verspricht, kaum noch negativ bewerten wird, sind solche Bewertungen unter wettbewerbsrechtlichen Aspekten angreifbar und können eine Abmahnung nach sich ziehen. Gehen Sie da also besser auf Nummer sicher.

Wenn Sie diese Faktoren (Onpage-Optimierung, My-Business-Eintrag, Citations, Bewertungen sowie generelle SEO-Maßnahmen) gezielt einsetzen, werden Sie relativ schnell erste Ergebnisse sehen. Erfahrungsgemäß verbessern sich die Rankings im lokalen Bereich deutlich schneller als in den normalen organischen Ergebnissen, oft schon innerhalb weniger Wochen.

3.5 Lokale (Bewertungs-)Plattformen

Bewertungen sind nicht nur wichtig, um das lokale Google-Ranking zu pushen. In den letzten zehn Jahren haben sich jede Menge Plattformen etabliert, die als zentrales Element die Bewertungen von Unternehmen, Produkten oder Dienstleistungen zum Zweck haben. Für fast jede Branche gibt es solche Bewertungsportale.

Für lokale Unternehmen ist es sehr wertvoll, auf diesen Portalen auffindbar zu sein. Viele dieser Plattformen dienen Nutzern mittlerweile als »alternative Suchsysteme«. Das bedeutet, Nutzer gehen nicht mehr unbedingt den Umweg über Google, sondern starten ihre Suche direkt in einer dieser Plattformen.

Für das Marketing ist Auffindbarkeit in solchen Plattformen ein unschätzbarer Vorteil: Wer in einem alternativen Suchsystem sucht, hat bereits ein klares Interesse. Wer zum Beispiel bei Amazon sucht, weiß, dass er Geld ausgeben wird (bei Google sucht er vielleicht nur nach Informationen oder Tipps). Wer bei Jameda sucht, sucht ernsthaft einen Arzt, steht also unter zunehmendem Leidensdruck. Die Conversion-Wahrscheinlichkeit in solchen speziellen Suchsystemen kann deutlich höher ausfallen.

Gleichzeitig ist die Konkurrenzdichte oftmals geringer als bei Google. Bei Google auffindbar zu sein, ist für fast jedes Unternehmen reizvoll, entsprechend viel Zeit und Geld wird in diese Optimierungsmaßnahmen gesteckt. SEO-Agenturen gibt es wie Sand am Meer und jeder mittelklassige Webdesigner bietet heute auch SEO-Leistungen an. Für Yelp und Co. gibt es deutlich weniger Agenturen, was auf einen sehr viel kleineren Markt hindeutet. Offenbar setzen aktuell kaum Unternehmen professionelle Hilfe für diese Suchsysteme ein, was es einfacher macht, dort gute Rankings zu erzielen. Schwächere Wettbewerber = leichteres Ranking – bei Google sind diese Zeiten vorbei, in den alternativen Suchsystemen stehen wir erst am Anfang.

Und schließlich sind die Algorithmen der Suchsysteme meist längst nicht so ausgereift wie zum Beispiel bei Google oder Bing. So ist es mit etwas Handarbeit und Einsatz oft leicht möglich, im Ranking nach oben zu steigen und schnelle Ergebnisse zu sehen, was bei Google oft Monate dauert und viel mehr Mühe kostet.

In einem Crashkurs wie diesem ist es unmöglich, einen umfassenden Überblick über alle lokal relevanten Plattformen zu geben. Einige ausgewählte möchte ich Ihnen aber vorstellen. Weitere finden Sie – Überraschung – via Google.

3.5.1 Yelp

Die größte und wichtigste lokale Bewertungsplattform ist sicherlich Yelp (www.yelp.com), vor allem nach der Übernahme des Konkurrenten Qype im Jahre 2012. Yelp ist übrigens eine Kurzform für »Yellow Pages«, da der Dienst in den Anfangszeichen eine Art Gelbe-Seiten-Portal war. Der Fokus auf Bewertungen kam erst kurz nach einer Umstellung des Geschäftsmodells dazu.

Lokale Unternehmen können ein kostenfreies Profil auf Yelp anlegen. Dabei ist Yelp im Gegensatz zur ersten Wahrnehmung längst nicht nur auf Restaurants beschränkt, sondern offen für alle lokalen Geschäfte und Unternehmen. So finden sich Einträge von Zahnärzten, Friseuren, Autowerkstätten, Bestattern, Heilpraktikern, Fotografen, Modegeschäften oder Unternehmensberatern – und vielen weiteren Kategorien.

Wenn Sie neu bei Yelp starten, werden Sie aufgefordert, Ihr Unternehmen zu suchen. Ähnlich wie bei Google oder Facebook legt Yelp automatisch Unternehmenseinträge an, auch ohne dass die Inhaber des Unternehmens das wissen oder wollen. Wenn Sie einen Eintrag über Ihr Unternehmen gefunden haben, können Sie ihn übernehmen.

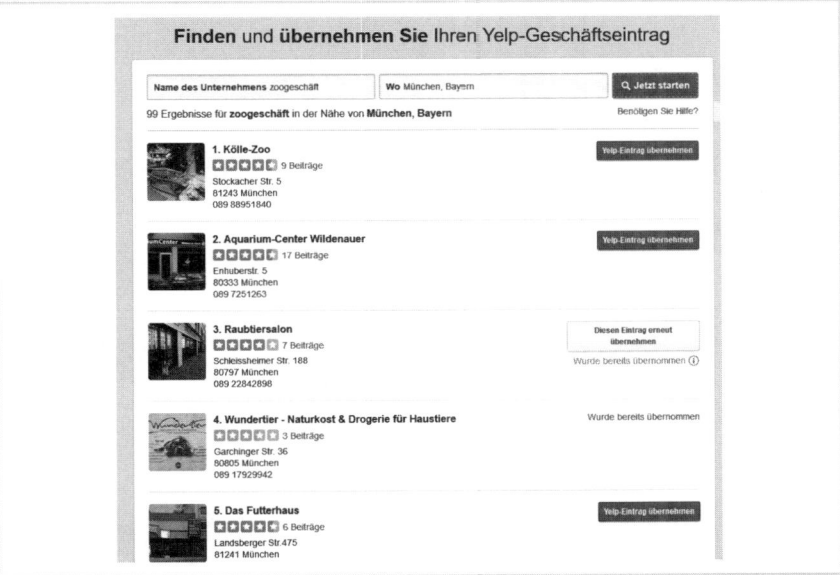

Abb. 27: Manche Einträge wurden bereits übernommen, andere offenbar automatisch von Yelp angelegt (Quelle: www.yelp.com)

Den Unternehmenseintrag können Sie dann mit Angaben wie Öffnungszeiten, Adresse oder Telefonnummern aktualisieren sowie Fotos hochladen, ähnlich dem My-Business-Eintrag von Google. Je besser Sie den Eintrag ausfüllen, desto professioneller und aktiver sieht er aus und desto größere Chancen hat er auch auf ein gutes Ranking.

Wie viele Unternehmen sich diese kostenlosen Chancen entgehen lassen, zeigt ein Blick in viele Kategorien, wo sich Dutzende oder sogar Hunderte von »toten« Einträgen stapeln. Kein Bild, keine Beschreibung, keine Aktivität. Dabei kostet es kein Geld und kaum Zeit, einen Eintrag ordentlich anzulegen, so dass er auf Kunden einladend und sympathisch wirkt. Und gerade in Kategorien, wo alle anderen nichts tun, würde ein Eintrag mit Foto schon deutlich herausstechen, wie Abbildung 28 zeigt.

Abb. 28: Fast ausschließlich leere Einträge ohne Foto und ohne Bewertungen (Quelle: www.yelp.com)

Neben dem möglichst vollständigen Ausfüllen des Eintrags spielt ein aktives Bewertungsmanagement eine große Rolle. Ich rate Ihnen eindringlich dazu, auf jede Bewertung zu reagieren. Zum einen, weil das bei positiven Bewertungen den guten Eindruck des Bewerters weiter verstärkt und bei negativen Bewertungen Ihre Chance darstellt, den Kunden ernst zu nehmen und vielleicht einige Missverständnisse aufzuklären (für den Bewerter aber auch für alle anderen Kunden, die sich die Bewertungen durchlesen). Zum anderen aber auch, weil das in Deutschland die wenigsten Unternehmen tun und Sie sich so ganz besonders von der Masse abheben können. Kurze Dankesworte unter einer positiven Bewertung und eine angemessene Stellungnahme unter einer negativen kosten nicht zuviel Zeit, bringen aber eine große Rendite. Stellungnahmen oder ein Dank unter einem Kommentar sind in Deutschland so selten, dass ich trotz einer guten Stunde aktiver Suche in diversen Städten und Kategorien nicht ein einziges Beispiel für einen Screenshot gefunden habe. Also habe ich kurzerhand für Abbildung 29 mein Lieblingsrestaurant in Las Vegas genommen – sowohl positive als auch negative Bewertungen werden dort vorbildlich, nämlich persönlich, kompetent und freundlich kommentiert. Genau so sollten Sie es auch machen – egal in welcher Branche Sie tätig sind. Falls Sie übrigens einmal der Meinung sind, ein öffentlicher Kommentar sei unangebracht oder sogar schädlich, können Sie dem Kommentator auch eine private Nachricht schicken. Manchmal klären sich Probleme so leichter und schneller.

Abb. 29: Kommentar des Restaurantinhabers unter einer Yelp-Bewertung (Quelle: https://www.yelp.de/biz/yardbird-southern-table-and-bar-las-vegas)

Neben den kostenlosen Einträgen bietet Yelp auch einige kostenpflichtige Leistungen an, allen voran Anzeigen, die ähnlich Google AdWords oder Facebook-Anzeigen im Self-Service-Verfahren eingebucht werden können. Anstatt aber auf Suchbegriffe oder Interessen zu targetieren, werden die Anzeigen immer in ähnlichen bzw. zum werbenden Unternehmen passenden Kategorien, auf Suchergebnisseiten oder auf den Einträgen von ähnlichen Unternehmen geschaltet. Die Bezahlung der Anzeigen erfolgt auf Klickbasis (CPC-Modell).

Abb. 30: Suchergebnisseite mit Werbeanzeige über den Suchtreffern (Quelle: www.yelp.de)

Yelp bietet noch zahlreiche weitere Möglichkeiten für das lokale Online-Marketing. Zum Beispiel können Sie Deals und Geschenkgutscheine über die Plattform anbieten, Kunden zum Hochladen von Fotos oder zum Einchecken auf Ihrer Yelp-Seite auffordern sowie Statistiken zu Ihrem Eintrag ansehen. Sofern Sie ein lokales Unternehmen sind, gehört Yelp neben My Business definitiv zu den Pflicht-Plattformen, auf denen Sie vertreten und aktiv sein sollten.

3.5.2 Weitere Bewertungsplattformen

Natürlich gibt es nicht nur Yelp im Bereich der lokalen Bewertungsplattformen, auch wenn Yelp sicherlich die bekannteste ist. Viele weitere Portale teilen sich den Markt – manche allgemein und branchenübergreifend, manche auf eine bestimmte Branche zugeschnitten. Ein ge wichtige Plattformen stelle ich Ihnen im Folgenden kurz vor.

- **Proven Expert:** Bewertungsportal für Dienstleister und Unternehmen aller Art. Unternehmen können einen Einladungslink zur Bewertung an Kunden verschicken. Aggregiert auf Wunsch auch Bewertungen aus Amazon, Facebook und anderen Quellen. Für die Website gibt es verschiedene Widgets, um die Bewertungen einzubauen (fügt dann automatisch Schema.org-Code zur Website hinzu, um Bewertungssterne im Google-Ranking anzuzeigen). Kostenloses Basisprofil, mehrere kostenpflichtige Premium-Stufen. www.provenexpert.com/de

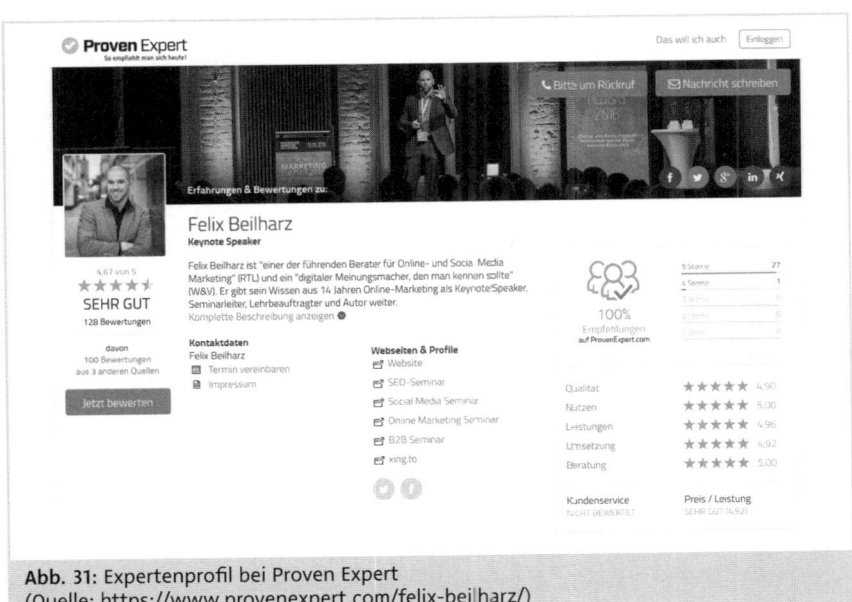

Abb. 31: Expertenprofil bei Proven Expert
(Quelle: https://www.provenexpert.com/felix-beilharz/)

- **Jameda:** Größtes Ärzteportal mit Bewertungen und Online-Terminbuchungsfunktion. Kostenfreier Basis-Zugang, mehrere Premiumstufen bis 139 Euro/Monat. Für Ärzte mittlerweile einer der wichtigsten Marketingkanäle online. www.jameda.de
- **Tripadvisor:** Weltweit größte Reisewebsite mit Bewertungen, Foren, Preisvergleichen und mehr. Im Tourismussektor unverzichtbar. Verschiedene Werbefunktionen und kostenpflichtige Features verfügbar. www.tripadvisor.de
- **Kununu:** Arbeitgeber-Bewertungsplattform, verknüpft mit XING-Unternehmensseiten. Unternehmen können sich als attraktiver Arbeitgeber präsentieren, Jobs ausschreiben, Videos und weitere Informationen online stellen. Kostenfreies Basis-Profil und (relativ teure) Premium-Profile verfügbar. www.kununu.com
- **Anwalt.de:** Anwaltssuchmaschine und Kanzleiverzeichnis. Ebenfalls mit Bewertungen sowie verschiedenen Positionierungsmöglichkeiten für Anwälte (News, Tipps, Fachartikel usw.). www.anwalt.de
- **KennstDuEinen:** Eines der größten deutschen lokalen Dienstleisterverzeichnisse (branchenübergreifend), basierend auf Empfehlungsmarketing und Bewertungen. Kostenloser Basiseintrag, Premiumfunktionen verfügbar. www.kennstdueinen.de
- **Shopauskunft:** Bewertungsportal für Online-Shops, www.shopauskunft.de
- **eKomi:** Prüfsiegel und Kundenbewertungsportal für Unternehmen, www.ekomi.de
- **Trusted Shops:** Prüfsiegel für Online-Shops, ebenfalls mit Kundenbewertungsfunktion, www.trustedshops.de

Darüber hinaus gibt es unzählige weitere Bewertungsplattformen. Prüfen Sie individuell, welche sich für Sie eignen. Auf ein bis zwei passenden Plattformen sollten Sie unbedingt zu finden sein und die Bewertungen proaktiv als Marketinginstrument einsetzen.

3.6 Lokales Social-Media-Marketing

Über Social-Media-Marketing haben wir im letzten Kapitel ausführlich gesprochen. Aber einige Besonderheiten für lokale Unternehmen möchte ich hier noch kompakt aufzeigen, um das Bild des lokalen Online-Marketings zu vervollständigen.

3.6.1 Facebook für lokale Unternehmen

Gerade Facebook eignet sich ideal für lokale Unternehmen. So gut wie alles, was wir im Social-Media-Kapitel 2 besprochen haben, eignet sich auch für kleine Unternehmen mit begrenztem geografischen Wirkungskreis. Zusätzlich bietet Facebook aber auch einige spezielle Funktionen.

Damit Sie den Funktionsumfang nutzen können, sollten Sie als Kategorie Ihrer Fanpage eine **passende Kategorie** auswählen, die auch das Angeben einer Adresse ermöglicht. Die Oberkategorie »Lokales Unternehmen« bietet darüber hinaus auch die Möglichkeit, Bewertungen bei Facebook anzeigen zu lassen. Außerdem werden dann auf der Fanpage direkt eine Landkarte mit dem Standort sowie die Öffnungszeiten angezeigt.

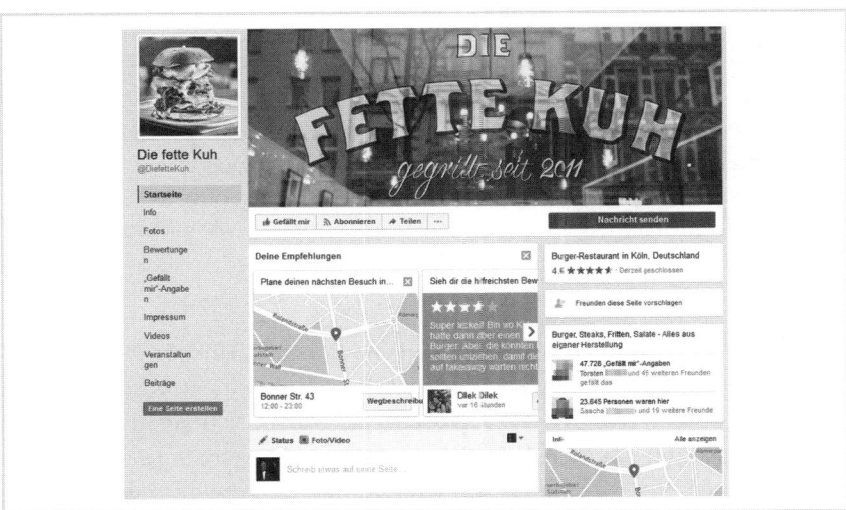

Abb. 32: Lokales Unternehmen auf Facebook mit Bewertungen und Ortsangaben (Quelle: https://www.facebook.com/DiefetteKuh)

Welche Rolle **Bewertungen** im Online-Marketing spielen, haben wir bereits ausführlich besprochen. Auch und gerade auf Facebook sollten Sie diesen

Vorteil nutzen. Sie haben zwar in den Seiteneinstellungen die Möglichkeit, Bewertungen nicht anzuzeigen, das empfiehlt sich aber in aller Regel nicht.

! Tipp: Was tun bei schlechten Bewertungen?

Eine verbreitete Angst bei Unternehmen ist die Angst vor negativen Bewertungen. Und tatsächlich sind Sie auf Facebook relativ schutzlos. Sie können Bewertungen nur insgesamt aktivieren oder deaktivieren, aber nicht einzelne Bewertungen ausblenden oder löschen.

Die Bedenken bezüglich negativen Bewertungen ist in vielen Fällen aber unbegründet. Natürlich wirken sich Ein- oder Zwei-Sterne-Bewertungen auf die durchschnittliche Sterne-Anzahl aus, aber wie schon gesagt, solange der Durchschnitt über vier Sterne liegt, ist das gar nicht schlimm. Bei einigen negativen Bewertungen müssen Sie also nur genügend positive generieren. Das sollte mit etwas Engagement machbar sein.

Manchmal vertun sich Bewerter auch und vergeben statt fünf Sternen nur einen Stern, obwohl sie eigentlich voll und ganz zufrieden sind. Das habe ich schon mehrfach erlebt und konnte durch eine kurze Nachricht mit Rückfrage an den Bewerter jedes Mal schnell aufgelöst werden.

Wenn der Bewerter seine negative Bewertung ernst gemeint hat und wirklich Anlass zur Beschwerde hat, sollten Sie die Bewertung unbedingt kommentieren. Sonst sehen alle Besucher der Seite die schlechte Bewertung unwidersprochen und halten die dort abgegebene Meinung automatisch für die Wahrheit. Wenn Sie aber Stellung beziehen, werden Sie als kundenorientiert, hilfreich und um einen Dialog mit dem Kunden bemüht wahrgenommen. Erfahrungen zeigen, dass so die Kundenmeinung nachher oft besser ausfällt als vorher. Und auch da habe ich Fälle gesehen, wo die Kunden ihre schlechte Bewertung freiwillig wieder gelöscht haben, weil ihr Anliegen gelöst wurde.

Die Ortsfunktion können Sie nutzen, um die Fans zum **Einchecken** zu bewegen. Durch das Einchecken via Smartphone (oder auch am Desktop) teilen die Nutzer ihren Freunden automatisch mit, wo sie sich gerade befinden. Das kann bei interessanten Aktionen zu viraler Reichweite bei sehr geringen Kosten führen. Diese Check-ins können natürlich auch belohnt werden. Verschiedene Geschäfte vergeben zum Beispiel Rabatte, wenn die Kunden ihren Check-in auf dem Smartphone an der Kasse vorzeigen, oder verschenken an eingecheckte Kunden kleine Goodies. Eine Alternative wäre, daraus eine Charity-Aktion zu machen: Für jeden Check-in spendet das Unternehmen einen kleinen Betrag.

Abb. 33: Check-in-Aufforderung bei Mc Donald's Salzburg-Nord (Quelle: eigenes Foto)

Facebook-Angebote (Offers) bieten sich ganz besonders für lokale Unternehmen an. Jede Fanpage hat die Möglichkeit, anstatt eines normalen Posts auch einen Angebotspost zu erstellen. Dieses Angebot wird dann wie ein normaler Post den Fans im Newsfeed angezeigt und kann auch per Anzeige beworben werden. Nutzer, die das Angebot wahrnehmen wollen, können das per Klick auf den Button tun und erhalten dann eine E-Mail mit der Bestätigung. Wenn der Kunde dann im Geschäft vor Ort sein Smartphone mit der Angebotsbestätigung oder die ausgedruckte E-Mail vorzeigt, erhält er seinen Rabatt oder seine Leistung ausgehändigt. Für das Unternehmen ist so eine gute Messbarkeit gegeben, da sich einfach nachvollziehen lässt, wie viele Kunden das Angebot in Anspruch genommen haben.

Abb. 34: Erstellung eines Facebook-Angebots (Quelle: Facebook.com)

Auch bei den **Anzeigen** bietet Facebook spezielle Versionen für lokale Unternehmen an. Die **»Local Awareness Ads«** gehen dabei über die normale Lokalisierung von Facebook-Anzeigen hinaus und sind speziell für lokale Unternehmen gemacht, die schnell und einfach Kunden in der Nähe ihrer Geschäfte ansprechen wollen. So kann der Anzeige zum Beispiel eine Landkarte mit Standortmarkierung hinzugefügt werden. Die Call-to-action-Buttons in der Anzeige sind ebenfalls auf Lokalität zugeschnitten, zum Beispiel »Route planen« oder »Jetzt anrufen«.

Für Unternehmen mit vielen Standorten bietet Facebook die Möglichkeit der sogenannten **Location-Struktur.** Dabei wird für jeden Standort eine eigene Fanpage angelegt und zusätzlich kann es eine Dachseite für die Marke geben. Auf der Dachseite können die Nutzer nach Standorten suchen und dann die jeweilige Fanpage des Standorts besuchen, dort einchecken, kommentieren oder eine Bewertung hinterlassen. Das Unternehmen kann auf jeder Standortseite standortspezifische Angebote oder Inhalte posten. Diese Struktur soll Filialisten die Arbeit auf Facebook vereinfachen.

Abb. 35: Location-Struktur mit Standort-Finder auf der Thalia-Fanpage
(Quelle: https://www.facebook.com/pg/thalia.de/locations/)

Übrigens **verfügt Facebook mit Facebook Services** schon seit einiger Zeit über eine Art Branchenbuch. Unter https://facebook.com/services werden alle Unternehmensseiten gelistet, die entsprechend lokale Kategorien verwenden (z.B. »lokales Unternehmen«, »Schuhgeschäfte«, »Restaurant« usw.). Bisher hat Facebook das Branchenbuch noch nicht flächendeckend kommuniziert, wenn man sich aber die Entwicklung anschaut, ist vorstellbar, dass Facebook hier einen starken Konkurrenten zu Google Maps, Yelp, den Gelben Seiten und ähnlichen Diensten schaffen will.

Je besser Sie Ihre lokale Unternehmensseite ausgefüllt haben, desto besser werden Sie auch hier gefunden. Bilder, Bewertungen und vollständige Angaben helfen der Sichtbarkeit deutlich. Kunden können unter anderem auch nach Preiskategorien sowie Bewertungen selektieren.

Abb. 36: Chinesische Restaurants in Bad Homburg, gelistet in Facebook Services (Quelle: https://facebook.com/services)

3.6.2 Foursquare/Swarm

Foursquare (www.foursquare.com) war lange Zeit der typische SoLoMo-Kanal. In der App war (und ist) quasi jeder Ort der realen Welt auch als Ort angelegt. Nutzer konnten nun, wenn sie sich in einem engen lokalen Radius des Ortes aufhielten, mit dem Smartphone dort einchecken. Damit das auch munter getan wurde, hat Foursquare mit verschiedenen Gamification-Ansätzen die Lust aufs Einchecken befeuert. Für jeden Check-in gab es Punkte und für verschiedene erreichte Meilensteine wurde der Nutzer mit Wimpeln fürs eigene Profil belohnt. So gab es zum Beispiel ein Wimpel (Badge) für Check-ins in Restaurants, Bahnhöfe, Sportanlagen oder Flughäfen. Je häufiger man in Locations pro Kategorie eincheckte, desto höhere Badges wurden vergeben. Weiterer Anreiz: Der Nutzer, der an einem Ort am häufigsten eincheckte, wurde »Mayor« (Bürgermeister) des Ortes.

Unternehmen konnten diese Check-in-Begeisterung nutzen und zum Beispiel spezielle Vergünstigungen oder Angebote ausschreiben für alle, die einchecken oder aber auch nur den Mayor des Ortes. In den USA war es üblich, dass der Mayor in Restaurants zum Beispiel kostenlos aß – denn eine Gratis-Mahlzeit pro Tag ist eine kostengünstige Market nginvestition, wenn deshalb jeden Tag immer mehr Menschen ins Restaurant kommen und versuchen, dem Mayor seinen Posten durch häufigere Besuche wegzuschnappen …

Foursquare vereinte alles, was SoLoMo ausmacht: Social Media durch Verknüpfung mit Facebook, Kontakte, Bewertungen usw. Local durch die GPS-gesteuerte Erkennung des Aufenthaltsortes und Mobile durch die reine Smartphone-Anwendung.

Unter großem Protest der Fangemeinde hat Foursquare die App aber 2014 in zwei Apps aufgeteilt. Das Punkte- und Badges-Sammeln findet nun über **Swarm** (www.swarmapp.com) statt, während Foursquare eine reine Empfehlungs- und Bewertungs-App geworden ist (der neue Name »Foursquare City Guide« legt das auch nahe). Gefühlt hat die Aktivität auf Foursquare im eigenen Freundeskreis danach stark nachgelassen, aber Foursquare ist für viele Nutzer **immer noch ein wichtiges Instrument**, um »Geheimtipps« in fremden Städten zu entdecken und selbst Empfehlungen zu teilen.

Prüfen Sie auf jeden Fall, ob Ihr Unternehmen auf Foursquare bereits angelegt ist. Falls ja (was sehr wahrscheinlich ist), können Sie den Eintrag unter https://de.foursquare.com/venue/claim ähnlich wie bei Google My Business in Besitz nehmen (in diesem Fall per Telefonanruf). Mit einem eigenen Eintrag können Sie unter anderem die Angaben ergänzen und ändern, aber auch eingecheckten Kunden besondere Angebote machen, Tipps zu Ihrem Unternehmen veröffentlichen sowie Statistiken zu Ihrer Nutzeraktivität einsehen. Je nach Kategorie und Stadt ist auf manchen Unternehmensprofilen einiges los, weshalb sich eine eigene Aktivität in solchen Fällen definitiv lohnt.

Abb. 37: Das Porsche Museum wurde schon über 700 Mal auf Foursquare bewertet (Quelle: Foursquare.com)

Auch **bezahlte Anzeigen** sind bei Foursquare möglich. So wird Ihr Unternehmen zum Beispiel in einer Kategorie oder in Suchergebnissen bevorzugt angezeigt. Die Bezahlung erfolgt nur, wenn jemand mit der Anzeige interagiert, die reine Einblendung ist kostenlos.

3.7 Interview mit Carsten Hinrichs

! **Über Carsten Hinrichs**

 Carsten Hinrichs gründete 2008 das Unternehmen Hinrichs Medien in Oldenburg. Er berät kleine und mittelständische Unternehmen in allen Fragen des Online-Marketings, schwerpunktmäßig auch im Local-, SEO- und Content-Marketing. Darüber hinaus betreibt er verschiedene eigene Internetprojekte, unter anderem ein Fahrradportal, ein Gartenmagazin sowie eine Suchmaschine für Ferienwohnungen.

1. Wie gut sind kleinere und mittlere Unternehmen deiner Erfahrung nach derzeit im lokalen SEO aufgestellt?
Es ist klar zu sehen, dass der durchschnittliche Kleinunternehmer noch viel Potenzial in den lokalen Suchergebnissen hat. Oft wird hier Potenzial verschenkt, da auf der einer Seite das Know-how fehlt, auf der anderen Seite der Faktor Zeit, sich mit dem Thema zu beschäftigen. Einfache Dinge wie einen Google My-Business-Eintrag werden nicht oder fehlerhaft angelegt. Betriebe die sich mit der Thematik beschäftigen oder sich einen Fachmann für das Thema an die Seite holen, sind dabei meist recht gut aufgestellt und profitieren von dieser Investition.

2. Wie sollte ein Unternehmen vorgehen, das sein Local-SEO-Ranking verbessern will? Welche Schritte sind in welcher Reihenfolge sinnvoll?
Zuerst sollte immer der eigene Hof gekehrt werden, das heißt, die eigene Webseite sollte zuerst angefasst und mit allen nötigen Informationen ausgestattet werden, die der Kunde benötigt und erwartet. Die eigene Webseite sollte demnach unabhängig von Suchmaschinen die Informationen bereitstellen, die wichtig sind. Es geht dabei nicht nur um Neukunden, auch Bestandskunden gucken sich die Webseite an. Was in jedem Fall auf der Web-

seite zu finden sein sollte, hängt jedoch von Branche und Kundengruppe ab. Schauen wir uns den normalen Kleinbetrieb oder Mittelständer an, so sind das diese Informationen:

- Telefonnummer, wenn vorhanden die telefonische Erreichbarkeit
- Die komplette Anschrift (besonders wichtig für »Orte in der Nähe«-Suchen)
- Eine E-Mail-Adresse oder ein Kontaktformular
- Sofern vorhanden, die Namen unterschiedlicher Ansprechpartner (evtl. mit Foto für eine Wiedererkennung)

Diese Informationen sollten für jeden User schnell und auf (jeder) Seite zu finden sein, egal auf welcher Seite er einsteigt.

Neben diesen Informationen ist auch der Standort wichtig. Gerade wenn es darum geht, einen Betrieb in der Nähe zu finden, kann der Kunde dies auf einem Blick erkennen. Die Kontaktmöglichkeit ist jedoch nicht ausschlaggebend für eine gute Webseite. Je nach Betrieb ist es auch die Bereitstellung von Inhalten, die dem Kunden genau zeigen, was der Unternehmer an Produkten oder Dienstleistungen anbietet. Je mehr Fragen auf der Webseite beantwortet werden, umso qualifizierter sind spätere Kundenanfragen. Kunden, die nicht die gewünschten Informationen finden, nehmen entweder keinen Kontakt auf oder möchten möglicherweise Informationen zu Produkten oder Dienstleitungen, die nicht vorhanden sind.

Ist die eigene Webseite »fertig«, kann man dazu übergehen diese zum Beispiel bei der Suchmaschine Google über den Dienst My Business anzumelden. Hier hat man gezielt die Möglichkeit, Informationen über den Betrieb einzugeben. Dabei ist wichtig, dass die Daten, die man dort einträgt, konsistent sind. Es sollte dieselbe Telefonnummer, Adresse und E-Mail-Adresse eingetragen werden, wie sie auch auf der Webseite zu finden ist. Die Konsistenz der Daten ist wichtig, damit zum Beispiel Google klar erkennt, hier handelt es sich um ein und denselben Betrieb. Hier sollte sogar auf dieselbe Struktur geachtet werden.

So sollte die Schreibweise der Telefonnummer immer gleich sein: Die (gleichen) vier Telefonnummern 0421 / 123123, 0421-123123, +49 421 / 123123, 0

421/123 123 sind nicht konsistent. Denn es sind vier Varianten einer Nummer, selbst die Leerzeichen unterscheiden Eintrag 1 von Eintrag 4.

Es sollten alle möglichen Felder bei My Business ausgefüllt werden, je vollständiger das Profil ausgefüllt ist, umso mehr Daten stellt man über seinen Betrieb zur Verfügung.

Mit der Erfahrung aus dem Google-Dienst können die Webseite und die Firmeninformationen jetzt in wichtige Branchenbücher eingetragen werden. Exemplarisch seien genannt: Gelbe Seiten, Das Örtliche Telefonbuch, Meinestadt usw. Auch hier ist es wichtig, dass die Daten konsistent sind.

3. Oft sieht man Firmen-Websites, die zu jedem Ort oder sogar Ortsteil eine eigene Unterseite angelegt haben (»Schlüsseldienst Hamburg-Altona«, »Schlüsseldienst Hamburg-Brunsbüttel« usw.). Ist das aus heutiger Sicht noch sinnvoll? Und wie gelingt es, sich dabei Google-Guideline-konform zu verhalten?
Aus meiner Sicht ist das nicht mehr sinnvoll. Google möchte qualitativ hochwertige und möglichst wenig doppelte Inhalte im Index halten. Unterscheidet sich der Inhalt jedes Mal nur marginal zu den anderen Seiten, wird hier der Fokus verwässert und es kann unter Umständen auch negativ wirken. Es sollte eine gute Seite zum Thema »Schlüsseldienst Hamburg« erstellt werden. Auf dieser Seite kann durchaus erwähnt werden, dass man in den unterschiedlichen Stadtteilen aktiv ist. Sollte es sogar mehrere Geschäftsadressen geben, kann man diese auf der Seite vorstellen. Die Suchalgorithmen sind teilweise so intelligent, dass hier der Standort des Suchenden einbezogen wird. Sucht jemand aus einem bestimmten Stadtteil, so wird die Suche (je nach Suchanbieter) es höchstwahrscheinlich erkennen und auch passende Ergebnisse liefern.

4. Welche Formen der Anzeigenwerbung eignen sich für lokales Marketing besonders und was sollten kleinere Unternehmen dabei beachten?
Bevor man anfängt Anzeigen zu schalten (z.B. Google AdWords), sollte vorher klar definiert werden: Wer ist meine Zielgruppe? Wo befindet sich diese? Wen möchte ich mit meinen Anzeigen erreichen? Und ganz wichtig: Wer entspricht nicht meiner Zielgruppe?

Werde ich bereits über meinen Brand, also über meinen Firmennamen oder Produktnamen in den Suchmaschinen gefunden? Sollte dies nicht der Fall sein, kann man zum Beispiel Anzeigen schalten, die genau darauf ausgerichtet sind. Gibt ein Interessent den Firmennamen in die Suchmaschine ein, so sollte die Anzeige ganz oben stehen. Da wenig andere darauf bieten, sind diese Brand-Anzeigen oftmals recht günstig zu buchen. Dabei sollte man den Radius nicht vergessen und die vorher definierte Zielgruppe.

Verkaufe ich meine Produkte und Dienstleistungen nur lokal, sollte der Umkreis genau definiert werden. Kann ich Kunden in 50 km Entfernung bedienen? Ist die Antwort nein, sollte der Radius der Anzeigenausspielung kleiner gewählt werden. Auch die Zielgruppe sollte möglichst genau gewählt werden. Männlich, weiblich und das Alter der Zielgruppe sind dabei nur Beispiele für eine genaue Anzeigenschaltung. Besteht die Möglichkeit der »Anzeigen-Erweiterung«, sollte dies in jedem Fall genutzt werden. Hier kann man zum Beispiel die Adresse, die Telefonnummer und andere, standortbezogene Daten angeben. Auch Öffnungszeiten gehören in eine Anzeige, so weiß der Kunde direkt auf einem Blick, wo sich das Geschäft befindet und wann man es erreichen kann.

Mit Facebook-Anzeigen kann man ebenfalls seine Zielgruppe aus der Region ansprechen, hier ist zum Beispiel eine Kombination der Antworten aus den nächsten Fragen sinnvoll.

5. Was sollte ein lokales Unternehmen im Social-Media-Bereich besonders beachten?

Der Erfahrung nach sind die User in den sozialen Medien nicht zum Kaufen unterwegs. Hier geht es vielmehr um den Fun-Faktor und Unterhaltung. Ein stumpfes Posten von Produkten ist oftmals wenig zielführend und schreckt auch viele Fans oder Follower ab. Anders kann dies bei Innovationen oder Produktneuheiten sein. Jedes Unternehmen sollte sich einen Plan erstellen, der zeigt, welche Inhalte für die sozialen Kanäle geeignet sind und welche genutzt werden sollten. Kontinuität ist das A und O in den Social Media, wer sich dazu entschließt, Kanäle wie Facebook, Instagram oder Twitter zu bespielen, sollte hier regelmäßig Inhalte publizieren.

Es sollte ebenfalls einen Eskalationsplan geben. Wie geht man mit Kritik am Produkt oder am Unternehmen um. Was passiert, wenn ein Kunde öffentlich kritisiert oder übertrieben schlecht redet. Weiter sollte geklärt sein, wer für die einzelnen Kanäle zuständig ist, wer die Berechtigung hat, Inhalte zu veröffentlichen. Und eine Frage, die oft zu Diskussionen führt: Wie werden die Fans angesprochen, mit Du oder Sie?

6. Wie lässt sich gerade bei lokalen Unternehmen eine effektive Verknüpfung zwischen online und offline sicherstellen?
Je nach Branche können lokale Events in sozialen Medien verbreitet werden. Dies können Aktionen sein wie ein Tag der offenen Tür, ein Gewinnspiel, neue Produkte oder Innovationen, die die Kunden im lokalen Geschäft besichtigen oder testen können. Ziel der Aktionen sollte es sein, die Kunden in den Betrieb oder auf die eigene Webseite zu holen. Ist die Webseite zum Beispiel mit einem Remarketing-Pixel ausgestattet, lässt sich später zielgerichtete Anzeigenwerbung ausspielen. Hier können zum Beispiel Rabatt-Codes beworben werden, die im lokalen Geschäft einlösbar sind.

4 Mobile – Mobiles Online-Marketing

In den Kapiteln 2 und 3 sind bereits viele mobile Ansätze berührt worden. Und fast alle sozialen Medien werden mittlerweile überwiegend oder ausschließlich mobil genutzt. Auch Anzeigen lassen sich mobil ausspielen. In diesem Kapitel geht es vor allem um die Methoden und Kanäle, die bisher noch nicht vertiefend behandelt wurden. Und auch hier stehen wieder kleinere Unternehmen im Vordergrund, die kein allzu hohes Marketingbudget aufweisen können und keinen Zugriff auf große Agenturen haben, sondern vieles mit »Bordmitteln« und »hands on« erledigen müssen. Dass das geht, haben wir in den letzten Kapiteln festgestellt. Das gilt auch für Mobile.

4.1 Entwicklung, Definition und Abgrenzung

Der Megatrend »Mobile« hatte uns in den letzten Jahren voll im Griff und war auch in den Marketingabteilungen dieser Welt das wohl am häufigsten ausgesprochene Wort. Deshalb ist es wichtig, den Begriff zu definieren und einzuordnen.

4.1.1 Mobiler Traffic

Der große Paukenschlag kam im Oktober 2016. In diesem Monat fand die Internetnutzung der Welt zum ersten Mal stärker auf Smartphones und Tablets als auf Desktop-Geräten statt. 51,3 % des weltweiten Traffics liefen mobil ab, nur noch 48,7 % auf Desktop-Computern (http://gs.statcounter.com/press/mobile-and-tablet-internet-usage-exceeds-desktop-for-first-time-worldwide). Spätestens dieser Zeitpunkt kann als Geburtsstunde des »Mobile First«-Paradigmas gelten – alle Marketingmaßnahmen müssen zuerst vom mobilen Endgerät her gedacht werden und nicht nur für mobile Geräte optimiert werden.

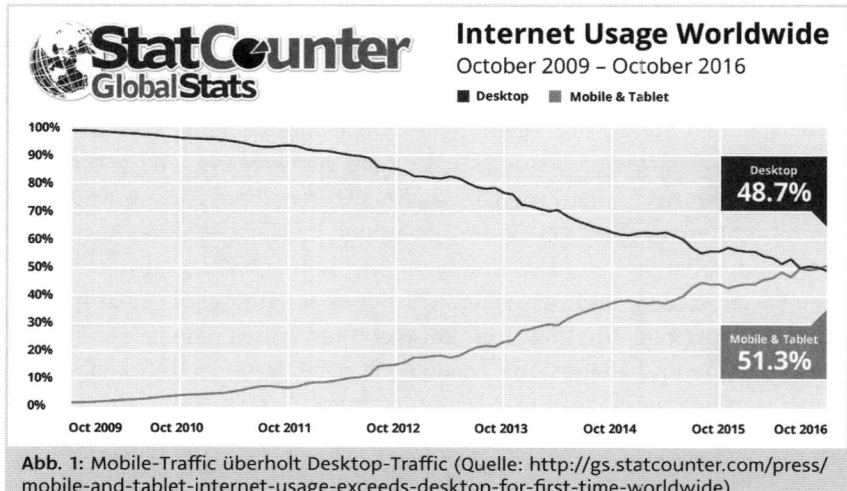

Abb. 1: Mobile-Traffic überholt Desktop-Traffic (Quelle: http://gs.statcounter.com/press/mobile-and-tablet-internet-usage-exceeds-desktop-for-first-time-worldwide)

Einer der größten Treiber dieser Entwicklung ist Afrika. Dort haben mehr Menschen ein mobiles Endgerät als einen festen PC. Gerade in dörflichen Strukturen ist der Handyempfang oft zuverlässiger vorhanden als stationäres Internet und die meisten Handyanbieter haben Afrika als gigantischen Markt für günstige und/oder gebrauchte und wiederaufbereitete Smartphones entdeckt.

Doch auch hierzulande ist das mobile Internet angekommen. Die bereits zitierte ARD-ZDF-Onlinestudie 2016 berichtete, dass mittlerweile mehr Deutsche täglich mit dem Smartphone ins Netz gehen (49%) als mit ihrem Laptop (25%) oder Desktop-PC (22%). Das Tablet ist mit 18% vertreten, andere Geräte wie Radio, TV oder Spielekonsole spielen eher eine geringere Rolle für die Internetnutzung. Im Schnitt verfügt der Deutsche über 3,1 internetfähige Endgeräte, ein Smartphone besitzen 66% (http://ard-zdf-onlinestudie.de/index.php?id=557).

4.1.2 App-Downloads

Auch die Zahl der **App-Downloads** ist ein deutlicher Indikator für die rasante Entwicklung des mobilen Webs. Im Jahr 2016 wurden ganze 149 Milliarden Apps weltweit heruntergeladen. Für 2017 liegt die Prognose bei 197 Milliarden, für 2021 sogar bei 352 Milliarden (https://www.statista.com/statistics/271644/worldwide-free-and-paid-mobile-app-store-downloads/). Ein Rückgang dieses Booms ist daher nicht zu erwarten. Interessant ist dabei übrigens, dass etwa doppelt so viele Apps im Google PlayStore heruntergeladen werden als im App-Store von Apple – Apple damit jedoch einen um 75% höheren Umsatz erzielt. Abschreiben kann man Apple also auch weiterhin nicht.

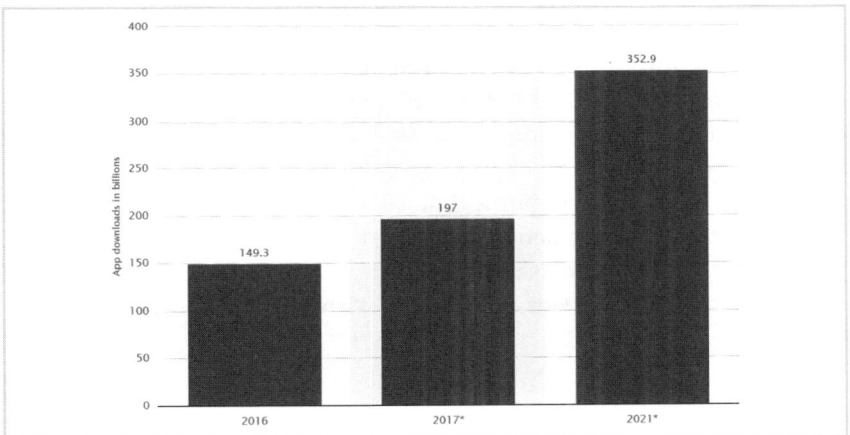

Abb. 2: Globale App-Downloads 2016 und Prognosen (Quelle: https://www.statista.com/statistics/271644/worldwide-free-and-paid-mobile-app-store-downloads/)

4.1.3   Mobile Endgeräte und Betriebssysteme

Unter **mobilen Endgeräten** verstehen wir hier vor allem Smartphones und Tablets. Oft werden auch internetfähige Handys, die keine Smartphones sind, sowie Netbooks zu den mobilen Endgeräten gezählt. Erstere spielen in der Praxis aber kaum eine Rolle und Letztere verfügen über den Funktionsumfang eines Laptops und ähneln auch vom Einsatzzweck her dieser Kategorie, so dass klassische mobile Einsatzszenarios tendenziell wegfallen.

Wir legen den Fokus also auf Smartphones und Tablets. Zukünftig werden auch Wearables und Smartglasses oder VR/AR-Geräte dazu zählen. In einer zweiten oder dritten Auflage dieses Buches werden wir darüber sicherlich auch sprechen – momentan stehen diese Anwendungen für kleinere Unternehmen größtenteils noch nicht im Mittelpunkt.

Der **Smartphone-Markt** teilt sich vor allem zwischen Apple (17,9%) und Samsung (17,8%) auf. Auch Huawei bekommt mit 9,5% noch ein größeres Stück vom Kuchen ab, die ebenfalls chinesischen Anbieter Oppo (6,2%) und BBK (5,6%) spielen mittlerweile auch am Weltmarkt mit. Die restlichen 43,1% teilen sich auf alle anderen Anbieter auf (http://www.gartner.com/newsroom/id/3609817).

Bei den **Betriebssystemen** hat eindeutig Android die Nase vorn. In den Medien spielt Apple bzw. iOs oft eine größere Rolle (gutes Marketing, Apple!), aber in den Marktanteilen drückt sich das nicht aus. Im Gegenteil: Ende 2016 betrug der Marktanteil von Android ganze 87,5% (andere Quellen sprechen von 81,7%), Apple kommt nur auf 12,1%. Der ehemalige Branchenprimus Blackberry kommt zusammen mit Microsoft und dem Samsung-eigenen Betriebssystem »Tizen« auf zusammen 0,3% (http://www.cnbc.com/2016/11/03/google-android-hits-market-share-record-with-nearly-9-in-every-10-smartphones-using-it.html).

4.1.4 Mobile-Marketing – Definition

Unter **Mobile-Marketing** versteht man jegliche Marketingaktivitäten, die gezielt für mobile Endgeräte zugeschnitten sind. Häufig werden dabei spezielle Funktionen der Geräte wie GPS, die Kamera oder Bluetooth verwendet. Aber auch klassische Instrumente wie Anzeigen, E-Mails oder Suchmaschinenoptimierung zählen, sofern sie auf mobile Endgeräte abzielen, dazu. Oft sind Mobile-Marketing-Maßnahmen in andere Maßnahmen integriert, das ist ja gerade der Kerngedanke des SoLoMo-Gedankens. Durch die Verknüpfung und Verschmelzung findet ein sehr viel intensiverer und direkterer Kundenkontakt statt. Überall, zu jeder Zeit und mit jedem Gerät.

Als Instrumente des mobilen Marketings bearbeiten wir in diesem Kapitel vor allem mobile Websites und Landingpages, mobile Anzeigenwerbung und Suchmaschinenoptimierung, Marketing mit Messengerdiensten und Kurznachrichten sowie Apps. Einige andere Ansätze sprechen wir am Rande ebenfalls an, ohne sie jedoch zu vertiefen. Wie bei den anderen Kapiteln auch soll die Fokussierung darauf liegen, was Sie sofort oder zumindest mittelfristig umsetzen können, anstatt uns in Theorien zu verlieren, was alles möglich wäre.

4.2 Mobile/responsive Websites

Wenn mittlerweile die Mehrheit der Internetnutzer mobil surft und ein Großteil des Traffics von mobilen Endgeräten kommt, ist eine der wichtigsten und ersten Maßnahmen, sich mit seinen Websites darauf einzustellen. Die Kernfrage lautet also: »Ist meine Website mit Smartphones und Tablets mindestens genauso gut nutzbar wie mit einem Desktop-Gerät?« Dabei geht es vor allem darum, ob das Layout sich an den kleinen Bildschirm anpasst, ob alle Inhalte vernünftig angezeigt werden und gut konsumierbar sind, ob Ladezeiten und sonstige Performance-Faktoren ein bequemes und flüssiges Besuchen der Seite auch mit einem mobilen Endgerät und vielleicht einer langsamen Internetverbindung ermöglichen und ob der Besucher genauso einfach und schnell konvertieren, also zum Beispiel kaufen oder anfragen kann, wie er es mit einem viel größeren Bildschirm auf seinem Laptop oder Monitor könnte.

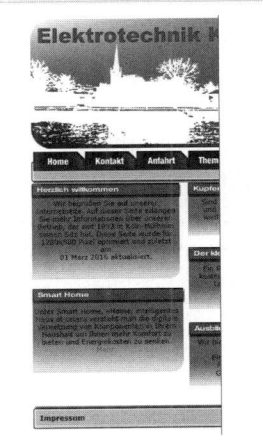

Abb. 3: Nicht mobilfähige Website eines Elektroinstallateurs (Design passt sich nicht an den kleineren Bildschirm an) (ohne Quelle)

4.2.1 Mobile Websites vs. responsives Layout

Grundsätzlich haben Sie zwei Möglichkeiten, eine mobile Version Ihrer Seite anzubieten. Sie könnten den Besucher, der vom Server bzw. der Website als Nutzer eines mobilen Endgerätes erkannt wurde, auf eine spezielle **mobile Website** weiterleiten. Diese mobile Website ist nur für mobile Nutzer gemacht und quasi ein mobilfähiges Abbild Ihrer normalen Website. Die mobile Seite wird dann unter einer eigenen URL aufgerufen, häufig »m.domain.de«

oder »domain.de/m«, manchmal auch mit der speziell für mobile Websites erfundenen Endung »domain.mobi«.

Die andere Möglichkeit ist, Ihre normale Website so zu gestalten, dass sie sich automatisch an das Endgerät des Nutzers anpasst. Er wird also nicht weitergeleitet, sondern bleibt auf Ihrer Seite, bekommt eben nur eine andere Darstellung zu sehen, die sich an seine verwendete Bildschirmgröße anpasst. Dazu verwenden Webdesigner sogenannte Media Queries, die zum Beispiel die Umbrüche der Website oder das Laden alternativer Designelemente steuern.

Beim Gestalten so einer »All-in-one-Website« für alle Endgeräte gibt es wiederum zwei Möglichkeiten (die hier nur kurz angerissen werden, damit Sie die Begriffe mal gehört haben): Mithilfe eines **adaptiven Layouts** erstellt der Designer Umbrüche bzw. Darstellungen für die häufigsten Bildschirmgrößen (i.d.R. Tablet, Smartphone und eventuell Smartphone quer). Vom Aufwand her ist diese Option vorteilhaft, da eben nur bestimmte Auflösungen berücksichtigt werden müssen. Wenn Nutzer mit ungewöhnlichen Geräten kommen, kann es allerdings zu nicht optimalen Darstellungen kommen.

Die zweite Option hat sich im Sprachgebrauch als **responsives Design** eingebürgert. Dabei wird das Layout i.d.R. fluide erstellt, es passt sich also an jede beliebige Displaygröße an (bis zu einer fest definierten Maximalgröße). Häufig wird zumindest von Laien nicht zwischen den beiden Formen unterschieden – sobald eine Website sich an das Endgerät anpasst, spricht man von Responsive Design. Auch wenn passionierte Webdesigner dieses Buch nun wütend in die Ecke werfen, der Einfachheit halber verwende ich diesen Begriff hier auch ohne Unterscheidung.

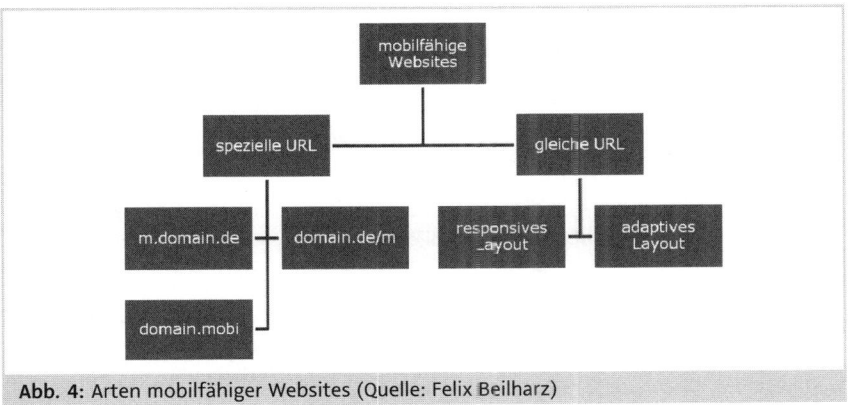

Abb. 4: Arten mobilfähiger Websites (Quelle: Felix Beilharz)

In Tabelle 5 werden die Vor- und Nachteile von mobilen und responsiven Websites verglichen.

	Vorteile	Nachteile
Spezielle mobile Website auf eigener URL	Vollkommen unabhängige Gestaltung möglich (eigenes Layout für mobile Endgeräte)	Doppelter Aufwand durch zwei URLs
	Content lässt sich problemlos an mobiles Endgerät anpassen	Fehldarstellungen durch nicht erkanntes Gerät möglich
		SEO-Problematik durch doppelten Content möglich
		Darstellungsprobleme, wenn z. B. ein mobiler Nutzer die mobile URL im Social Network teilt und ein Desktop-User sie aufruft
Adaptives oder responsives Layout	Nur eine Website = weniger Pflegeaufwand	Mehrspaltige Websites werden einspaltig und können dadurch sehr lang werden

Vorteile	Nachteile
Anpassung an die wichtigsten (adaptiv) oder alle (responsiv) gängigen Auflösungen	Eventuell höhere Ladezeiten
Einheitliche Nutzererfahrung geräteübergreifend	Einschränkung in der Gestaltungsfreiheit
Eventuell Rankingvorteil bei Google	Umgestaltung bei bestehender Website kaum möglich – Relaunch notwendig
Einfacheres Tracking	
Zukunftssicherer bei neu aufkommenden Geräten	

Tab. 5: Vor- und Nachteile von mobilen gegenüber responsiven Websites

In der Praxis hat sich der responsive Ansatz durchgesetzt, mobile Unterseiten werden heute kaum noch neu erstellt. Auch Google bevorzugt laut eigener Aussage Responsivität und schätzt dieses Vorgehen als nutzerfreundlicher ein.

4.2.2 Optimierung für mobile Websites

Ob Ihre Website responsiv ist oder nicht, können Sie mit kostenfreien Tools relativ einfach herausfinden. Tools dafür finden Sie unter anderem unter:

- www.responsive-design-test.de
- www.responsive.cc
- http://ami.responsivedesign.is
- http://be-responsive.de

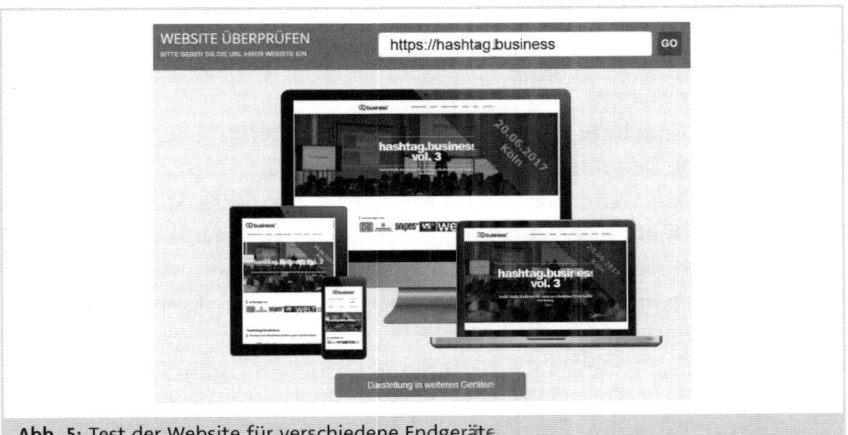

Abb. 5: Test der Website für verschiedene Endgeräte
(Quelle: www.responsive-design-test.de)

Für alle Ihre Websites sollte künftig der Grundsatz »mobile first« gelten. Das bedeutet, Sie erstellen nicht eine Website und passen diese dann für mobile Endgeräte an, sondern Sie erstellen das Grundgerüst für die mobile Version und bauen dann die Desktop-Ansicht darum herum.

Typische Elemente für eine mobile Website sind auch die Navigation, die in der mobilen Ansicht zu einer Dropdown-Liste und/oder dem mittlerweile häufig genutzten »Sandwich-Button« mit den drei Strichen wird sowie ein einspaltiges Layout, bei dem die sonst nebeneinander angeordneten Spalten untereinander angeordnet werden. Große Header-Grafiken und vor allem Slider fallen in der mobilen Ansicht oft weg oder werden stark verkleinert dargestellt.

Einige übergreifende Tipps lassen sich für alle Arten von mobilen Websites geben. Google hat bereits 2014 eine Nutzerstudie mit 100 beliebten mobilen Websites durchgeführt und aus den Ergebnissen 25 Regeln für gutes mobiles Webdesign abgeleitet. Die meisten davon sind zeitlos und auch heute noch gültig. Die Regeln beinhalten unter anderem:

- **Call to actions** müssen noch auffälliger gestaltet und prominenter platziert sein, da sie sonst mobil schnell übersehen werden.
- Besonderen Wert auf ein kurzes und übersichtliches **Menu** legen.

- Der Sprung zurück zur **Startseite** sollte jederzeit und einfach möglich sein, optimalerweise durch Klick auf das Logo (gilt übrigens ebenso für Desktop-Versionen).
- Werbliche **Angebote** dürfen nicht das Layout zerschießen und müssen sich klar von den primären Call to actions unterscheiden.
- Mobile Seiten sollten über eine prominent platzierte **Suche** verfügen. Gerade auf mobilen Endgeräten nutzen Besucher gern die Suchfunktion, anstatt sich ewig durch endlos lange Seiten zu klicken.
- Umfangreichere **Formulare** wirken auf Smartphones abschreckend. Besser kürzen oder auf mehrere Seiten verteilen.
- Nutzer sollten eine Seite auch **anonym besuchen** können. Keine Anmeldung oder Login, bis es wirklich nötig ist (z.B. bei einem Kauf).
- **Umstieg** vom Smartphone zum Rechner vereinfachen. Gerade bei Online-Shops lohnt es sich, die URLs einfach zu gestalten oder einen Button einzufügen, mit dem Benutzer sich die URL per E-Mail selbst zuschicken können.

Die vollständige Analyse und alle Tipps können Sie online nachlesen: https://www.thinkwithgoogle.com/topics/create-better-mobile-user-experience.html.

4.3 Mobile-Conversion-Optimierung und Landingpages

Was bringt Ihnen eine Website, wenn niemand auf der Seite die gewünschte Aktion durchführt? »Wird unter Branding verbucht«, sagt man in der Online-Branche spaßig zu nicht-konvertierenden Websites. Aber in aller Regel wollen Sie ja eine bestimmte Aktion hervorrufen. Das kann ein Kauf, eine Anmeldung, ein Newsletter-Abo oder eine andere Aktion sein. Die **Conversions** als Kennzahl und Ziel einer Website haben wir in Kapitel 3.3 über Google AdWords bereits angesprochen.

4.3.1 Conversion-Optimierung

Die **Conversion-Optimierung** (auch **Conversion Rate Optimizing** oder CRO genannt) hat zum Ziel, die Anzahl der Conversions im Verhältnis zu den Besucherzahlen zu erhöhen – also die Effektivität Ihrer Website zu verbessern.

Die Conversion-Wahrscheinlichkeit hängt insgesamt nur von zwei Faktoren ab:

Der erste Faktor hängt davon ab, wie gut vorqualifiziert der Traffic ist (Besucher, die genau nach Ihrer Lösung gesucht haben, werden mit einer deutlich höheren Wahrscheinlichkeit konvertieren als Besucher, die aus Versehen auf einen nervigen Pop-up-Banner geklickt haben und so auf Ihre Seite geleitet wurden). Je besser Sie also Ihre Anzeigen targetieren, je genauer Sie die Suchbegriffe für Ihr SEO auswählen und je bekannter Sie Ihre Marke in der hochrelevanten Zielgruppe machen, desto mehr Conversions werden Sie automatisch generieren.

Der zweite Faktor ist die Qualität Ihrer Website. Egal, wie gut targetiert der ankommende Traffic ist, wenn die Website »nichts taugt«, wird die Conversion Rate sehr gering ausfallen. Für mobile Besucher gilt das umso mehr, da hier weitere Hürden wie kleine Bildschirme und dicke Finger, aber auch ablenkende Nutzersituationen wie zum Beispiel in der Bahn oder in der Schlange an der Supermarktkasse hinzukommen.

Kann der Besucher die Seite also fehlerfrei navigieren? Weiß er zu jedem Zeitpunkt, wo er sich befindet? Lädt die Seite schnell? Ist der Call to action überall klar und eindeutig erkennbar? Ist die Seite grundsätzlich vertrauenswürdig? Nutzen Sie ein SSL-Zertifikat? Die meisten Fragen lassen sich sowohl auf Desktop- als auch auf mobile Seiten anwenden. Nur liegen die technischen Hürden bei mobilen Seiten oft höher, weil zum Beispiel Flash-Elemente in vielen mobilen Browsern nicht funktionieren oder visuelle Elemente aufgrund des kleine Displays einfach kaum nutzbar sind.

Gerade bei lokalen Unternehmen erwarten Nutzer übrigens auf der Website die Öffnungszeiten des Unternehmens, eine Kontaktmöglichkeit (insb. Telefon) sowie eine Anfahrtsbeschreibung/Adressdaten (Greven Medien, http://

www.handwerk-magazin.de/website-was-kunden-vom-online-auftritt-einer-firma-erwarten/150/9/317899). Vor allem auf mobilen Websites sollten Anfahrt und Telefon priorisiert dargestellt werden. Mit entsprechendem Webdesign können Sie zum Beispiel eine Telefonnummer, die sonst im Footer der Website angezeigt wird, prominent im oberen Bereich der Website platzieren und direkt anklickbar machen, so dass beim Klick direkt die Telefon-App des Smartphones geöffnet wird. Das sorgt für eine höhere Kundenzufriedenheit und in der Regel auch zu deutlich mehr Anfragen.

4.3.2 Mobile Landingpages

Damit Besucher für bestimmte Angebote gut konvertieren, verwendet man in der Regel spezielle **Landingpages**. Bei Landingpages handelt es sich um Unterseiten Ihres Web-Auftritts, die in der Regel nur für eine bestimmte Anzeige oder ein konkretes Angebot erstellt wurden. Sie sind meist nicht über die normale Seitennavigation zu erreichen und fokussieren sich voll und ganz auf ein Angebot, ohne den Nutzer mit anderen Inhalten abzulenken.

Klassische Landingpages enthalten bestimmte Elemente, die den Nutzer zu seiner Conversion führen sollen. Diese Elemente sind:

- **Heroshot:** Eine großflächige Abbildung, die Emotionen weckt, das Problem symbolisiert oder bereits die Lösung darstellt (entfällt bei mobilen Landingpages oft aufgrund der Platzrestriktionen).
- **Überschrift:** Beschreibt das Problem oder die Lösung in wenigen Worten; greift Element/Problem/Versprechen aus der Anzeige auf, so dass der Nutzer das Gefühl hat, genau richtig zu sein.
- **Fließtext:** Manchmal enthalten Landingpages einen kurzen Fließtext, der aber auch entfallen kann, vor allem bei mobilen Versionen.
- **Bullet-Point-Liste:** Aufzählung von Produktnutzen, häufig mit grünen Häkchen.
- **Call-to-action-Element:** Handlungsaufforderung, i.d.R. als großer Button, vor allem auf mobilen Landingpages wichtig.
- **Trust-Element:** Vertrauensbildende Elemente wie Siegel, Zertifikate, Kundenmeinungen usw.

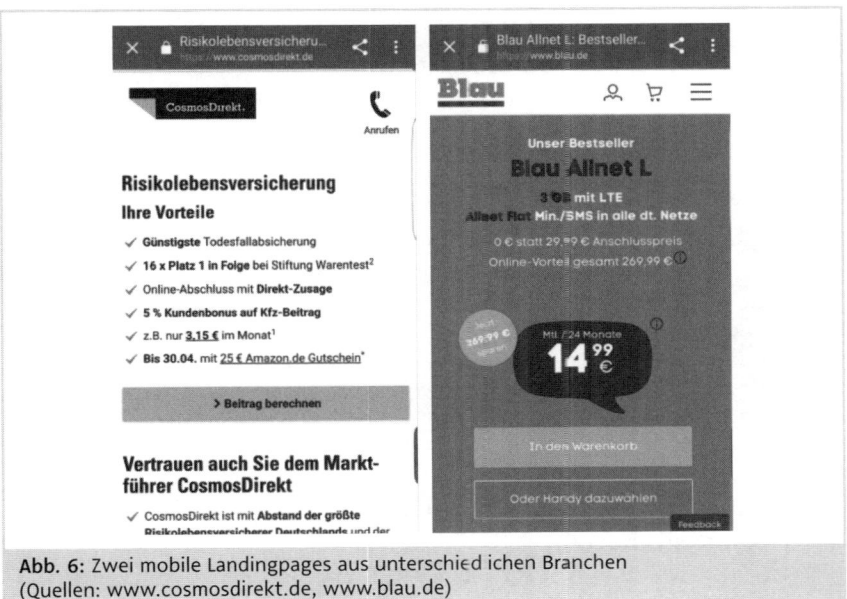

Abb. 6: Zwei mobile Landingpages aus unterschiedlichen Branchen (Quellen: www.cosmosdirekt.de, www.blau.de)

Diese Elemente werden sie in der einen oder anderen Form auf sehr vielen Landingpages (zumindest auf den guten) wiederfinden. Es lohnt sich, sich einmal durch verschiedene AdWords-Anzeigen oder Bannerwerbungen zu klicken und die Landingpages auf ihre Überzeugungskraft zu überprüfen.

Profis führen zu diesem Zweck Tests durch. Mithilfe von sogenannten **A/B-Tests** oder **Multivariaten-Tests** werden einzelne Elemente der Landingpage auf ihre Effektivität überprüft. Führt ein prominent platziertes Suchfeld zu einer höheren Conversion Rate? Wie sieht es mit einer höheren Anzahl an Trust-Elementen aus? Kaufen Besucher eher, wenn die Seite länger ist und mehr Informationen enthält, oder reicht eine kurze, knappe Seite mit drei Bullet-Points? Diese und ähnliche Fragen lassen sich testen. So wird aus einem »Webdesign nach Gefühl« ein datengetriebener Optimierungszyklus.

Es gibt auf der Welt nur eine Handvoll Conversior-Optimierer, die auf mehr als 1.500 durchgeführte Tests zurückblicken können. Einer dieser Elite-Profis ist **Nils Kattau** aus Berlin, der selbstständig CRO-Tests und Beratungsmaßnahmen für große und kleine Unternehmen durchführt und dies schon seit

Jahren sehr erfolgreich tut. Ich habe Nils gebeten, seine wichtigsten zehn Tipps für mobile Conversion-Optimierung und Landingpages in Form eines Gastbeitrags für dieses Buch zusammenzustellen. Das Ergebnis lesen Sie auf den folgenden Seiten.

! **Über Nils Kattau**

 Seit 2004 hat Nils Kattau mehr als 1.500 A/B-Tests durchgeführt und die zweitgrößte Conversion-Agentur Deutschlands aufgebaut. Heute widmet er seine Zeit primär eigenen Projekten und berät als einer der top Conversion-Optimierer ausgewählte Kunden in der Steigerung ihrer Sales & Leads. www.nilskattau.de

4.3.3   10 Tipps für mobile Conversion-Optimierung (von Nils Kattau)

1. Kontaktinformationen gut sichtbar integrieren

Es passiert relativ häufig, dass Betreiber Inhalte aussparen, weil sie der Meinung sind, dass die mobile Seite sehr knapp, übersichtlich und kurz sein muss. Dabei kommt es vor, dass elementare Informationen wie Anschrift, Öffnungszeiten oder Telefonnummer, die auf der Seite eigentlich gut sichtbar waren, schlichtweg wegfallen. Das ist ungünstig, denn gerade, wenn man unterwegs ist, sucht man oft noch schnell nach genau solchen Daten. Alle notwendigen Kontaktinformationen wie auch Anfahrtsskizzen, Wegbeschreibungen usw. sollten also unbedingt gut sicht- bzw. erreichbar integriert werden.

2. Wichtiges above the Fold

Auf dem Desktop ist es wichtig, dass die allerwichtigsten Informationen, die dem Nutzer die Antwort auf die elementare Frage »Worum geht es hier und was bringt mir das?«, *above the fold* stehen, also in dem Bereich, welcher für den Nutzer, ohne zu scrollen, sichtbar ist. Auf mobilen Geräten ist das weniger relevant, denn da sind es die Nutzer zum Beispiel von Facebook & Co. ohnehin gewohnt zu scrollen. Dennoch sollte vor dem Scrollen zumindest klarwerden, dass der Inhalt der Seite relevant für den Besucher ist. Ein Negativbeispiel hierfür ist eBay-Kleinanzeigen, wo irrelevante Anzeigen etwa ein Drittel der Startseite einnehmen. Positivbeispiele sind booking.com oder spotify.de, wo der Nutzer ohne großen Aufwand direkt mit der Buchung bzw. kostenlosen Anmeldung loslegen kann.

Abb. 7: Ebay verschenkt viel sichtbare Fläche durch irrelevante Anzeigen (Quelle: https://m.ebay-kleinanzeigen.de)

3. Durchgängig responsives Design

Die mobile Seite braucht ein durchgängig responsives Design. Das klingt zunächst trivial, wird aber manchmal selbst von großen Anbietern nicht berücksichtigt. Auf der Seite sparhandy.de beispielsweise waren noch vor wenigen Monaten Teile des Bestellprozesses nicht für Mobilgeräte optimiert, so dass der User zum Weiterkommen zoomen musste. Das ist ungünstig, weil so zusätzlicher Interaktionsaufwand und eine unschöne User Experience entstehen, was die Conversion Rate senken kann – und in der Regel auch wird.

4. Interaktionselemente vereinfachen

Nicht alle Nutzer können alle gängigen Interaktionselemente identifizieren. Ein typischer Kandidat für häufig nicht verstandenes Design ist das sogenannte Burger Menu Icon – drei übereinanderliegende Striche, die wie ein grafischer Burger aussehen und das Menü der Seite in vereinfachter Form darstellen sollen. Gerade unerfahrene User sind mit dieser Art von Icons oft nicht vertraut. Daher sollten Seitenbetreiber testen, wie sich das Hinzufügen des Wortes »MENÜ« auf die Klickrate des Interaktionselements auswirkt.

5. Interaktionselemente richtig positionieren

Seitenbetreiber sollten Interaktionselemente möglichst dort positionieren, wo sie gesehen werden und leicht mit dem Daumen erreichbar sind. Eine Positionierung eines Menü-Icons etwa am unteren rechten Rand des Viewports (Viewport = der Bereich des (mobilen) Browsers, in welchem die Website sichtbar ist) könnte bei der Bedienung der Seite durch einen Rechtshänder vom Daumen verdeckt und schlichtweg übersehen werden.

Abb. 8: Die wichtigen Interaktionselemente rechts unten könnten leicht durch den Daumen verdeckt werden (Quelle: https://ja-hochzeitsshop.de/gastebuch-rahmen-mit-holzwolken-weiss.html)

6. »Wurstfinger«-Problem

Um (Text-)Links und sonstige Interaktionselemente herum sollte genügend White Space (Abstand/Freiraum) bestehen, damit der Nutzer den Link sicher treffen kann. Stehen beispielsweise zwei Links zu nah beieinander, passiert es häufig, dass aufgrund der breiten »Tipp-Fläche« des Fingers der falsche Link geklickt wird – oder, dass automatisch hineingezoomt wird, da nicht genau identifiziert werden konnte, welches Element geklickt werden sollte. Meine Faustregel: Man sollte Interaktionselemente mindestens so hoch gestalten, dass sie der Höhe eines (kurzen) Zeigefingernagels entsprechen.

7. Seite im Landscape-Modus testen

Die meisten Menschen halten ihr Smartphone im Portrait-Modus (Hochformat), wenn sie durch das Internet surfen. Dennoch sollten Seitenbetreiber die Darstellung, Funktionalität und Bedierbarkeit ihrer Websites unbedingt auch im Landscape-Modus (Querformat) testen, da die Nutzbarkeit in beiden Ansichten gegeben sein muss. Nicht selten entdeckt man im Landscape-Modus viele für diesen Modus typische Fehler.

8. Auch Bilder für Mobile optimieren

Oft werden Bilder der Webseite einfach auf das mobile Format herunterskaliert – ohne zu bedenken, dass diese dann teilweise nicht mehr oder nur schwer erkennbar sind. Besonders problematisch wird es, wenn auch Textelemente enthalten sind. Daher sollte man insbesondere bei der Mobile-Optimierung Text und Bild trennen bzw. deren Lesbarkeit zumindest sicherstellen.

9. Mobilspezifische Einwände behandeln

Es gibt online viele Interaktionshürden und Hemmschwellen – etwa beim Eingeben persönlicher Daten, beim Kauf in einem Online-Shop, beim Initiieren eines mehrschrittigen Prozesses. Einige gilt es insbesondere im mobilen Internet mit besonderer Sorgfalt auszuräumen – so zum Beispiel die »Angst« vor der Komplexität des Ausfüllens eines Formulars.

Die Bedienbarkeit von Formularen ist mobile oft sehr holprig. Daher macht es Sinn, zu Beginn eines Formulars kurz und knapp noch einmal auf den Aufwand und Nutzen des Ausfüllens hinzuweisen (z. B. »In 2 Minuten zu Ihrem individuellen Angebot«) und Formulare so knapp wie möglich zu gestalten.

So sollten etwa Inputfelder unbedingt bequem anzuklicken und mindestens 30-40 Pixel hoch sein. Darüber hinaus sollten Betreiber die mittlerweile gängigen HTML 5 Input Types verwenden; somit werden je Eingabefeld-Typ passende Eingabeinterfaces des Betriebssystems aufgerufen. Soll der Nutzer zum Beispiel seine Handynummer hinterlassen, erscheint beim Klicken auf das Eingabefeld automatisch die Zahlentastatur auf dem Display (und muss nicht erst gesondert aufgerufen werden), bei E-Mail-Adressen befindet sich direkt das @-Symbol auf der Tastatur und Daten können bequem über ein Auswahl-Interface eingegeben werden.

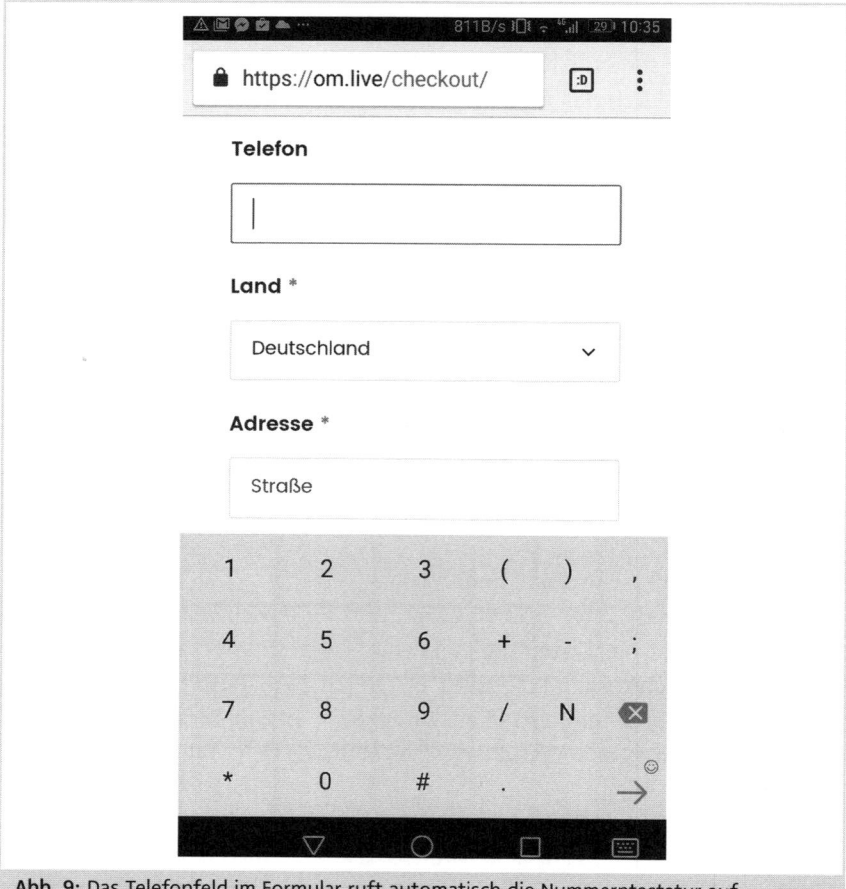

Abb. 9: Das Telefonfeld im Formular ruft automatisch die Nummerntastatur auf (Quelle: https://om.live/checkout)

10. Wichtige Informationen bei Downloads

Wenn man ein Produkt zum Download anbietet – etwa ein E-Book – sollte man unbedingt kommunizieren, wie dieses Produkt zu öffnen ist bzw. ob es dazu einer besonderen Reader-App bedarf. Gleichzeitig ist es wichtig, Dateigrößen anzugeben. Gebe ich keine Dateigröße an, werden einige Nutzer abspringen, da sie sich nicht im WLAN befinden und über einen begrenzten Datentarif verfügen – oder weil sie Angst um ihren Speicherplatz auf dem Smartphone haben.

Bonus-Tipp

Wenn man Nutzer zum Beispiel aus einem Newsletter auf Formulare weiterleitet bzw. auf Seiten, welche der Leadgenerierung dienen, sollte man in der URL schon alle bekannten Informationen übergeben, so dass der Nutzer so wenig wie möglich ausfüllen und schnell auf den finalen Conversion-Button klicken kann. Das spart Zeit und Aufwand und sorgt in der Regel für sichtbar höhere Conversion Rates.

4.4 Mobile SEO

Etwa 48% aller mobilen Internetnutzer beginnen ihre Session über eine Suchmaschine – Grund genug, auch über die mobile Suche auffindbar zu sein. Früher war das kein Problem: Google (und auch andere Suchmaschinen) haben auf mobilen Endgeräten einfach die gleichen Suchergebnisse angezeigt wie über eine Desktop-Suche.

Um der gestiegenen Bedeutung der mobilen Suchanfragen Rechnung zu tragen, hat Google dann einen **mobilen Index** eingeführt. In diesem wurden bevorzugt mobile oder mobilfreundliche Seiten gelistet. In der SEO-Branche führte die Aussage Googles, dass Seiten, die nicht über eine gute mobile Nutzererfahrung verfügen, künftig in diesem mobilen Index schlechter gelistet werden – das Schlagwort »Mobilegeddon« war geboren. Spätestens seit diesem Umbruch im Frühjahr 2015 gehört mobile Optimierung zum festen Bestandteil jeder SEO-Strategie.

Dass dies auch der richtige Weg ist, wurde spätestens klar, als Google im Oktober 2016 ankündigte, den eigentlich eher ergänzenden **mobilen Index**

zum Hauptindex zu machen. Das bedeutet, dass Google künftig nicht mehr prüft, ob es zur »normalen« Desktop-Ansicht auch eine mobile Version gibt, sondern umgekehrt, ob es zur mobilen Ansicht auch eine begleitende Desktop-Version gibt. Die Vermutung, dass eine schlechte mobile Optimierung auch das Ranking der Desktop-Version verschlechtert, gilt als relativ gesichert in der SEO-Branche. Auf jeden Fall wird Google dem mobilen Index eine höhere Gewichtung beimessen, die Ergebnisse dort häufiger aktualisieren und Änderungen im Algorithmus künftig vor allem auf mobile Endgeräte ausrichten. »Mobile first« wird also auch im SEO Pflicht.

Aus Sicht von Google werden übrigens nur Smartphones als mobile Endgeräte betrachtet, Tablets setzt Google aufgrund der größeren Displays mit Desktop-Geräten gleich. Man könnte also statt eines »mobilen Index« auch von einem »Smartphone-Index« sprechen.

4.4.1 Testing-Tool für mobile Seiten

Google stellt ein Tool bereit, mit dem Unternehmen ihre Websites auf »Mobilfreundlichkeit« testen können. Das Tool testet nicht so sehr SEO als vielmehr allgemeine Faktoren, die eher in Richtung Nutzerfreundlichkeit gehen. Das »Bestehen« des Tests ist aber eine Grundvoraussetzung, um von Google als mobiltauglich angesehen zu werden und überhaupt eine Chance im mobilen Index zu haben.

Das Tool finden Sie unter https://search.google.com/search-console/mobile-friendly. Es testet unter anderem, ob das Layout an ein Smartphone-Display angepasst ist (Responsive Design), ob störende Skripte das Laden auf dem Smartphone blockieren, ob die Ladezeit schnell genug ist und ob Texte und Links ausreichend groß dargestellt werden, um sie auch mobil lesen und anklicken zu können. Die Analyse dauert nur wenige Sekunden und liefert, wenn nötig, direkt Verbesserungsvorschläge für die Optimierung der Seite.

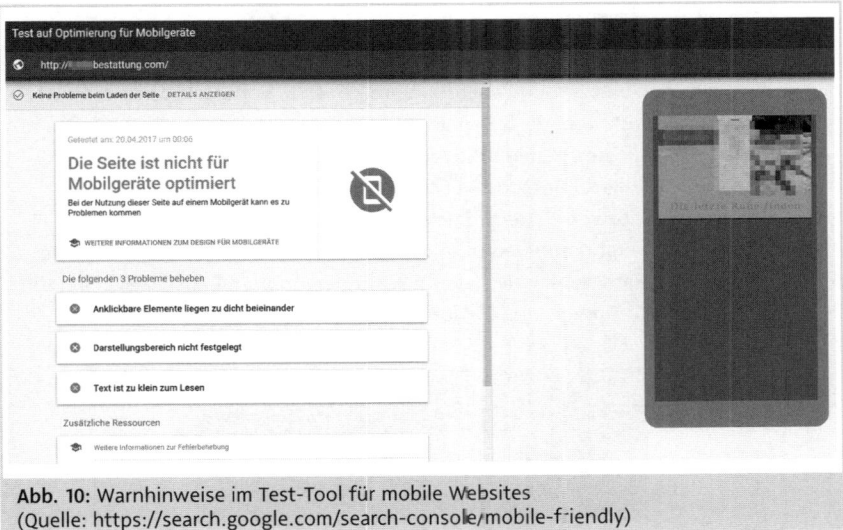

Abb. 10: Warnhinweise im Test-Tool für mobile Websites
(Quelle: https://search.google.com/search-console/mobile-friendly)

4.4.2 Spezielle SEO-Maßnahmen für mobile Seiten

Grundsätzlich ist für mobiles SEO also wichtig, ob Google die Seite überhaupt als geeignet für mobile Endgeräte einschätzt. Optimieren Sie also die grundlegende Nutzbarkeit der Seite wie oben empfohlen.

So gut wie alle SEO-Maßnahmen, die für Desktop-Versionen einer Website gelten, finden auch mobil Anwendung. Die Keyword-Recherche gilt für beide Seiten. Auch der Content der mobilen Version muss für Suchmaschinen optimiert werden, insbesondere indem die Suchbegriffe in den wichtigen Elementen (Titel, Überschriften, Linktexte usw.) vorkommen.

In manchen Fällen kann es sinnvoll sein, dem Nutzer, der mit einem Smartphone auf die Website kommt, einen anderen Inhalt anzuzeigen (nicht nur ein anderes Layout) als dem Desktop- oder Tablet-Nutzer. Man spricht hier von **»responsive content«** und meint damit, zum Beispiel Textelemente auf dem Smartphone zu kürzen oder anstatt eines Videos lieber ein Foto anzuzeigen, um das Datenvolumen und die Ladezeit des Besuchers nicht unnötig zu strapazieren.

! **Beispiel: Responsiver Content**

Responsiver Content wird ähnlich umgesetzt wie responsives Design. Nur dass, wenn das Layout in eine andere Version »springt« (z.B. von Desktop zu Mobile), sich auch der Content verändert. So könnten zum Beispiel längere Textblöcke mobil kürzer ausfallen, eine für den Desktop geeignete Überschrift gekürzt werden oder normale Textlinks zu Buttons werden, die mobil besser anklickbar sind.

Eine Seite, die responsiven Content intensiv einsetzt, ist www.camperco.de, eine Infoseite über Wohnmobilreisen in den USA und Kanada. Die Seite ist in der Desktop-Ansicht relativ textlastig, was aber auf dem großen Bildschirm kein Problem darstellt und für Google jede Menge »Futter« liefert.

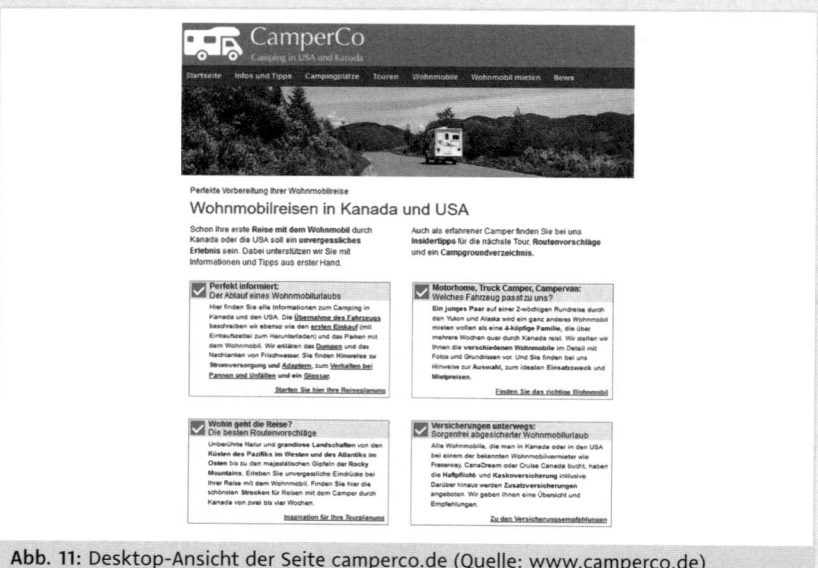

Abb. 11: Desktop-Ansicht der Seite camperco.de (Quelle: www.camperco.de)

Auf dem Tablet oder Smartphone würde solch eine textlastige und zweispaltige Website aber, durch die einspaltige Darstellung, unerträglich lang. Außerdem sind manche Überschriften für die kleinen Displays ebenfalls ob ihrer Länge nicht wirklich geeignet.

Daher hat der Inhaber der Seite zwei Umbrüche definiert – einen für die Tablet-Ansicht und einen für die Smartphone-Ansicht. Das lässt sich leicht simulieren, indem man einfach das Browserfenster etwas kleiner zieht.

Für unser Beispiel soll die Smartphone-Ansicht ausreichen, Sie können gern einmal alle drei Versionen prüfen.

In der Smartphone-Ansicht sind nicht nur die Textblöcke kürzer geworden, sondern auch die Überschriften und Meta-Überschriften passen sich in ihrer Länge an (zusätzlich zu den normalen Anpassungen des responsiven Layouts). Dadurch ist die Seite auch auf dem Smartphone gut nutzbar. Google erhält so ebenfalls wertvolle Signale. Ein definitiver Beleg durch Tests steht noch aus, aber eine solche responsive Inhaltsgestaltung gilt in der SEO-Szene als relevanter Boost für bessere Ranking-Positionen bei Google und Co.

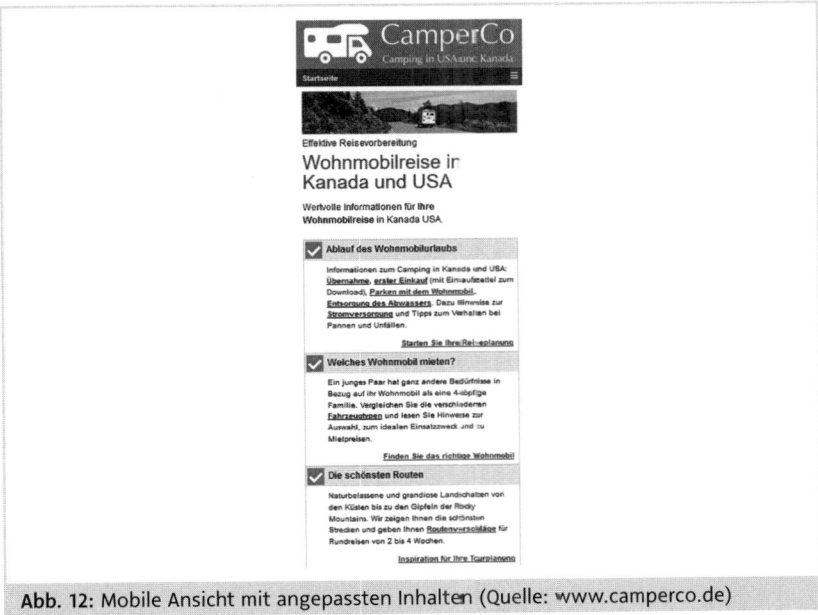

Abb. 12: Mobile Ansicht mit angepassten Inhalten (Quelle: www.camperco.de)

Für mobiles SEO spielt auch die Optimierung der **Ladezeiten** eine vermutlich noch größere Rolle als bisher. Da unterwegs nicht immer die schnellsten Verbindungsgeschwindigkeiten zur Verfügung stehen, legt Google gesteigerten Wert darauf, dass die Nutzer trotzdem eine zufriedenstellende Erfahrung mit der Website machen. Und für Ihre Conversions ist ein guter Pagespeed ebenfalls essenziell.

Zum Glück stellt uns Google auch hierfür ein passendes Tool zur Seite. Mit den **Google Pagespeed Insights** (https://developers.google.com/speed/pagespeed/insights/) lässt sich prüfen, wie gut Google die Ladezeit für mobile Endgeräte (aber auch für Desktop-Geräte) einschätzt. Anhand eines Punktewertes zwischen 0 und 100 sowie eines Farbschemas lässt sich eine schnelle Einschätzung treffen. Auch hier gibt Google direkt Vorschläge, was man zur Verbesserung der Ladezeit tun kann. Auch wenn Programmierer und Webdesign-Profis eher mit fortgeschrittenen Tools arbeiten, bieten die Pagespeed Insights gute Anhaltspunkte für einen schnellen Check.

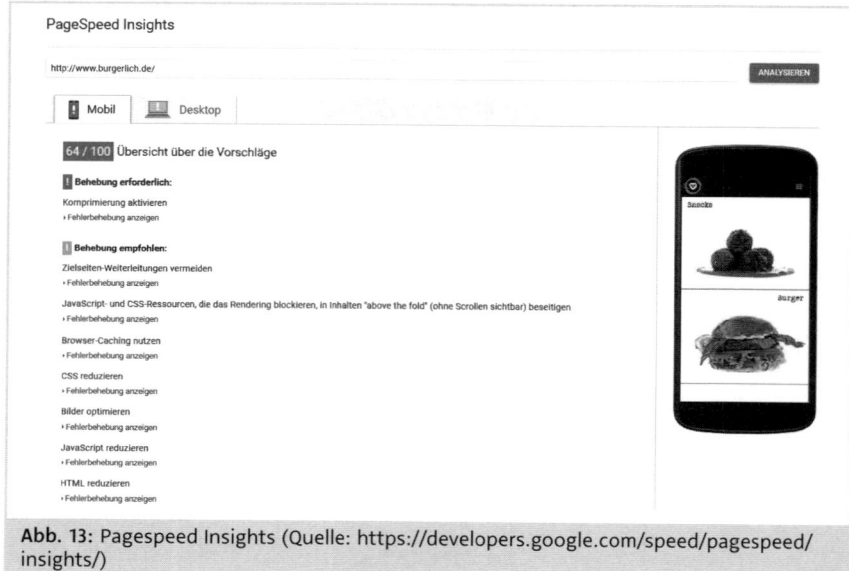

Abb. 13: Pagespeed Insights (Quelle: https://developers.google.com/speed/pagespeed/insights/)

Bezüglich der optimalen Ladezeit von (mobilen) Websites gibt es mittlerweile eine ganze Reihe von Untersuchungen. Google selbst sagt, dass eine Website in zwei Sekunden geladen werden sollte. In verschiedenen Umfragen gaben Nutzer an, dass sie bis zu drei Sekunden zu warten bereit sind, bis eine mobile Website voll geladen ist (https://de.statista.com/statistik/daten/studie/202436/umfrage/nutzererwartungen-an-die-ladezeiten-von-webseiten-auf-mobiltelefonen/). Besonders dramatisch ist die Auswirkung bei Online-Shops. Bereits Sekundenbruchteile können sich hier deutlich auf die Conversion Rate auswirken. Bei 2,4 Sekunden mobiler Ladezeit ist die höchste Conversion Rate zu beobachten. Bereits eine Sekunde länger führt zu 27% weniger Conversion Rate (https://www.soasta.com/blog/mobile-web-performance-monitoring-conversion-rate/).

Ein wesentlicher Punkt bei der Optimierung für mobile Suchergebnisse ist die **Darstellung der Website in den Suchtreffern**. Der Suchtreffer (»Snippet«) besteht ja im Wesentlichen aus Titel und Meta-Description. Beim **Titel** ändert sich zwischen Mobile und Desktop nicht viel, die Länge ist bei beiden Versionen in der Darstellung ungefähr gleich.

Die **Meta-Description** fällt aber im mobilen Suchindex kürzer aus. Je nach den verwendeten Zeichen zeigt Google nur ca. **120 Zeichen** an.

Hier offenbart sich einer der wenigen Nachteile von responsiven Seiten: Da es nur eine URL für Desktop und Mobile gibt, gibt es auch nur eine Meta-Description. Es ist also nicht möglich, eine mobile Description zu verfassen und eine für die Desktop-Ansicht. Wenn Sie den anderen Weg gehen und spezielle mobile Seiten unter einer eigenen URL ausliefern, haben Sie dieses Problem nicht – Sie können den beiden Versionen unterschiedliche Angaben zuweisen (dieser Vorteil hebt aber die Nachteile zusätzlicher mobiler Websites nicht auf).

Bei responsiven Seiten bleibt Ihnen nur eines übrig: Descriptions so zu verfassen, dass alles Wichtige bereits in den ersten 120 Zeichen enthalten ist. Oder, wenn Sie den Traffic überwiegend über die mobile Suche beziehen, die Beschreibung von vornherein auf 120 Zeichen zu begrenzen.

Es gibt mittlerweile auch eine Vielzahl an Tools im Netz, mit denen sich das Such-Snippet simulieren lässt, um einen guten Titel und eine passende Description bereits vorab zu testen. Die meisten professionellen SEO-Tools haben einen solchen »Snippet-Generator« integriert, Sie finden aber auch kostenlose Angebote (z.B. http://www.mobileserps.com/).

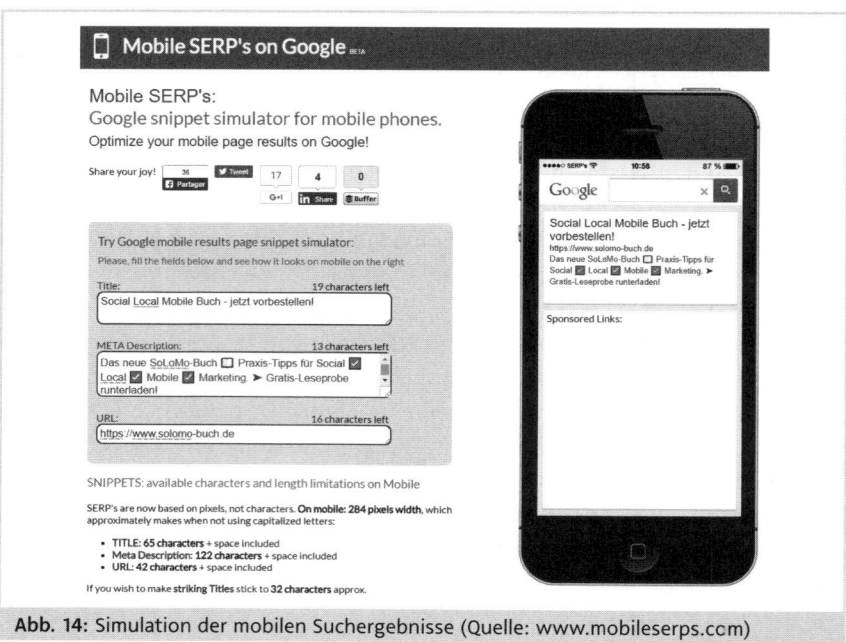

Abb. 14: Simulation der mobilen Suchergebnisse (Quelle: www.mobileserps.ccm)

Auf übermäßige Verwendung von Werbebannern sollte auf mobile Websites besser verzichtet werden. Vor allem bei Interstitials (also großen Bannern, die sich über die komplette Seite legen bzw. den Seitenbesuch für einen Bannerklick unterbrechen) hat Google angekündigt, dass die Verwendung auf mobilen Websites mit Rankingverlusten bestraft werden kann, da diese Banner die Nutzererfahrung zu sehr beeinträchtigen.

4.4.3 Accelerated Mobile Pages (AMP)

Google macht mit seiner »mobile first«-Strategie nicht nur durch einen mobilen Index Ernst, sondern auch mit der Einführung der **»Accelerated Mobile Pages«** (kurz **AMP**). Dabei handelt es sich um ein Framework, mit dem reduzierte, aber sehr viel schneller ladende mobile Websites erstellt werden können. Das AMP-Framework wurde 2015 von Google ins Leben gerufen und quelloffen allen Webmastern zur Verfügung gestellt.

Durch die Verwendung von AMP wird die Größe einer Website auf ein Minimum reduziert, was die Ladegeschwindigkeit wiederum auf ein Maximum erhöht. Außerdem werden nur sofort sichtbare Elemente sofort geladen, der Rest unmerklich im Hintergrund. Die Website-Inhalte werden auch nicht mehr über die Unternehmensserver ausgespielt, sondern über den Cache eines Google-eigenen Content Delivery-Networks (CDN) bereitgestellt. Die Inhalte der AMPs werden also weltweit zwischengespeichert und dann dezentral abgerufen. Das Laden der Seiten erfolgt bereits, wenn der Suchende sich die Suchtreffer anschaut, also bereits bevor er auf die Seite klickt. Die Ladezeit beträgt so oft nur Millisekunden. Dafür sind auch nur eingeschränkte Gestaltungsmöglichkeiten in einem reduzierten HTML und CSS gegeben.

Dem Nutzer ist relativ egal, ob er auf einer »normalen« mobilen Website oder auf einer AMP-Seite landet, er bekommt es in der Regel nicht einmal mit. Erkennbar ist das meist nur über eine extrem schnelle Ladezeit.

AMP-Seiten eignen sich insbesondere für Medienformate und größere Blogs, die viele (mobile) Seitenaufrufe pro Tag haben und aufgrund von Tracking-Skripten oder zu großen Seiten ihre Ladezeiten nicht mehr im Griff haben. Hier kann AMP enorme Vorteile bieten und auch die Anzahl der Seitenaufrufe steigern sowie die Absprungraten reduzieren.

Die **Nachteile** liegen vor allem in den starken Einschränkungen der Möglichkeiten. So ist zum Beispiel die Programmiersprache Javascript nicht erlaubt, was viele Anwendungen und auch Anzeigensysteme von vorn herein ausschließt. Außerdem macht man sich durch die Verwendung stark abhängig von Google und unterwirft sich (noch mehr als ohnehin schon) den Regeln, die der Konzern für Websites aufstellt.

Neben der schnellen Ladezeit liegt der **Vorteil** aber vor allem darin, dass Google den AMPs deutlich bessere mobile Rankings zuzuweisen scheint. Gerade in der News-Sektion der Suchmaschine sind mittlerweile überwiegend AMPs aufzufinden. Aber auch in den normalen Treffern tauchen mehr und mehr AMPs auf. Von einem Rankingbonus kann wohl ausgegangen werden.

Zusätzlich werden die AMPs in den Suchergebnissen mit einem speziellen Symbol (Blitz in Kreis) und dem Hinweis »AMP« gekennzeichnet. Wenn die

Nutzer lernen, dass diese Seiten besonders schnelle Ladezeiten aufweisen und sie so schneller zu den gewünschten Informationen gelangen, könnte es sein, dass die Klickraten auf solche Treffer künftig steigen und Kunden gezielt eher Seiten mit AMP-Symbol anklicken.

Abb. 15: AMPs in den Suchergebnissen (Quelle: Google.de)

Wenn Sie eine Seite mit viel Traffic und hohem Mobile-Anteil betreiben und AMP für Sie in Frage kommt, lassen Sie sich unbedingt von einem Experten beraten. Die technischen Regeln, die Google für die Programmierung aufstellt, haben für viel Gegenwind in der Branche gesorgt und bieten außerdem zahlreiche Stolperfallen. Wer AMP implementiert, sollte sich wirklich damit auskennen oder jemanden ins Boot holen, auf den das zutrifft. Dann können AMP aber tatsächlich für einen mobilen Ranking-, Conversion- und sogar Umsatz-Boost sorgen.

4.5 Mobile-Marketing mit WhatsApp und Messenger

Messenger-Systeme gehören, wie bereits angesprochen, zu den am stärksten wachsenden und meistgenutzten Social-Media-Plattformen der aktuellen Zeit. Auch Menschen, die mit Facebook, Twitter oder Snapchat nichts am Hut haben, nutzen begeistert Messenger-Dienste. Ideale Bedingungen für Unternehmen.

In der westlichen Welt spielen vor allem der Facebook Messenger sowie WhatsApp die größte Rolle, weshalb sich die kommenden Tipps auf diese beiden konzentrieren. WhatsApp hat zum Zeitpunkt der Drucklegung dieses Buches zwar kommuniziert, dass es Unternehmensanwendungen geben wird, diese jedoch noch nicht ausgerollt. Gemäß den offiziellen AGB ist eine kommerzielle Nutzung noch nicht erlaubt.

Legen Sie fest, **ob und wofür** Sie Messenger-Kommunikation einsetzen möchten. Prinzipiell können Sie die Kanäle als Push-Anwendung, ähnlich eines Newsletters, einsetzen oder als Dialogmedium oder natürlich auch zu beiden Zwecken parallel. Kundenservice, Beratung, Terminvereinbarung oder Bestellungen sind häufige Anwendungen von WhatsApp und zunehmend auch des Messengers.

Beispiele: WhatsApp in der Unternehmenskommunikation   **!**

Um Ihnen die Möglichkeiten von WhatsApp in der Praxis zu verdeutlichen, finden Sie hier einige reale Beispiele:

- Die Fleischerei Stroh verschickt ihre wöchentlichen Angebote per WhatsApp (http://www.fleischerei-stroh.de/whatsapp/).
- Viele Banken und Sparkassen setzen WhatsApp als Kontaktkanal für Kundenservice und Beratung ein (Beispiel: Sparkasse KölnBonn https://www.sparkasse-koelnbonn.de/9_services/kontakt-und-beratung/kontaktmoeglichkeiten/whatsapp/index.php).
- Die ERGODirekt bietet ebenfalls die Möglichkeit der Kontaktaufnahme per WhatsApp an (https://ergodirekt.de/de/service/whatsapp.html).
- Der Kfz-Gutachter ihr-gutachten.com bietet Kunden an, Bilder des Schadens sowie die generelle Kommunikation via WhatsApp zu senden (http://ihr-gutachten.com/whatsapp/).

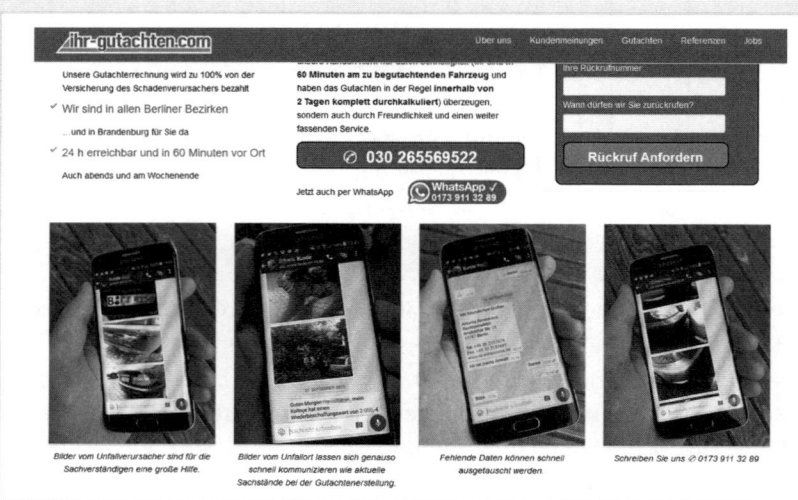

Abb. 16: Kfz-Gutachten-Service via WhatsApp (Quelle: http://ihr-gutachten.com/whats-app/)

- Toms Car Hifi berät Kunden zu Produkt- oder Einbaufragen via WhatsApp (http://www.toms-car-hifi.de/whatsapp-beratung).
- Bei den Stadtwerken Verden können Kunden per WhatsApp Zählerstände übermitteln, Termine absprechen und weitere Abstimmungen vornehmen (https://www.stadtwerke-verden.de/privatkunden/aktuelles/221-nutzen-sie-jetzt-den-neuen-whatsapp-service-der-stadtwerke-verden-gmbh.html).
- Beim Fachgroßhändler WULFF können Maler-, Tischler- und weitere Gewerke via WhatsApp Bestellungen aufgeben (http://www.wulff-gmbh.de/anmelde-formular_whatsapp.html).
- Wind Immobilien beantwortet Fragen zu Objekten unter anderem auch per WhatsApp (http://www.wind-immobilien.de/kontakt/whatsapp).
- Zahlreiche Friseure bieten Terminvereinbarungen per WhatsApp an (Beispiel: Staib Friseure, http://www.staib-friseure.de/neu-whatsapp-termine/).
- REWE Karriere veranstaltet Karriere-Chats zu bestimmten Themen, bei denen Mitarbeiter Fragen beantworten (https://www.facebook.com/events/1702757486661365/).
- Das Fachmagazin t3n verschickt News nicht nur per WhatsApp, sondern auf Wunsch auch per Facebook Messenger, Telegram und Insta (http://t3n.de/news/t3n-news-per-whatsapp-620885/).

Eine grundlegende Möglichkeit, Messenger-Dienste in eine Website zu integrieren, ist der Einbau von Share-Buttons zum Beispiel unter Artikeln, Shopseiten oder Blogbeiträgen. Sowohl für WhatsApp als auch für den Messenger gibt es Share-Buttons, die aber auch im Layout angepasst werden können. Es reicht, wenn diese beiden Buttons in der responsiven Ansicht eingeblendet werden, für die Desktop-Version können sie verborgen werden. Achten Sie beim Einsatz solcher Buttons aber auch darauf, dass ihre Websites tatsächlich mobil einwandfrei funktionieren. Ich habe schon WhatsApp-Buttons auf Websites gesehen, die überhaupt nicht responsiv bzw. mobilefähig waren. Das macht natürlich wenig Sinn ...

Für WhatsApp gibt es mittlerweile eine kleine Auswahl an **Marketingtools**, die den früher üblichen Weg über Smartphones abkürzen und das Management vereinfachen. Diese Tools bieten in der Regel die Möglichkeit, webbasiert Eins-zu-eins-Chats zu führen, aber auch Newsletter/Broadcasts an Empfängerlisten zu senden. Die Preise für solche Dienste liegen je nach Umfang und Funktionen zwischen 50 und einigen hundert Euro pro Monat. Beispielhaft seien hier WhatsBroadcast (www.whatsbroadcast.com) und Telegra (www.telegra.de) genannt, die zu den bekanntesten Anbietern gehören.

Der Facebook Messenger kann auch problemlos ohne Dritt-Tool genutzt werden, dafür ist er schließlich gemacht. Gerade bei kleineren Unternehmen reicht der Funktionsumfang in der Regel auch aus. Facebook hat für Fanpages Kurz-URLs zum Messenger eingerichtet, die zum Beispiel in der Kundenkommunikation verwendet werden können. Die Adresse lautet https://m.me/seitenname, in meinem Fall also zum Beispiel https://m.me/felixbeilharz.de. Mit dieser Adresse können Nutzer Ihnen direkt eine Nachricht schicken. Wenn das für Sie relevant ist, können Sie diese Kurzadresse also zum Beispiel auf Servicematerialien neben E-Mail und Telefonnummer platzieren.

Gleiches gilt für den **Messenger-Code**. Damit will Facebook erklärterweise Telefonnummer und E-Mail ersetzen und das Symbol als zentrales Symbol für Kommunikation etablieren. Ihren Messenger-Code finden Sie in Ihrem Seitenmessenger sowie in der Seitenmanager-App. In der Desktop-Version können Sie den Code in verschiedenen Auflösungen als PNG herunterladen. Nutzer scannen den Messenger-Code mit ihrer Facebook-App und können so direkt Nachrichten an Sie schicken.

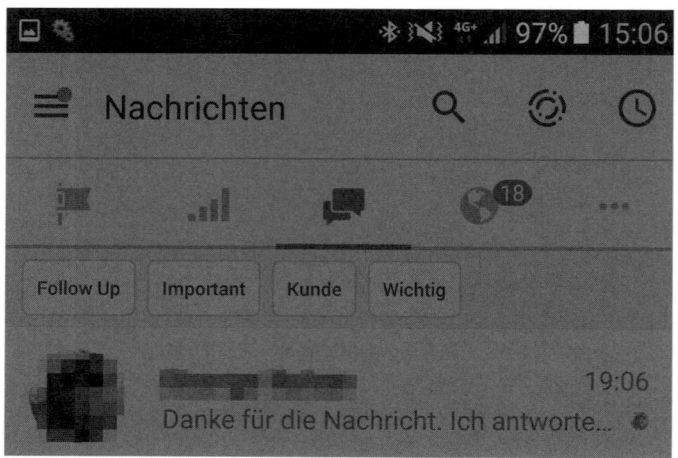

@felixbeilharz.de

 Messenger-Code teilen
Personen können deinen Code scannen, um eine
Unterhaltung mit deiner Seite zu beginnen.

 Messenger-Link teilen
Personen klicken auf deinen Link, um eine
Unterhaltung mit deiner Seite zu beginnen.

Abb. 17: Messenger-Code in der Seitenmanager-App (Quelle: Facebook)

Grundsätzlich sollten Sie Nachrichten möglichst **zeitnah beantworten**, mindestens innerhalb weniger Stunden, besser schneller. Facebook belohnt zum Beispiel Unternehmen, die 90% der Nachrichten pro Woche innerhalb von 15 Minuten beantworten, mit dem grünen »Hohe Reaktionsfreudigkeit«-Symbol auf der Fanpage, was eine gute Kundenorientierung nach außen vermittelt.

Im Messenger können Sie auch verschiedene Einstellungen vornehmen, die Ihnen die Arbeit vereinfach sollen. Zum Beispiel gibt es die Möglichkeit, eine **Autoresponder**-Nachricht einzustellen, die automatisch bei der ersten Nachricht eines Chatverlaufs als Antwort gesendet wird. Das ist insbesondere dann sinnvoll, wenn Sie personell nicht in der Lage sind, immer sofort zu antworten. Erklären Sie dann dem Absender, dass Sie die Nachricht erhalten haben und innerhalb weniger Stunden antworten. Sie können in der Nachricht auch direkt eine Telefonnummer für besonders dringende Fälle eintragen.

Eine weitere Möglichkeit ist, **Abwesenheitszeiten** einzurichten. Damit sind Sie 12 Stunden »nicht verfügbar«, der Schreibende erhält eine entsprechende automatische Antwort. Das kann zum Beispiel sinnvoll sein, um Nachrichten nach Ende der Bürozeiten automatisch zu beantworten. Die Abwesenheitsphase können Sie aber auch von Hand w eder beenden, bevor die 12 Stunden abgelaufen sind.

Eines der neueren Themen, jedoch eines mit großem Zukunftspotenzial, sind die in den Trends bereits angesprochenen **Chatbots**. Einen solchen Bot können Sie entweder individuell programmieren lassen oder aber bei verschiedenen Anbietern auch aus fertigen Modulen selbst zusammenstellen. Hierbei ist aber ebenfalls genau festzulegen, wofür Sie den Bot eigentlich einsetzen wollen. Als reinen Distributionskanal für Content? So machen es zum Beispiel manche Zeitschriften und News-Kanäle. Oder soll er weitere Aufgaben übernehmen, wie zum Beispiel einfache Service-Aufgaben oder Lösungen anbieten? Dann steigt der Aufwand natürlich deutlich an. In den USA sind auch bereits Shopping-Lösungen v a Messenger im Einsatz, hierzulande sind solche Funktionen jedoch noch nicht verbreitet.

4.6 Mobile-Marketing mit Apps

Apps gehören zur mobilen Welt wie Regale zum Einzel- und Pakete zum Versandhandel. Sie stellen einen zentralen Bestandteil des Mobile-Marketings dar und können auf unterschiedlichste Weise eingesetzt werden.

Kurz zur Begriffsklärung: Apps (Kurzform für Application) sind Programme, die auf mobilen Endgeräten installiert werden und bestimmte Aufgaben übernehmen. Im Zuge der Angleichung von mobilen und stationären Nutzererfahrungen werden mittlerweile auch andere Arten von Programmen, die zum Beispiel ein Betriebssystem um neue Funktionen ergänzen, als App bezeichnet. (So gibt es für Windows 10 jede Menge Apps, wobei es sich eigentlich um ganz normale Softwareanwendungen handelt.) Für unsere Zwecke bleiben wir aber bei der klassischen Definition: Software für mobile Endgeräte. Apps wurden übrigens von Apple für das iPhone erfunden, der Apple AppStore war auch der erste Download-Bereich für diese neue Art von Software. Mittlerweile gibt es verschiedene App-Stores, wobei der Apple AppStore und Google Play den Markt dominieren.

4.6.1 App oder mobile Website?

Eine grundlegende Entscheidung betrifft die Frage, ob eine mobile oder mobilfähige Website ausreicht oder eine App eingesetzt werden soll. Diese Frage muss jeweils im Einzelfall geklärt werden, da für jede Option sinnvolle Einsatzszenarien bestehen.

Eine mobile Website ist in vielen Fällen schon vorhanden und, falls nicht, oft einfacher zu erstellen als eine App. Der **Kostenfaktor** spricht also oft eher für die Website. Auch funktioniert die mobile Website auf allen Endgeräten und Betriebssystemen, während eine App immer nur für ein Betriebssystem funktioniert und für mindestens iOs und Android separat erstellt werden muss. Der Aufwand ist daher deutlich höher.

Der **Aufwandsfaktor** zeigt sich auch bei Updates des Betriebssystems. Bei jeder neuen Version muss geprüft werden, ob die App noch fehlerfrei funktioniert oder angepasst werden muss. Dann ist auch ein App-Update mit neuem Release notwendig.

Es wird auch zunehmend schwieriger, **Apps zu vermarkten** und Nutzer für die Applikationen zu gewinnen. Das liegt nicht daran, dass die Nutzer keine Lust auf Apps haben, wohl aber daran, dass jede zusätzliche App einen Mehraufwand für den Nutzer darstellt. Sehr viele Apps werden zwar runtergeladen, dann aber nie wieder genutzt. Bereits 24 Stunden nach dem Install sinkt die Nutzungsrate rapide, nach 30 Tagen liegt sie bei nur noch 3,3% (http://www.emarketer.com/Article/App-Marketers-Focus-on-Engagement-Retention/1013111). Überhaupt verbringen Nutzer 84% ihrer mobilen Zeit mit nur fünf Apps, was es für neue und unbekannte Apps schwierig macht, Nutzer zu gewinnen und zu halten (https://techcrunch.com/2015/06/22/consumers-spend-85-of-time-on-smartphones-in-apps-but-only-5-apps-see-heavy-use/).

Abb. 18: Die MyTaxi-App vereint einfache Nutzerführung mit einem konkreten Nutzen und dem Einsatz verschiedener Smartphone-Funktionen (Quelle: MyTaxi)

Der große **Vorteil von Apps** liegt in den vielfältigen Möglichkeiten, die weit über eine Website hinausgehen. Während eine mobile oder responsive Website eher eine passive Nutzererfahrung bietet (Konsumieren eines Inhalts, eventuell auch Interaktionsmöglichkeiten, viel mehr ist nicht möglich), bieten Apps deutlich mehr Spielraum. Sie können Smartphone-Funktionen wie die Kamera, den Lagesensor, das GPS oder den Beschleunigungsmesser einbeziehen, auf das Adressbuch zugreifen oder direkt Inhalte aus der Cloud streamen. Apps können Push-Benachrichtigungen auslösen und mit anderen Apps oder Geräten kommunizieren, was den Funktionsumfang noch einmal deutlich erweitert. Die Möglichkeiten sind nahezu unbegrenzt, was auch die Vielfalt der verfügbaren Apps erklärt.

Apps	Responsive Website
Separate Programmierung für verschiedene Betriebssysteme nötig	Funktioniert übergreifend auf allen Endgeräten und Betriebssystemen
Großer Funktionsspielraum	Eingeschränkter Funktionsspielraum
Nutzung von Handyfunktionen (z. B. Kamera, GPS, Lagesensor usw.) möglich	Kann nicht auf die meisten Handyfunktionen zugreifen
Aufwand für Erstellung und Aktualisierung	Separater Erstellungsaufwand entfällt bei responsiven Websites
Kann komplett eigene und von der Website losgelöste Nutzererfahrung bieten	Nutzererfahrung an Desktop-Website gebunden, daher eingeschränkt
Muss als Marketingkanal noch aktiv vermarktet werden (z. B. ASO, App-Anzeigen usw.)	Traffic über Google-Suche ohne großen zusätzlichen Aufwand möglich

Tab. 6: Besonderheiten von Apps und responsiven Websites (Quelle: Felix Beilharz)

Es muss also individuell analysiert werden, ob eine App sinnvoll und notwendig ist. Für einen Online-Shop, der lediglich seine mobilen Besucher besser zufriedenstellen und den mobilen Absatz erhöhen will, ist eine mobile Website in der Regel ausreichend. Insbesondere HTML5 erweitert den Spielraum mobiler Websites deutlich. Sollen aber komplett eigene Funktionen entwickelt und »fortgeschrittene« Anwendungsmöglichkeiten genutzt werden, kann sich eine App lohnen. Ähnlich wie bei Websites sollten aber auch bei einer App mehrere Angebote eingeholt werden.

Die Preise schwanken nicht nur wegen des unterschiedlichen Funktionsspielraums, den Apps bieten können, sondern auch von Anbieter zu Anbieter. Die Frage, was eine App kosten darf, ist daher kaum zu beantworten. Allenfalls übliche Preisspielräume lassen sich angeben. So fangen einfache Apps, die eher mobilen Websites ähneln und zum Beispiel keine Datenbankanbindung und keine aufwendigen Funktionen bieten, bei Entwicklungskosten in Höhe von ca. 800 Euro an. Normale Apps liegen eher bei 3.000 bis 50.000 Euro, wohingegen Apps großer Marken auch schnell 50.000 bis 150.000 Euro kosten können. Spiele-Apps liegen in der Regel am oberen Ende oder gehen darüber hinaus. Die Erstellung der beliebten Angry-Bird-App hat verschiedenen Aussagen zufolge über 180.000 Euro gekostet (wohlgemerkt nur die App, nicht die Programmierung des Spiels).

4.6.2 Erfolgsprinzipien für Apps

Damit eine App erfolgreich wird, sollten Sie eine Reihe von Dingen im Vorfeld beachten. Die grundlegende Frage, ob eine App überhaupt sinnvoll ist oder ob auch eine responsive oder mobile Website reicht, haben wir ja bereits angesprochen. Prüfen Sie genau, für welche Zwecke Sie eine App auf den Markt bringen wollen. Einfach nur eine App zu haben, »weil man heute halt eine App hat«, ist verschwendetes Marketingbudget.

Legen Sie daher besonderen Wert auf die Konzeptionsphase der App. Kernfragen dabei können sein:

- Wer ist der Kunde?
- In welchen konkreten Situationen soll er die App einsetzen?
- Welchen konkreten Nutzen stiftet die App für den Nutzer (nicht nur für Sie!)?
- Inwiefern hebt sich die App von anderen und vergleichbaren Angeboten ab (Unique Selling Proposition (USP der App)?
- Wie kann die App dauerhaft Nutzen stiften, damit sie nicht wie der Großteil der Angebote installiert und nie wieder geöffnet wird?
- Inwiefern trägt die App zur Wertschöpfung des Unternehmens bei?
- Soll die App (nur) das bisherige Geschäftsmodell des Unternehmens unterstützen oder eigenständig monetarisiert werden (z. B. durch Bezahlmodelle oder In-App-Käufe)?

Wenn die App im Prinzip nur eine mobile Website abbilden soll, gibt es verschiedene Anbieter, die aus statischen Websites mit wenig Aufwand und zu sehr geringen Kosten eine App entwickeln. Allerdings ist in solchen Fällen der Nutzen meist auch fraglich.

Etwas mehr Funktionen sollte eine App schon bieten. Ein Teil der App kann gerne per Stream oder Feed von der Website gezogen werden. So bieten manche Apps zum Beispiel die Möglichkeit, Blogbeiträge auch direkt in der App zu lesen oder Termine der Website anzuzeigen. Damit die App aber dauerhaft von den Kunden akzeptiert wird, sollten weiterführende Funktionen ergänzt werden, die der App auch einen wirklichen Mehrwert verleihen.

Abb. 19: Die App »Marketing Cologne« des Deutschen Instituts für Marketing kombiniert Website-Inhalte mit App-Funktionalitäten (z.B. Chat und Benachrichtigungen) (Quelle: Deutsches Institut für Marketing)

! Beispiele: Erfolgreiche Apps und ihre Funktionen

Besonders erfolgreiche Apps schöpfen die Funktionen des Smartphones voll aus.

- Die **MyTaxi-App** bietet einen Facebook-Login, nutzt den GPS-Sensor und lässt den Nutzer die Taxifahrten direkt in der App bezahlen (Payment-Anbindung).
- Die App der Deutschen Bahn **DB Navigator** ermöglicht den kompletten Prozess der Ticketsuche und -buchung, aber auch Sonderfunktionen wie einen Verspätungsalarm, eine Kartenfunktion, eine Live-Auskunft der Fahrtzeiten oder Verzögerungen sowie zum Beispiel eine virtuelle Bahncard.
- Eine der erfolgreichsten Apps der Welt, die Sport-App **Runtastic**, kombiniert GPS-Tracking von Laufstrecken mit Social-Media-Funktionen (z.B. über virtuelles Anfeuern oder Teilen der gelaufenen Strecken über Social Networks) und kombiniert App-Funktionen mit Hardware (z.B. Pulsgurten) und Software-Programmen (Musik-Streaming, Google-Maps). Zusätzlich werden durch

Gamification-Ansätze (Bestenlisten, Vergleich unter Freunden, Ranglisten) der Spaßfaktor und die Nutzerbindung an die App erhöht.

- Die private Krankenversicherung **HanseMerkur** lässt ihre Kunden Belege per Handykamera einscannen und über die App mobil einreichen. So entfällt das Einsenden der Belege im Papierformat und der Bearbeitungsstatus kann jederzeit eingesehen werden, was für den Nutzer einen großen Vorteil darstellt.

- Mit der App **Shazam** können im Radio, TV oder sonstwo laufende Musikstücke ausschnittsweise aufgezeichnet und mit einer großen Online-Datenbank abgeglichen werden. Die App verrät dann in wenigen Sekunden, um welches Musikstück es sich handelt, und bietet auch gleich Kaufoptionen an. Diese Funktion wurde sogar schon mehrfach in TV-Werbespots genutzt, indem die Zuschauer aufgefordert wurden, Shazam zu aktivieren und über die Erkennung der Tonspur direkt zu einer Landingpage mit weiteren Informationen zum Spot geführt zu werden (quasi eine Art auditiver QR-Code).

Abb. 20: Mobiles Einreichen von Belegen in der HanseMerkur-App (Quelle: HanseMerkur)

Bei jeder App-Erstellung sollten Sie zumindest eine grundlegende **rechtliche Beratung** einholen. Das gilt sowohl für vertragliche Fragen (die Rechte am Code liegen beim Entwickler, das kann langfristig zu Problemen führen, wenn Sie sich die exklusiven Nutzungsrechte nicht einräumen lassen), aber auch für IT-rechtliche Fragen wie Datenschutz, Nutzungsbedingungen oder Markenrechte.

4.6.3 Strategien für die App-Vermarktung

Nur weil Sie eine App an den Start gebracht haben, haben Sie noch lange keine Nutzer gewonnen. Damit das stattfindet, müssen Sie die App professionell vermarkten. Hierfür gibt es eine ganze Reihe an Möglichkeiten, die teilweise aus dem traditionellen Marketing und teilweise aus dem Online-Marketing kommen, teilweise aber auch speziell auf App-Marketing zugeschnitten sind. Die wichtigsten Maßnahmen habe ich Ihnen im Folgenden aufgelistet.

a) Klassische Marketingmethoden zur App-Vermarktung
In aller Regel ist es auch bei der App-Vermarktung sinnvoll, mit einer **Landingpage** oder einer speziellen mobilen **Website** für die App zu arbeiten. Diese Landingpages bieten genügend Platz, die Vorteile der App ausführlich darzustellen (z.B. in Text, Bild und Videoform), können über Anzeigen beworben werden, Traffic über das Google-Ranking generieren und in den Social Media geteilt werden. Auf den Landingpages muss dann logischerweise eine Download-Möglichkeit für die App verfügbar oder, besser, ein Link zu den Downloadseiten in den App-Stores enthalten sein.

Abb. 21: Ausschnitt aus der mobilen Landingpage von lexoffice mit Links zu den App-Stores (Quelle: https://www.lexoffice.de/vorteile/mobiles-arbeiten/)

Für diese Landingpages gelten alle bisher getroffenen Aussagen zur Suchmaschinenoptimierung und Conversion-Optimierung.

Der Nutzen einer Website parallel zur App geht über den reinen Vermarktungseffekt hinaus. Durch **Deeplinks** kann auch aus der App heraus an passenden Stellen auf die Website verlinkt werden, wo zum Beispiel vertiefende

Informationen oder Bestellmöglichkeiten zu finden sind, die die App selber nicht anbietet. Die angesprochene Runtastic-App beispielsweise verlinkt über die Navigation und die Bestellbuttons zum mobilen Online-Shop, der auf der Runtastic-Website integriert ist. So lassen sich die Möglichkeiten der App nutzen, ohne die Kosten zu sehr in die Höhe zu treiben (Apps mit E-Commerce-Funktionen gehören zu den teuersten Angeboten in der Erstellung).

Natürlich sollten Sie auch auf Ihrer normalen Website auf die App hinweisen, selbst wenn Sie keine spezielle App-Website erstellen möchten. Eine Unterseite oder ein Hinweis mit Download-Link auf der Startseite macht die App bei Ihren regulären Website-Besuchern bekannt und gehört unbedingt zum Standard des App-Marketings.

Auf die App-Website oder Landingpage kann auch ein **Video-Trailer bzw. Werbevideo** für die App eingebaut werden. Diese Videos können die App-Vermarktung stark pushen und neben der Website auch bei YouTube, Facebook und anderen sozialen Netzwerken eingesetzt werden.

Auch klassische **Pressearbeit** für die App sollte erfolgen. Das gilt insbesondere in Bezug auf spezielle Branchenmagazine, die regelmäßig Bestenlisten und App-Neuerscheinungen präsentieren. Apps, die dort auftauchen, können mit vielen Downloads und hoher Aufmerksamkeit rechnen. In der Regel können Sie Redakteure der Magazine direkt anschreiben, um die App vorzustellen und um eine Rezension bzw. die Aufnahme in eine der Listen zu bitten. Darüber hinaus kann auch eine Pressemeldung über Ihren Verteiler oder einen Online-Pressedienst (z. B. Newsaktuell, www.newsaktuell.de) sinnvoll sein. Die großen Portale lassen sich für einen App-Test in der Regel bezahlen, das ist meist aber gut investiertes Geld. Lassen Sie sich im Zweifel vorher die Media- oder Trafficdaten des Portals zeigen, um einen Vergleichswert zu haben.

Denken Sie auch daran, **E-Mail-Marketing** in das App-Marketing einzubeziehen. Sie können einen Hinweis in Ihre E-Mail-Signatur einbauen, die App im nächsten Newsletter vorstellen oder ein eigenständiges Mailing für die App versenden.

Oft sieht man auch **QR-Codes** auf Printmaterialien wie Flyern, Broschüren oder Plakaten. Diese in der Regel schwarz-weißen Bilder lassen sich mit speziellen Reader-Apps abscannen und führen dann zu einem dahinterliegenden Link, der zum Beispiel auf eine Website, ein Video oder direkt zum App-Store verweist. Auf diese Weise soll der Medienbruch zwischen Print und Online/Mobile überwunden werden.

In der Praxis ist der Nutzen von QR-Codes sehr umstritten. Die meisten Unternehmen, die tatsächlich mal die Nutzungszahlen ausgewertet haben, sind enttäuscht – nur sehr wenige Menschen scannen QR-Codes ab. Das liegt vor allem daran, dass Smartphones immer noch nicht nativ mit QR-Codes umgehen können und vor der Nutzung eine Reader-App gesucht und installiert werden muss. Die wenigsten »normalen« Nutzer machen sich diese Mühe oder wissen überhaupt, wie so etwas geht.

Es schadet natürlich nichts, QR-Codes auf App-Werbematerial oder auch auf die Desktop-Variante einer Website zu platzieren. Mit entsprechenden Tracking-Tags in der dahinterliegenden URL lässt sich auch die Nutzung relativ leicht messen. Nur seien Sie nicht enttäuscht, wenn die Ergebnisse bescheiden ausfallen.

b) App-Marketing via Social Media
Social-Media-Kanäle lassen sich hervorragend für die App-Vermarktung einsetzen. Über Ihre Facebook-Seite, Ihren Twitter-Kanal oder Ihren YouTube-Channel haben Sie vielleicht schon eine relevante Reichweite, die Sie nutzen können. Manche Apps wurden gar komplett über virale Social-Media-Reichweite zu Erfolgen (das gelingt allerdings eher bei Spiel- und Fun-Apps, weniger bei »seriösen« Business- oder Unternehmensapps).

Posten Sie zur Neuerscheinung der App auf allen Kanälen. Aktionen wie Gewinnspiele, Verlosungen oder Sonderangebote unterstützen den Reichweiteneffekt. Je nach Größe der Zielgruppe und Eigenständigkeit der App kann es auch sinnvoll sein, eigene Kanäle für die App anzulegen, insbesondere eine eigene Facebook-Seite. Wenn die App nur ein Instrument Ihrer Kommunikationsstrategie und kein eigenes Produkt ist, beschränken Sie sich eher auf Postings Ihrer bestehenden Facebook-Seite.

In jedem Fall lohnt es sich, Content um die App herum zu erstellen. Welchen Nutzen bietet die App? Welche Einsatzbeispiele gibt es? Welche Storys haben Nutzer der App zu erzählen? Wie vereinfacht die App das Leben der User? Welche Themen sind für die Zielgruppe noch interessant, bei denen ein Bezug zur App hergestellt werden kann? Hieraus lassen sich im besten **Content-Marketing**-Sinne Inhalte erstellen, die reichweitenstark und downloadfördernd wirken.

Beispiel: Content-Marketing bei Headspace   **!**

Das US-Start-up Headspace bietet eine App an, die Einsteigern das Meditieren erleichtern soll. Zehn Meditations-Sitzungen können innerhalb von zehn Tagen kostenlos absolviert werden. Wer danach vollen Zugriff auf die App haben möchte, muss ein kostenpflichtiges Abo abschließen.

Die App wurde professionell vermarktet. Natürlich kamen alle hier genannten Kanäle zum Einsatz: Pressearbeit, Anzeigenwerbung usw. Bei allen großen Podcasts und Online-Medien wurde die App vorgestellt oder sie trat als Sponsor auf. Aber auch der Content-Marketing-Ansatz ist vorbildlich. Zu den Inhalten, die bisher genutzt wurden, zählten:

- Fragen und Antworten für besseren Schlaf via Facebook Live-Session
- Tipps für mehr Kreativität
- Wohnungsgestaltung für mehr Platz (analog zu »Headspace«)
- Schlechte Gewohnheiten ablegen
- Tipps zum Überwinden von Selbstzweifeln
- Stressreduktion für Schüler
- Höhenangst reduzieren
- Neuigkeiten aus der Hirnforschung
- Wie Sport zu mehr geistiger Klarheit beitragen kann

All diese Themen haben mit der App nur am Rande zu tun und oft auch nur teilweise mit dem Kernthema Meditation. Aber alle Themen lassen sich in Bezug setzen. Es sind Themen, die bei der Zielgruppe der App Relevanz haben. Wer sich für diese Themen interessiert, könnte sich auch für die App interessieren. So spricht Headspace Menschen an, die als Kunden in Frage kommen, aber von einer Meditations-App noch nie gehört haben. Natürlich postet das Unternehmen auch direkt App-bezogene Themen. Der Mix ist langfristig entscheidend.

Zum Mix gehört auch der Mix der Content-Formate. Headspace mischt zwischen Links zu Blogbeiträgen, Videos, Bildposts und Livestreams. Genau so kann man einen Content-Mix aufbauen.

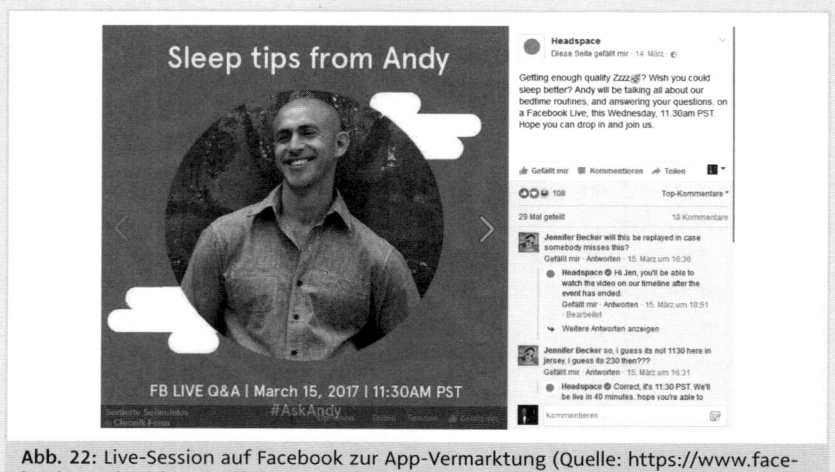

Abb. 22: Live-Session auf Facebook zur App-Vermarktung (Quelle: https://www.face-book.com/HeadspaceOfficial/photos/rpp.324761664079/10154349096514080/?type=3&theater)

Runtastic setzt zur App-Vermarktung unter anderem auf YouTube-Videos. Auf dem Kanal »Runtastic Fitness« wurden inzwischen über 300 Apps hochgeladen – von Workout-Tipps über Rezeptideen und Motivationsvideos bis hin zu How-to-Anleitungen zu einzelnen Übungen. Dadurch wurde eine komplette Content-Welt zur App geschaffen. Die Videos weisen teilweise Aufrufzahlen im sechsstelligen Bereich auf.

Eng verbunden mit der oben genannten Pressearbeit ist auch das **Influencer-Marketing**. Kennen Sie Personen, die in der Zielgruppe Ihrer App Bekanntheit, Reichweite und Vertrauen genießen? Falls nicht, sollten Sie das unbedingt recherchieren. Es kann sich dabei um die klassischen Influencer (Instagramer, YouTuber, Blogger) handeln, aber auch um Journalisten, Forenbetreiber, XING-Gruppen-Betreiber oder andere Multiplikatoren. Heute findet Influencer-Marketing meist über soziale Medien statt.

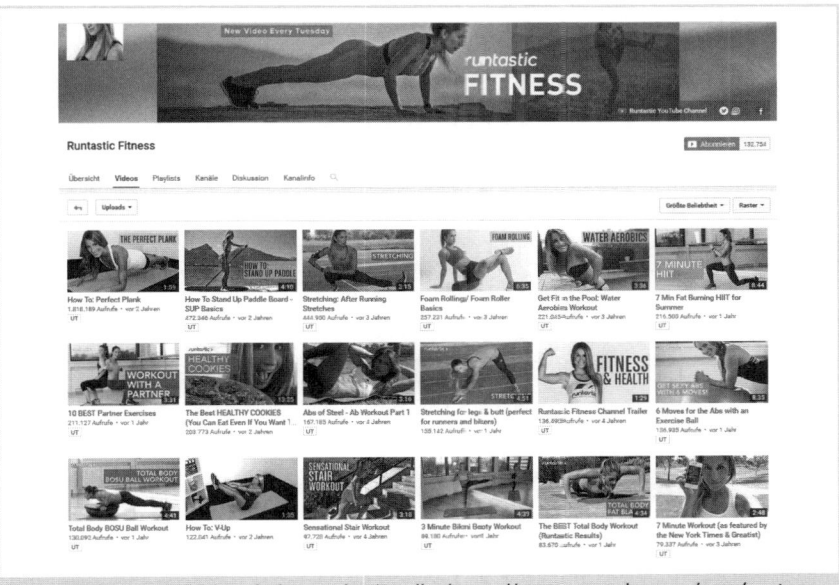

Abb. 23: Runtastic-Videos bei YouTube (Quelle: https://www.youtube.com/user/runtasticFitness/)

Versuchen Sie, diese Influencer ins Boot zu holen. Wenn es Ihnen gelingt (entweder durch gute Kontakte oder eine kreative Idee oder auch einfach durch Bezahlung), eine Empfehlung eines solcher Influencers zu erhalten, kann das die Downloadzahlen von Apps durch die Decke gehen lassen. Einige bekannte und virale Apps wurden bereits durch einzelne Videos von YouTubern überhaupt erst bekannt gemacht und haben sich in der Folge rasant verbreitet. Gerade bei YouTube sind »What's on my phone«-Videos sehr beliebt, bei denen die YouTuber ihre Lieblingsapps präsentieren.

10 GRATIS APPS, die DU 2016 LIEBEN WIRST I GELD SPAREN, TINDER für ESSEN, LERNEN, FITNESS...

Abb. 24: YouTuber gehören zu den größten Multiplikatoren für App-Downloads (Quelle: https://www.youtube.com/watch?v=SWUEAF2KPJw)

Influencer lassen sich unter anderem durch Plattformen wie ReachHero (www.reachhero.de), Tubevertise (www.tubevertise.de), RankSider (www.ranksider.de) oder HitchOn (www.hitchon.de), aber auch durch eigene Recherchen in Suchmaschinen und im Social Web finden.

c) Anzeigenwerbung zur App-Vermarktung
Neben den bisher genannten, organischen Kanälen bieten sich insbesondere **Ads**, also Online-Anzeigen, zur App-Vermarktung an. Der Vorteil ist, dass die Zielgruppen genau targetiert werden müssen, während bei organischer Reichweite immer Streuverlust dabei ist oder ein Teil der eigentlichen Wunschzielgruppe nicht erreicht wird.

Für das App-Marketing mittels Anzeigen bieten sich vor allem Facebook und Google an. Beide Werbesysteme verfügen über spezielle »App Download Ad«-Formate an, bei denen ein Klick direkt zum App-Store führt oder den App-Download direkt auslöst.

Bei **Google AdWords** können Sie den Kampagnen-Typ **»universelle App-Kampagne«** oder die speziellen **»App-Installationsanzeigen«** auswählen.

Sie können festlegen, was Ihnen eine App-Installation maximal Wert ist (ähnlich dem Klickpreis in den normalen AdWords-Anzeigen). Mittels der Anzeigen im PlayStore erstellen Sie dann eine Werbeanzeige, die zum Beispiel in der mobilen Google-Suche, im Google Werbenetzwerk (auch direkt bei Google Play oder in der Google Play-Suche) und bei YouTube ausgeliefert wird. Nach dem Anzeigenklick wird der Nutzer direkt zum App-Eintrag im Google-Play Store geleitet.

Nutzer, die eine App bereits installiert haben, können Sie mit den **»App-Interaktionsanzeigen«** ansprechen. Dadurch lassen sich Conversions innerhalb der App erfassen (z.B. Käufe) und daraufhin Anzeigen auslösen.

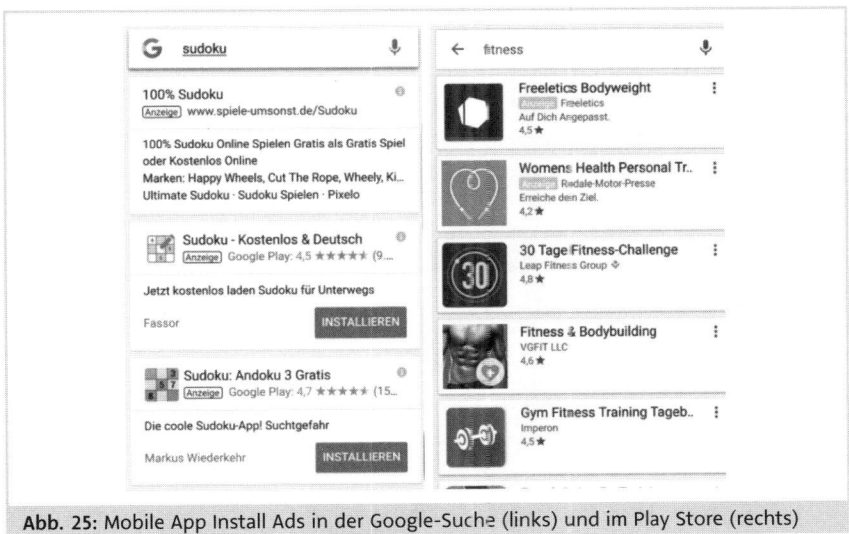

Abb. 25: Mobile App Install Ads in der Google-Suche (links) und im Play Store (rechts)

Auch **Facebook** verfügt über Anzeigenformate, die speziell App-Installationen zum Ziel haben. Die **»Mobile App Install Ads«** lassen sich im Werbeanzeigenmanager auswählen und genau wie normale Facebook Ads targetieren (z.B. nach Geschlecht, Alter, Wohnort, Interessen, Arbeitgeber, Partnerschaftsstatus usw., aber auch nach den Custom-Audience-Kriterien wie Website-Besuch oder Conversions und natürlich auch nach den verwendeten Mobilgeräten und Betriebssystemen). Die Anzeigen leiten die Nutzer direkt zum jeweiligen App-Store weiter (Apple AppStore, Google Play, Kindle

Fire Store) und die Anzeigen können sowohl auf Facebook als auch auf Instagram und im Facebook-Werbenetzwerk geschaltet werden.

Die App Install Ad kann ein Foto oder ein Video als visuelles Element sowie bis zu 90 Zeichen Text enthalten. Als Call to action ist »Jetzt installieren« vorgesehen (und sinnvoll), wobei auch alle anderen Aufrufe verwendet werden können.

Damit die Gebote auch auf CPA-Basis (Cost per action, also Bezahlung nur dann, wenn jemand die App tatsächlich installiert) genutzt werden kann, muss sie vor der Anzeigenerstellung bei Facebook registriert werden (https://developers.facebook.com/docs/apps/register). Dann lässt sich das maximale Gebot pro Neuinstallation einstellen, was das Kostenrisiko deckelt und ein wirtschaftlicheres App-Marketing ermöglicht.

Auch Nutzer, die eine App bereits installiert haben, können mit Werbung angesprochen werden. Der Link in der Anzeige führt dann direkt in die App.

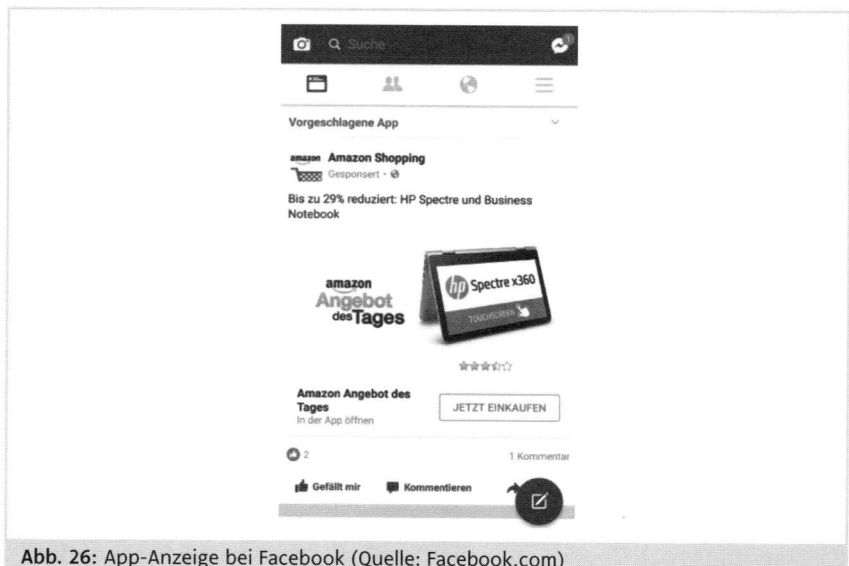

Abb. 26: App-Anzeige bei Facebook (Quelle: Facebook.com)

d) App Indexing

Früher waren Apps ein in sich geschlossenes System. Nur wer sie installiert hat, konnte darauf zugreifen und die Inhalte sehen. Im mobilen Zeitalter ist das aber nicht mehr zeitgemäß, allein schon deshalb, weil die Inhalte der App komplett vor Suchmaschinen verborgen bleiben, was die mögliche Reichweite deutlich reduziert.

App Indexing löst dieses Problem. Indem man die Apps für Google öffnet, können auch spezifische Unterseiten einer App in den Google-Suchergebnissen angezeigt werden. Nutzer, die die App installiert haben, können so direkt von den Suchergebnissen zur entsprechenden Fundstelle in der App springen.

Abb. 27: App Indexing macht Apps für Suchmaschinen zugänglich (Quelle: Google.de)

Hat der Nutzer die App noch nicht installiert, kann Google passende App-Vorschläge in den Suchergebnissen anbieten und so die App bekannter machen und die Downloadzahlen erhöhen.

Von dieser Form der App-Vermarktung machen erst wenige Unternehmen Gebrauch. Laut einer Studie aus dem Jahr 2016 sind erst 26% der Android-

Apps und nur 9% der iOs-Apps über Suchmaschinen durchsuchbar (http://www.searchmetrics.com/de/knowledge-base/app-indexing/).

App Indexing wird von Google nach und nach ausgerollt und mit weiteren Funktionen versehen (so soll es bald auch möglich sein, Inhalte aus der App direkt in den Suchmaschinen in Echtzeit zu streamen, so, als hätte man die App bereits geöffnet). Technisch gesehen muss jede Seite, die in der App geöffnet werden kann, mit einem entsprechenden Link im <head>-Bereich der Seite markiert werden.

App Indexing erweitert die Reichweite mobiler Inhalte, kann die Nutzerfrequenz erhöhen und langfristig sogar zu einem Rankingfaktor für die Suchergebnisse werden. Wenn Sie eine App betreiben, sollten Sie die Einsatzmöglichkeiten auf jeden Fall genau prüfen.

e) App-Store-Optimierung (ASO)

Meist nimmt die Reichweite über die App-Stores die wichtigste Rolle in der App-Vermarktung ein. 40% der Smartphones suchen in App-Stores nach Apps. Insbesondere bei lokalen Apps stellt die Suche mit 26% über dem Durchschnitt die wichtigste Fundquelle für neue Apps dar, die User nutzen (https://www.thinkwithgoogle.com/articles/mobile-app-marketing-insights.html). Damit stellen die Stores einen großen Baustein (wenn auch nicht den einzigen) in der Nutzergewinnung dar. Deshalb sind die bereits angesprochenen Mobile App Install Ads über Google AdWords so sinnvoll.

Es gibt aber ähnlich wie bei der Differenzierung zwischen SEA (bezahlte Anzeigenwerbung in den Suchergebnissen) und SEO (organische Suchtreffer) neben den bezahlten Anzeigen auch einen unbezahlten Weg, besser gefunden zu werden. Diese Methode nennt man analog zu SEO heute ASO, was für **»App-Store-Optimierung«** steht. Darunter versteht man alle Maßnahmen mit dem Ziel, der App im Store ein höheres Ranking und bessere Auffindbarkeit zu verleihen und ihr so zu mehr Installs zu verhelfen.

Prinzipiell gibt es drei Orte, an denen die App höhere Sichtbarkeit erhalten kann: In den allgemeinen Top-Listen, den Kategorielisten sowie den Suchergebnissen. ASO kann bei allen dreien helfen.

In die allgemeinen Top-Empfehlungen zu kommen, ist allerdings extrem schwierig und für die meisten Unternehmen nicht machbar. Bei Apple sind zum Beispiel 15.000 Downloads innerhalb eines 72-Stunden-Fensters nötig. Dafür ist entweder ein immenser Kommunikationsdruck nötig (verbunden mit entsprechendem Kommunikationsbudget) oder eine ganze Menge Glück und virale Effekte. Darauf spekulieren sollten Sie allerdings nicht. In die Kategorielisten und die Suchergebnisse können es allerdings auch kleinere Apps schaffen. Hier hilft ASO deutlich weiter.

Ähnlich wie bei klassischem SEO spielt bei ASO die »Onpage-Optimierung« eine große Rolle, nur dass hier die Optimierung der App gemeint ist. Das **Icon**, das die App verwendet, spielt grundsätzlich eine große Rolle. Nur wenn es auffällig gestaltet ist, wird es die Blicke im Store auf sich ziehen und entsprechende Downloadraten erhalten. Achten Sie darauf, dass das Icon auch bei sehr kleiner Darstellung gut zu erkennen ist und klar der Marke zuzuordnen ist.

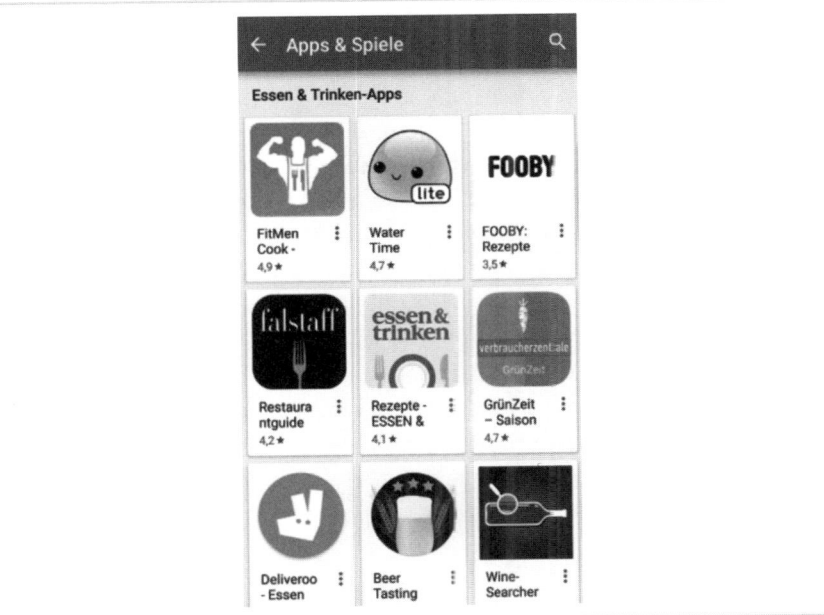

Abb. 28: Auffällige Icons und klarer Markenbezug helfen für eine größere Install-Rate (Quelle: Google Play)

Ähnlich wie bei Website spielen die **Meta-Tags** der App eine wichtige Rolle. Vor allem der **Titel** vermittelt wichtige Relevanzsignale. Schauen Sie sich mal in den App-Stores um, dann wird Ihnen auffallen, dass viele Apps ganz gezielt mit Keywords im Titel angereichert wurden. So heißen die Titel einiger beliebter Apps:

- Lieferando.de: Essen bestellen
- Lieferheld: Pizza Pasta Sushi
- AutoScout24: mobile Auto Suche
- Wunderlist: To-do-Liste
- FileCommander: Dateimanager
- Babbel – Sprachen lernen
- Lidl – Prospekte & Angebote
- Groupon – Deals und Shopping

Diese Apps nutzen alle den Markennamen in Kombination mit einem oder wenigen Suchbegriffen, die gleichzeitig den Nutzen der App erklären. Idealerweise ist der Titel nicht länger als 25 Zeichen und wird auch nicht mehr geändert, da sonst die Rankings verloren gehen können.

Die **Beschreibung** der App teilt sich auf in die sichtbare Beschreibung, die sofort angezeigt wird (ca. 300 Zeichen), und den Part, der erst nach dem Ausklappen des Textes sichtbar wird. Ähnlich wie bei der Meta-Description sollten Sie hier besonderes Augenmerk auf den Text legen. Er sollte die wichtigsten Suchbegriffe enthalten, neugierig und Lust aufs Installieren machen, die wichtigsten Nutzen der App klar und knapp vermitteln und auch beim Überfliegen auf dem Smartphone verständlich sein.

Den Text-Bereich nach dem Aufklappen können Sie für weitere Informationen nutzen. Strukturieren Sie diesen Text gut, zum Beispiel mit Bullet-Point-Listen oder Sonderzeichen. Dort können Sie auch Pressestimmen zur App oder Kundenaussagen unterbringen. Bauen Sie immer wieder die wichtigsten Suchbegriffe ein.

Abb. 29: Lidl nutzt für seine App mehrere Screenshots sowie in der Beschreibung Presseaussagen und Vorteile mit Häkchen als Bullet-Points (Quelle: https://play.google.com/store/apps/details?id=de.sec.mobile)

Im App-Store von Apple können Sie zusätzlich zur Beschreibung noch Keywords angeben, unter denen die App besser gefunden werden soll (im Google Play Store steht diese Möglichkeit nicht zur Verfügung). Für bis zu 100 Zeichen haben Sie hier Platz.

Der Screenshots-Bereich muss nicht unbedingt mit Screenshots aus der App gefüllt werden, sondern kann auch andere, aufmerksamkeitsstarke und ansprechend designte Abbildungen enthalten. Einige echte Screenshots aus der App sollten aber unbedingt enthalten sein, um dem Nutzer einen Einblick in die Funktionen und die Userfreundlichkeit der App zu geben.

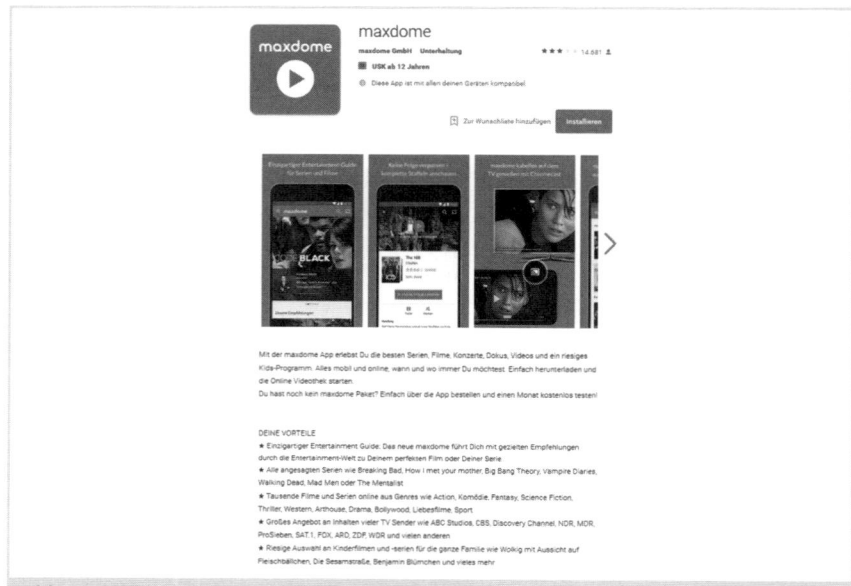

Abb. 30: Maxdome nutzt auffällig gestaltete Abbildungen und Sternchen als Bullet-Points (Quelle: https://play.google.com/store/apps/details?id=de.maxdome.app.android)

Neben diesen Meta-Daten spielen vor allem Nutzerdaten eine wesentliche Rolle beim Ranking der Apps, allen voran Downloadzahlen bzw. Installationen und Bewertungen.

Die **Download- und Installationszahlen** bestimmen, welche Apps als Top-Apps gelistet und damit noch besser auffindbar werden. Damit zahlen alle Marketingmaßnahmen, die Sie für Ihre App durchführen, auch auf die ASO ein.

Es kann daher sehr sinnvoll sein, alle Kommunikationsmaßnahmen auf einen bestimmten Tag zu fokussieren, um an diesem Tag massive Downloadzahlen zu erreichen, anstatt sie über einen längeren Zeitraum zu streuen. Je mehr Nutzer in einer kurzen Zeitperiode die App herunterladen, desto höher wird sie gerankt, was wieder mehr Sichtbarkeit und weitere Downloads bedeutet. Die App-Stores bewerten sogar die Zahl der Deinstallationen und beziehen sie als Negativfaktor für das Ranking einer App mit ein.

Der zweite, große userbezogene Faktor ist die Anzahl und Qualität der **Bewertungen/Reviews und Kommentare.** Hohe Rankings im App-Store korrelieren laut verschiedenen Studien stark mit einer großen Anzahl positiver Bewertungen, auch sinkt die Volatilität der Rankings bei guten Bewertungen – hohe Platzierungen werden also stabiler gehalten. ASO besteht also im Wesentlichen darin, Nutzer nicht nur zum Installieren der App, sondern auch zum Hinterlassen einer Bewertung zu bewegen. Das kann zum Beispiel mit einer Push-Nachricht in der App geschehen, mittels einer E-Mail-Nachricht (sofern die Adresse bekannt ist), aber auch über Posts in den Social Media. Gerade in den USA verlosen Unternehmen regelmäßig Preise unter allen, die eine Bewertung für die App abgeben. In Deutschland ist dieses Vorgehen wettbewerbsrechtlich bedenklich, es ist aber trotzdem immer wieder zu beobachten.

Speziell im Google Play Store ist übrigens auch die Anzahl der **Backlinks**, die eine App-Seite hat, ein Rankingfaktor. Hier scheinen ähnliche Algorithmen zu greifen wie bei normalen Websites.

Die **Rankingfaktoren** der App-Stores in der Zusammenfassung:
- Keyword im Titel
- Keywords im Beschreibungstext
- Anzahl der Downloads/Installs
- Anzahl der Deinstallationen
- Anzahl und Qualität der Bewertungen
- Update-Frequenz der App
- Nutzeraktivität in der App
- Backlinks zur App-Seite
- Eventuelle Social Signals (Shares, Google+-Klicks usw.)

4.7 Standortbezogenes Mobile-Marketing

Der letzte Bereich, der zum Mobile-Marketing und allgemein auch zum SoLoMo-Bereich gezählt wird, sind Marketingmethoden, die den Standort des Nutzers miteinbeziehen (Location-Based-Marketing), insbesondere die Instrumente des **Proximity-Marketings.** Dabei können Unternehmen ganz besonders auf die besondere Situation der mobilen Nutzung eingehen und die

Möglichkeiten der Smartphones vollständig ausnutzen. Zum Einsatz kommen dazu Technologien wie GPS, Bluetooth, Beacons oder RFID.

Grundsätzlich muss bei all diesen Methoden eine Einwilligung des Nutzers vorliegen, sowohl dazu, dass sein Standort bestimmt werden darf, als auch, dass ihm werbliche Botschaften zugeschickt werden dürfen. Location-Based-Marketing-Methoden beinhalten einige sehr spezielle rechtliche Problematiken, so dass auch eine Rechtsberatung angebracht ist, bevor die Methoden eingesetzt werden. Insbesondere Datenschutz- und Wettbewerbsverstöße können schnell sehr teuer werden.

4.7.1 Geofencing und ähnliche Methoden

Die meisten Systeme laufen grundsätzlich so ab: Der Kunde kommt mit seinem Smartphone in der Tasche in einen bestimmten Bereich, der von einem »unsichtbaren Zaun« umgeben ist (der Fachbegriff dafür lautet »Geofencing«). So ein Geofence kann zum Beispiel durch ein WLAN-Netz »aufgebaut« werden. Wenn auf dem Smartphone des Kunden eine App installiert ist, die mit diesem Geofence interagieren kann, können auf dem Smartphone bestimmte Aktionen ausgelöst oder die räumliche Anwesenheit des Kunden erfasst werden.

Solche Location-Based-Marketingmethoden können aber auch ohne Geofence genutzt werden, solange der Standort des Kunden bestimmt werden kann. Dann erfolgt die Erkennung zum Beispiel über GPS oder eine Triangulation (Messung der Position mittels dreier Funkzellen). Nötig ist auch hier wieder, dass eine App installiert ist, die dann die Aktionen auslöst.

Dann könnte der Kunde zum Beispiel eine Push-Nachricht erhalten, wenn er gerade an einem Ladenlokal eines Unternehmens vorbeigeht, dessen App er auf dem Smartphone hat. Oder er erhält einen Rabattcode einer Bäckereikette, wenn er gerade einen Bahnhof betritt. Die Möglichkeiten sind nahezu endlos, zumal sich auch weitere Elemente einbeziehen lassen, zum Beispiel das Wetter, die Kaufhistorie, soziale Kontakte oder andere App-Daten. Im Extremfall wären auch Push-Nachrichten denkbar wie »Achtung, heute soll es an deinem Standort regnen. Im nächsten Store, 100 m rechts, bekommst du in den nächsten 30 Minuten 20% Rabatt auf alle Regenschirme. Sieben deiner Facebook-Freunde haben die Ladenkette bereits mit »sehr gut« bewertet.« Voraussetzung ist allerdings immer, dass der Standort bestimmbar ist, eine App installiert ist und der Standortübermittlung sowie der weiteren nötigen Datenübertragung und -zusammenführung zugestimmt wurde.

4.7.2 Beacons

Solche standortbasierten Kampagnen finden in einem engeren Umkreis häufig auch mithilfe von **Beacons** statt. Dabei handelt es sich um kleine Sender oder Empfänger, die mithilfe von Bluetooth-Technologie mit Smartphones kommunizieren können. Die bekanntesten Beacons stammen von Apple unter dem Namen iBeacon, aber auch Facebook und andere Unternehmen bieten Beacons an.

Beacons haben eine Reichweite von ungefähr zehn Metern, teilweise auch bis zu 50 Metern. Die Kommunikation erfolgt über Bluetooth Low Energy oder Bluetooth-Smart-Technologie, was deutlich weniger Energie verbraucht als normales Bluetooth. Diese Beacons werden nun zum Beispiel am Point of Sale (z. B. im Ladenlokal) an geeigneten Stellen angebracht. In kleineren Geschäften reicht ein Beacon aus, in Super- oder Möbelmärkten werden diverse Beacons angebracht, um den Standort und die Aktivitäten der Kunden besser erfassen zu können.

Damit Beacons aktiv werden können, muss der Nutzer wieder eine App auf dem Smartphone installiert haben. Bei den großen Supermarktketten können Sie davon ausgehen, dass die Apps nicht nur der Kundenbindung dienen, sondern auch der Nutzung von Beacon-Technologie vor Ort.

Kommt der Kunde nun in die Reichweite eines Beacons, kann der Beacon erstens die Anwesenheit des Kunden messen und ein Tracking-Signal an die App auslesen (so dass das Unternehmen nachher auswerten kann, wie viele App-Nutzer im Ladenlokal waren und wo sie sich aufgehalten haben). Die App kann aber auch eine Aktion durchführen, zum Beispiel eine Push-Nachricht mit einem bestimmten Angebot auslösen oder einen Navigationshinweis senden. Solche Hinweise werden gerade im Event-Bereich mittlerweile eingesetzt, um Besucher zu den richtigen Orten zu leiten oder zusätzliche Informationen zu verteilen.

In den USA setzt zum Beispiel **Facebook** inzwischen großflächig **Beacon-Technologie** ein. Fanpage-Betreiber mit lokalen Geschäften können kostenlos Beacons bestellen. Facebook-Nutzer, die einen mit Beacons ausgestattetes Ladenlokal aufsuchen, erhalten spezielle Informationen angezeigt wie zum Beispiel eine Willkommensmeldung, Hinweis auf die Check-in-Möglichkeit, Posts von der Facebook-Seite und Empfehlungen von Freunden, die das Geschäft ebenfalls bereits besucht haben. Die richtigen Informationen zum richtigen Zeitpunkt am richtigen Ort, verknüpft mit sozialen Daten – SoLoMo in Reinform.

Die Beacons werden vor allem auch in Kombination mit Anzeigenwerbung sinnvoll. Denn so können Advertiser künftig auch auswerten, wie viele (oder sogar welche) Personen, die vorher eine Facebook-Anzeige gesehen oder angeklickt haben, tatsächlich vor Ort im Geschäft waren.

Wann Facebook Beacons in Deutschland verfügbar sind, ist noch nicht bekannt.

Die folgende Tabelle zeigt eine Gegenüberstellung der Reichweite und Genauigkeit der einzelnen Ortungs- und Erkennungsmethoden.

	Reichweite	Genauigkeit
Beacons	10 m eventuell bis 50 m	50 cm möglich
WLAN	Ca. 100 m	Eher gering
GPS	–	Ca. 5–20 m (bei Korrektursignalen 1–3 m)
NFC	Max. 10 cm	Extrem genau (wenige cm)
Cell based positioning (Mobilfunksendemasten)	–	Sehr ungenau, 100 m bis 15 km

Tab. 7: Reichweiten und Genauigkeiten der verschiedenen Ortungs- und Erkennungsmethoden (Quelle: Felix Beilharz)

4.7.3 Beispiele von Location-Based-Marketingkampagnen

In den letzten Jahren haben einige Unternehmen Erfahrungen mit den hier vorgestellten Technologien gemacht. Insgesamt lässt sich allerdings feststellen, dass das Thema noch immer in den Kinderschuhen steckt und die Möglichkeiten noch lange nicht ausgereizt sind.

- Der **Hauptbahnhof Zürich** setzt 1.200 Beacons ein, um Besucher zum richtigen Gleis zu navigieren. Die Reisenden müssen dafür die App »Mein Bahnhof« runterladen und können dann per Indoor-Navigation Points of Interests (POIs) wie Toiletten oder Schalter sowie das passende Gleis finden.
- In Großbritannien erhalten o2-Kunden, die an einer **Subway**-Filiale vorbeigehen, eine MMS mit einem Rabattcode für die Filiale zugeschickt. Durch die Zusammenarbeit mit dem Provider kommt Subway auch ohne die Einbeziehung einer App aus, was in der Praxis selten ist.
- **Vodafone** spielte Anzeigen an Geschäftskunden gezielt morgens an Flughäfen und abends in passenden Hotels aus. Die Klickrate lag bis zu 80 % über dem Durchschnitt.
- **McDonald's** sprach Smartphone-Nutzer zwischen 14 und 30 Jahren im Umkreis von zwei Kilometern um städtische Filialen mit Bannerwerbung an. Die Banner zeigten metergenau die Entfernung zur nächsten Filiale. Mit einem Klick gelangten die Nutzer zum Filialfinder, der die Navigation zur nächsten Filiale übernahm. Die Klickrate fiel doppelt so hoch aus wie im Branchen-Benchmark.
- **McDonald's** setzt Beacons bereits in vielen Filialen ein, um Gutscheincodes und Angebote zu kommunizieren.
- **IKEA** setzt in Österreich auf Beacon-Netzwerke außerhalb der Stores. An öffentlichen Orten wie Restaurants, Bars, Fitnessstudios, Studentenheimen oder Fitnesscentern wurden Beacons platziert, die App-Nutzer mit lustigen Kurznachrichten dazu aufriefen, mal wieder in den nächsten IKEA-Markt zu gehen.
- Im **Hamburger Flughafen** können Passagiere über die App »Yoints« in den einzelnen Flughafengeschäften Punkte sammeln, die gegen Prämien eintauschbar sind. Die Ortung findet über Beacons statt, die auch Sonderangebote beim Betreten eines Geschäfts verschicken.
- **MyMuesli** gilt als die erste Marke, die einen Store mit Beacon-Technologie ausgestattet hat. Im Geschäft am Münchener Viktualienmarkt wurden

bereits 2014 Push-Nachrichten an Personen geschickt, die die Barcoo-App installiert hatten. Kunden, die häufiger in das Geschäft kamen, wurden mit kleinen Dankeschöns belohnt.

- **SportScheck** versendet ebenfalls Push-Nachrichten via Beacon-Technologie, wenn ein Nutzer an einer Filiale vorbeigeht.

Abb. 31: Push-Nachricht in der barcoo-App (Quelle: http://www.computerwoche.de/a/mymuesli-testet-barcoo-beacons,2555378)

4.8   Interview mit Ingo Kamps

Um die Bedeutung und Möglichkeiten des mobilen Marketings zu vertiefen, habe ich mit Ingo Kamps einen der führenden Experten für diesen Bereich gewonnen. Er ist selbst Buchautor, Inhaber einer Agentur und Online-Marketing-Pionier der ersten Stunde.

> **!**
>
> **Über Ingo Kamps**
>
>
>
> Ingo Kamps (CEO der cayada GmbH) ist seit 1999 im Online-Marketing aktiv und hat in dieser Zeit schon fast alles erlebt: Er hat Unternehmen gegründet und verkauft, war viele Jahre Top-Affiliate, hat Vorträge gehalten, an Diskussionsrunden teilgenommen und ein eigenes Buch zum Thema Mobile-Marketing verfasst.

1. Was sind die drei wichtigsten Dinge, die jedes Unternehmen tun sollte, um im Bereich »Mobiles Marketing« zumindest mal grundsätzlich gut aufgestellt zu sein?

Das wichtigste Asset, um in der Smartphone-dominierten Online-Welt bestehen zu können, ist natürlich die mobile Website. Es ist überraschend, dass immer noch nicht alle kommerziellen Anbieter auf responsives oder adaptives Design umgestellt haben. Ein Blick in die Web-Analyse und die Geräteverteilung müsste doch eigentlich genügen, um die Dringlichkeit klar vor Augen zu führen.

Sinnvoll ist auch die Auseinandersetzung mit den Werbemöglichkeiten von Facebook und Google, denn dort erreicht man Zielgruppen aufgrund der hohen Datenbasis nicht nur sehr zielgruppengenau, sondern dank Universal-Login-Tracking (Nutzer sind z. B. bei Facebook sowohl auf dem Desktop, als auch mobil eingeloggt) auch zuverlässig über mehrere Geräte hinweg. Verfügt das Unternehmen zusätzlich über eine native App, bieten Google und Facebook auch die Möglichkeit, Downloads zu generieren.

Die dritte Säule ist der Aufbau datengestützter Advertising-Kompetenz und mobiler Tracking-Technologien. Immer mehr mobile Werbeflächen werden programmatisch gehandelt und ein gutes Verständnis der technischen Möglichkeiten hilft dabei, seine Zielgruppe auch in einem zunehmend fragmentierenden Werbemarkt auch zukünftig noch zuverlässig zu erreichen. Das Wissen über datengestützte Werbung ist außerdem nicht nur für mobile Werbung relevant. Auch TV-Werbung und Out-of-Home wird zukünftig immer häufiger programmatisch gehandelt.

2. Ab wann bzw. in welchen Situationen lohnt sich eine App für ein Unternehmen? Und mit welchen Kosten ist da zu rechnen?

Grundsätzlich hat eine native App verschiedene Vorteile gegenüber mobilen Websites: Sie bieten die komfortabelste Nutzererfahrung und sind auch offline nutzbar. Dazu können Hardware-Funktionalitäten des Smartphones verwendet (z. B. die Kamera) und Push-Nachrichten versandt werden. Und das Unternehmen ist mit einem Icon auf dem Homescreen des Nutzers vertreten – ein nicht zu unterschätzender Wettbewerbsvorteil.

Die Kosten sprechen hingegen eher für die mobile Website – App-Entwicklung ist relativ teuer. Und mit der einmaligen Erstellung einer App ist es in keiner Weise getan: Es braucht eine saubere und kontinuierliche App-Store-Optimierung (ASO) und genügend Budget für App-Marketing-Kampagnen, denn ohne beides wird die eigene App in der Masse anderer Applikationen in den Stores untergehen. Außerdem muss die App von Zeit zu Zeit aktualisiert werden, um Nutzer mit neuen Funktionen bei der Stange zu halten oder sie einfach an technische Änderungen am Betriebssystem anzupassen.

Wenn wir davon ausgehen, dass die App in einer Sprache auf beiden großen Betriebssystemen (Android und iOS) erscheinen, über eine einfache, nicht personalisierbare Oberfläche verfügen und eine Kaufmöglichkeit für Nutzer verfügen soll, sprechen wir schnell über Kosten oberhalb von 10.000 Euro. Kommen noch weitere Features wie personalisierbare Inhalte, Mehrsprachigkeit oder ein eigenes Pflegesystem hinzu, kann sich der Betrag auch schnell verdoppeln. Grundsätzlich sind nach oben hin kaum Grenzen gesetzt.

Ob sich eine App lohnt, hängt also stark davon ab, welche Ziele das Unternehmen verfolgt. Es kann aber konstatiert werden, dass sich eine mobile Website gut für die Ansprache von Neukunden eignet, während eine App ihre Stärken vor allem bei wiederkehrenden Kunden ausspielt. Hat das Unternehmen also häufig wiederkehrende Interaktionen mit seinen Kunden, könnte dies für eine App sprechen.

3. Und mal ganz allgemein – Wo siehst du die Entwicklung in einigen Jahren: Apps, mobile Website, eine Mischung oder etwas ganz anderes?
In dieser Diskussion werden auch Bots häufig genannt, die mit großer Sicherheit einen weiteren Aufschwung erleben werden. Häufig wird sogar die Frage gestellt, ob Chatbots vielleicht das Ende der Apps einleiten werden.

Aber auch sonst ist viel in Bewegung: Mit den von Google eingeführten und sukzessive weiter ausgerollten Android Instant Apps lassen sich die nativen Vorteile nutzen, ohne dass der Nutzer die App zuvor auf seinem Smartphone installieren muss. So können Nutzer beispielsweise direkt aus den Google Suchergebnissen heraus in die App einspringen und diese dann bis zur nächsten Nutzung wieder verlassen. Ebenfalls interessant sind Progressive Web Apps, die eigentlich eine mobile Website sind, aber ebenfalls einige

Charakteristika einer nativen App aufweisen. Der Zugriff erfolgt wie bei einer mobilen Website über den Browser.

Ich selbst denke, dass verschiedene Technologien nebeneinander existieren werden, da alle ihre individuellen Vor- und Nachteile haben, die sie in verschiedenen Nutzungssituationen ausspielen können. Sprachgesteuerte Chatbots in Form von persönlichen Assistenten sind eine spannende Angelegenheit und werden immer intelligenter, aber auch zukünftig werden nur wenige Nutzer in einem belebten Umfeld (z.B. während einer U-Bahn-Fahrt) mit ihrem Smartphone sprechen wollen. Hier werden Apps weiterhin punkten können.

4. Wie ist die aktuelle Lage bezüglich Proximity-Marketing, Beacons usw.? Eignen sich diese Marketingmethoden für KMU?
Proximity-Marketing, also die Übermittlung von Botschaften über Bluetooth an bestimmten Orten, kann eine mächtige Waffe werden, um Kunden auf einer neuen Ebene anzusprechen. Werden für die Ansprache vorhandene Kundendaten verwendet und kommt eventuell sogar künstliche Intelligenz zum Einsatz, könnte Proximity-Marketing durchaus wirkungsvoll sein.

Als Unternehmen muss sich aber die Frage stellen, ob der Kunde durch den Einsatz einen echten Mehrwert hat. Momentan wird es diesen in den allermeisten Fällen nicht wirklich geben. Als Ergebnis würden Kunden während ihres Aufenthalts im Laden gepushte Nachrichten als genau das wahrnehmen, was sie sind – nämlich simple Werbung.

Das könnte sogar funktionieren, wenn die Werbebotschaften genau in dem Moment absolut relevant für den Kunden wären. Bemühungen von Werbetreibenden sind aber aktuell noch mit zu vielen Annahmen verbunden, die einzig auf der Location des Nutzers basieren. Zwar lassen sich viele Daten wie die Besuchsfrequenz und die Verweildauer eines Kunden tracken, dennoch bleibt zu vieles im Dunkeln, um guten Gewissens Push-Nachrichten zu versenden.

Denn wenn der Nutzer nicht zum exakt passenden Moment mit einer exakt passenden Botschaft angesprochen wird, erreicht das werbetreibende Unternehmen sogar das Gegenteil und sorgt für Verärgerung. Dass den Konsumenten das ganze Tracking und Targeting sowieso unheimlich ist, kommt ebenfalls erschwerend hinzu. Beim Einsatz ist auf jeden Fall eine Menge Fingerspitzengefühl gefragt.

5. Was sollte ein Unternehmen planen, beachten und tun, wenn es WhatsApp als Marketing-Tool einsetzen möchte?

Bevor man sich als Unternehmen entscheidet, Marketing per WhatsApp zu betreiben, sollte man sich auch hier zunächst klarwerden, welchen Zweck man verfolgen möchte: Sollen eigene Inhalte transportiert, Produkte verkauft oder soll Service geleistet werden? Steht der Abverkauf im Zentrum der Bemühungen, rate ich gleich zum Verzicht auf WhatsApp-Marketing. Die Abmeldequoten wären schnell astronomisch.

Auch der rechtliche Rahmen muss angesprochen werden. Wie beim E-Mail-Marketing ist für den Versand von kommerziellen WhatsApp-Nachrichten zwingend eine Einwilligung des Empfängers notwendig – idealerweise in Form eines Double-Opt-ins.

Anschließend sollte man testen, welche Inhalte den Empfängern am besten gefallen, welche Versandfrequenz sie akzeptieren und welche Nachrichtenlänge und -gestaltung am besten ankommt. Dafür ist konsequente Erfolgsmessung notwendig. KPIs, die sich mit der geeigneten Software messen lassen, sind beispielsweise: Neue Abonnenten, abgesprungene Abonnenten (Churn), die Gesamtzahl der Abonnenten oder die Click-through-Rate.

6. Was sind die wichtigsten Lernerfahrungen aus deiner Beratertätigkeit im mobilen Marketing? Welche Tipps sollten die Leser unbedingt beherzigen, um (auch) in Zukunft erfolgreich zu sein?

Auch wenn es manchmal schon etwas abgedroschen klingt, Unternehmen müssen anfangen »mobile-first« zu denken. E-Mail-Newsletter werden auf mobilen Geräten anders konsumiert als auf Desktop-PCs und müssen dementsprechend gestaltet sein, Texte werden anders gelesen und Ladezeiten werden kaum akzeptiert.

Verantwortliche in Unternehmen müssen sich eigentlich nur ansehen, wie sie selbst ihr Smartphone verwenden, welche Services sie gerne mobil nutzen und warum – und dann die mobile User Experience ihrer eigenen Angebote damit vergleichen. Dadurch lassen sich schon sehr viele Schwachstellen aufdecken und ausmerzen.

Ansonsten sollte man auf jeden Fall mindestens einen Mitarbeiter beschäftigen, der sich mit der rasanten technologischen Entwicklung beschäftigt und auch in der Lage ist, sinnvolle Entwicklungen von Hype-Produkten zu unterscheiden. Nicht alles Neue ist sinnvoll und Dienstleister versuchen, Unternehmen gerne auch Dinge zu verkaufen, die zwar neu und in aller Munde sind, aber eigentlich für das Unternehmen unnötig sind. Das sollte jemand erkennen können.

Und zu guter Letzt noch einmal: Know-how über Programmatic Advertising ist essenziell wichtig.

Ein kurzes Fazit

Dieses Buch trägt den Titel »Crashkurs Social Local Mobile«. Das legt schon nahe, dass nicht alle Inhalte in der nötigen Tiefe behandelt werden können. Jeder der drei Themenbereiche bietet genug Stoff für mindestens ein eigenes Buch, eigentlich sogar eher eine Buchreihe.

Das Ziel war es, Ihnen einen Überblick über die Möglichkeiten und die aktuellen Trends in diesen Themen zu verschaffen und Ihnen möglichst viele Praxistipps an die Hand zu geben, die Sie in Ihrem Unternehmen umsetzen können. Ich hoffe, das ist mir gelungen.

Die Themen Social, Local und Mobile sind drei der interessantesten, aber auch schnelllebigsten Gebiete, mit denen man sich aktuell beschäftigen kann. Allein während des Schreibens dieses Buches hat Facebook Gruppen für Seiten geöffnet, zwei neue Anzeigenformate eingeführt, die Messengerbots erweitert, 360-Grad-Live-Videos ermöglicht. Eine Gerichtsentscheidung hat die Anzeigenschaltung auf Markennamen bei Google AdWords eingeschränkt. Snapchat hat eine eigene Kamerabrille auf den Markt gebracht. Instagram hat Live-Streaming bekommen, bei Facebook wurden Stories eingeführt, Google hat einen Browser mit integriertem AdBlocker angekündigt. Und viele, viele weitere Änderungen. Bis Sie das Buch in den Händen halten, wird sich wieder einiges geändert haben.

Was ich damit sagen will: Halten Sie sich auf dem Laufenden. Sie haben die Chance, die besten Technologien, die genauesten Targeting-Möglichkeiten und die besten Messmethoden zu nutzen, die jemals Unternehmen zur Verfügung standen, und das noch für weniger Geld als jemals zuvor. Der Preis, den wir dafür bezahlen müssen, liegt vor allem in der Notwendigkeit der ständigen Weiterbildung. Stillstand ist Rückschritt, das gilt in unserem Thema mehr als sonst irgendwo.

Dabei wünsche ich Ihnen viel Erfolg. Und es würde mich freuen, von Ihnen zu hören – social, local oder auch mobile.

Stichwortverzeichnis

Symbole
360-Grad-Content 51, 64, 97, 98, 118, 198

A
Accelerated Mobile Page (AMP) 250, 251, 252
AdWords 160
— AdWords-Anzeige 119, 159
— Anruferweiterung 163, 164
— Anzeige erstellen 168
— Anzeigengruppe anlegen 165
— Ergebnisse messen 171
— Klickpreis definieren 162, 170
— lokale Kampagne anlegen 160, 161
— lokale Standorterweiterung 163
— Suchbegriffe festlegen 166
Amazon 14, 30
Anwalt.de 212
Anzeigenwerbung 169, 222, 270
Apple 15, 148, 226, 258
Apps 258, 259, 285
— App-Download 226
— App Indexing 273
— App-Marketing 266, 270
— App-Store 277, 279
— App-Store-Optimierung (ASO) 274, 286
— Downloadzahlen 278
— Erfolgsbeispiele 262
— Erfolgsprinzipien 261
— Vermarktung 264
Archiv-Plattform 36

B
Backlinks 189
— Beispiel 190
Banner-Werbung 158
Beacons 281, 282
Bewertung 213
Bewertungsplattform
— Anwalt.de 212
— eKomi 212
— Jameda 212
— KennstDuEinen 212
— Kununu 212
— lokale Plattformen 205
— Proven Expert 211
— Shopauskunft 212
— Tripadvisor 212
— Trusted Shops 212
— Yelp 206, 207, 210
Big Data 12
Blog 48, 79
— Beispiele für Blog-Content 88
— Blogger Relations 49
— Einrichtung 80
— Gastblogger 82
— Inhalte 82, 84, 87
— Pflege 80
— Redaktionsplan 81
— SEO 85
— WordPress 80
Bluetooth 281
Buying Center 56

Autonomous Sensory Meridian Response (ASMR) 114
Autoresponder-Nachricht 257

C

Citation 201
Content-Formen 60
— 360-Grad-Content 64
— animierte GIFs 61
— Audios 64
— Bilder 61
— Livestreams 63
— Mischformen 64
— Text 60
— Videos 62
Content-Hub 59, 79
Content-Marketing 18, 19, 267
— Beispiel OnPage.org 21
— Formen 20
— Vorteile 20
Content-Recycling 66
— Beispiel OnPage.org 66
Conversion-Optimierung 235
— Praxistipps 238
Conversion Rate Optimization
(CRO 235
Conversion Rate Optimization
(CRO) 171
Cost per action 272
Custom Audience 101
Custom Thumbnail 117

D

Deeplink 264
Detailseite
— Optimierung 186, 188
— Unterseite optimieren 186
Digitalisierung 12
Duplicate Content 67

E

Echtzeit-Grafik 25, 26
eKomi 212
Erfolgsmessung 76
Erklärvideo 110

F

Facebook 14, 38, 51
— Ads 147
— Angebote 215
— Anzeigen 100, 102
— Bewertungen 92
— Facebook Insights 73
— Facebook-Marketing 146
— Facebook Messenger 141
— Facebook Services 217
— für kleine Unternehmen 90
— für lokale Unternehmen 213
— Gewinnspiele 98
— Livestream 94, 97
— Live-Videos 94
— Regeln 99
— Werbung 148
Fanpage 91, 215
Feedback
— negatives 74
Follower 109
Foursquare 218, 219
Frontalvideo 113

G

Gastblogger 82
Geofencing 280
Gewinnspiel 98, 130, 140
Google 14
— Google AdWords 119, 160
— Google-Algorithmus 175, 177
— Google Analytics 75

— Google Business View 198, 199
— Google My Business 195
— Google Pagespeed Insights 247
— Guidelines 176
Grey Account 39

H
Hashtag 33, 106, 124, 125

I
Inbound-Marketing 23
Industrie 4.0 12
Influencer 42, 48, 82, 139, 268, 270
Instagram 42, 108, 122
— Account einrichten 122
— Anzeigen schalten 131
— Erfolgsmessung 74
— Follower gewinnen 128
— Gewinnspiele 130
— Hashtags posten 124
— Inhalte produzieren und
  posten 123
— Instagram Stories 126, 128
Internet of Things (IoT) 12

J
Jameda 212

K
Kanalauswahl 57
KennstDuEinen 212
Keyword-Recherche 181, 182, 183
Klickpreis 170
Kununu 44, 212

L
Landingpage 165
— mobile Landingpage 236
LinkedIn 44, 131, 135
— Anzeigen schalten 136
Livestream 63, 94
Local Awareness Ads 216
Local-Marketing
— Bedeutung 153
— Definition 151
— Suchmaschinenwerbung 155
Location-Based-Marketing 279
— Beispiele 283
Location-Struktur 216
Lookalike Audience 101

M
Messenger 46
Messenger-Code 47, 255
Messenger-Dienst 36
Messenger-Marketing 141
Meta-Description 185, 249
Mobile App Install Ads 271
Mobile-Marketing 225
— Beispiele 283
— Definition 228
— mit Apps 258, 259
— mit Messenger 253
— mit WhatsApp 253
— mobiler Traffic 225
— standortbezogenes Marketing 279
Mobile Website 229
Monitoring 76, 78

N

NAP-Daten 200
negatives Feedback 74
Newsfeed 93
— Newsfeed-Plattform 33, 35, 40
Nutzerprofil 30, 31

O

Offline-Marketing 152, 153
Offpage-Optimierung 177
Online-Bewertung 203, 205
Onlinemarketing 90
Online-Marketing
— Bewertungen 203
— Pull-Marketing 18
— Push-Marketing 17
— Rahmenbedingungen 14, 15
— schlechte Bewertungen 214
Online-Nutzung 13
Onpage-Optimierung 177, 199, 275
OnPage.org 21
Open Graph Tags 84

P

Pinterest 44
Plugin 71, 84
Podcast 49, 64, 142
— für kleine Unternehmen 141
Pranks 114
Printmaterial 68
Produktvideo 112
Programmatic Advertising 289
Proven Expert 211
Proximity-Marketing 279, 287
Pull-Marketing 18, 23
Push-Marketing 17

Q

QR-Code 266

R

Rankingfaktoren 193, 195
— Google-Hilfe 193
Recap 83
Redaktionsplan 65
Reposting 66
responsiver Content 246
responsives Design 230, 239
responsive Website 229, 259
Retargeting 21, 101, 158
Review 154, 195, 203
Rich Snippet 185

S

Schema.org 185
Seitentitel 184
Shopauskunft 212
Siri 149
SISTRIX 178
Smartphone 149, 227
— Betriebssysteme 228
— Marktsituation 228
— responsives Design 230
Snapchat 45, 46, 136, 137
— Schnitzeljagd 140
— Snaps speichern 138
— Video-Snaps 138
Social Media
— Analysetools 75, 76
— Bewerten 32
— Blogs 48, 79
— Button in der Website 70
— Facebook 38, 51
— Facebook Messenger 46
— Gruppen 33

— Inhalte 31
— Instagram 42
— Kanäle 35
— Kommentarfunktion 32
— Kununu 44
— LinkedIn 44
— Nutzerprofil 30
— Pinterest 44
— Podcasts 49
— Snapchat 45
— Teilen 32
— Twitter 39
— Vernetzung 32
— WhatsApp 48
— XING 43
— YouTube 41
Social-Media-Button 70
Social-Media-Marketing 29, 54, 146
— Checkliste 144
— Definition 29
— für lokale Unternehmen 223
— Gewinnspiele 98, 130
— lokales Marketing 212
— Merkmale 30
— Offline-Maßnahmen 72
Social-Media-Strategie 52
— Analyse 54
— Erfolgsmessung 72, 73
— Implementierung 68
— Inhalte auswählen 60
— Kanalauswahl 57
— Monitoring 76
— Redaktionsplanung 65
— Ziele definieren 54
— Zielgruppen ansprechen 55
Social Plugin 71
SoLoMo (Abk. für Social Local
   Mobile) 11, 148, 218, 219, 279, 282

Spam 74, 108, 176
Sprachassistent 149
Suchbegriff 166
Suchmaschine 110, 155, 159, 173,
   175, 200
Suchmaschinenoptimierung (SEO) 85,
   86
— für lokale Rankings 184, 192
— Ist-Situation prüfen 178
— Keyord-Recherche 181, 182, 183
— lokale SEO 173, 174, 220
— mobile SEO 243, 245
— Optimierung der Ladezeiten 247
— SEO-Prinzipien 175
— SEO-Ranking 220
— verbotene Methoden 176
— Ziel 175
Suchwortanzeige
— Merkmale 156
— Vorteile 156
Swarm 218, 219
SWOT-Analyse 54

T
Tablet 149, 226, 227, 244, 246
Targeting 101
Threema 50
Tripadvisor 212
Trusted Shops 212
Tutorial 111
Twitter 39, 103
— Aktivität entfalten 105
— Analysen 107
— Einrichtung des Accounts 104
— Follower gewinnen 109
— Hashtag 106
— Listenfunktion 106
— Livestreaming 105

— Spam 108
— Twitter-Insights 73
— twitternde Führungskräfte 107
— Twitter-Strategie 104

V
Video 62, 63, 94, 115, 118
Viral 112
virales Marketing 23
— Beispiele 24

W
Website
— adaptives Layout 230
— mobile Website 229, 231, 258
— Optimierung mobiler Websites 232
— responsives Design 239
— responsive Website 231
— Testing-Tool für mobile
  Seiten 244
— Website-Optimierung 171
Webverzeichnis 201
Wettbewerbsanalyse 54
Wettbewerbsrecht 100
WhatsApp 48, 253, 255, 288
Willkommensvideo 115
WordPress 80
Wurstfinger-Problem 241

X
XING 43, 131
— Account anlegen 132
— Anzeigen schalten 136
— Networking 133
XOVI 178, 179

Y
Yelp 206, 210
Yoast SEO 84
YouTube 41
— als Suchmaschine 116
— besondere Formate 114
— Erklärvideos 110
— Frontalvideo 113
— für kleine Unternehmen 110
— Kanal einrichten 115
— Produktvideos 112
— Tutorials 111
— Videos erstellen 115
— Videos vermarkten 118
— Virals 112
— Werbung auf YouTube 41
— YouTube-Analytics 73, 115
— YouTube-Editor 115

Z
Zielgruppe 55, 56, 101
— Zielgruppenmatrix 56

Der Autor

 Felix Beilharz ist »einer der führenden Berater für Online- und Social Media Marketing« (RTL). Der Diplom-Wirtschafts- jurist beschäftigt sich seit 2001 mit den Möglichkeiten, die Online-Marketing für Unternehmen bietet. Als Autor hat er 13 Bücher und Buchbeiträge veröffentlicht, dazu zahlreiche Artikel und Kolumnen. Die Fachzeitschrift w&v nennt ihn einen der »Top-Influencer im Online-Marketing« und einen »digitalen Meinungsmacher, den man kennen sollte«.

Felix Beilharz lehrt Online-Marketing und Social Media an der Universität zu Köln, der TH Köln sowie der Hochschule Würz- burg. Er trainiert Unternehmen, Behörden und Organisati- onen und wird weltweit als Speaker gebucht. Er gilt daher als »einer der bekanntesten Experten für Online-Marketing« (Rhein-Main-Presse).

Neben der Tätigkeit als Speaker, Trainer, Autor und Berater veranstaltet er seit 2015 die hashtag.business, eine Konfe- renz für außergewöhnliches Social-Media-Marketing, auf der bereits Manager von Facebook, Twitter und vielen gro- ßen und kleinen Unternehmen gesprochen haben.

Exklusiv für Buchkäufer!

Ihre Arbeitshilfen zum Download:

► http://mybook.haufe.de/

► **Buchcode:** ZMW-6824